海上交通安全风险研究

王凤武　刘　强　等　编著

大连海事大学出版社

图书在版编目(CIP)数据

海上交通安全风险研究 / 王风武，刘强等编著. —
大连：大连海事大学出版社，2020.12(2025.1 重印)
ISBN 978-7-5632-4051-7

Ⅰ. ①海…　Ⅱ. ①王… ②刘…　Ⅲ. ①海上交通—交通运输安全　Ⅳ. ①U698

中国版本图书馆 CIP 数据核字(2020)第 207047 号

大连海事大学出版社出版

地址:大连市黄浦路523号　邮编:116026　电话:0411-84729665(营销部)　84729480(总编室)

http://press.dlmu.edu.cn　E-mail:dmupress@dlmu.edu.cn

大连金华光彩色印刷有限公司印装	大连海事大学出版社发行
2020 年 12 月第 1 版	2025 年 1 月第 2 次印刷
幅面尺寸:184 mm×260 mm	印张:16
字数:310 千	印数:501~1000 册

出版人:刘明凯

责任编辑:魏　悦	责任校对:刘长影
封面设计:解瑶瑶	版式设计:解瑶瑶

ISBN 978-7-5632-4051-7　审图号:GS(2021)16 号　定价:48.00 元

内容简介

本书是一部系统地论述海上交通安全风险研究的学术著作。其内容主要包括:绪论;船舶类型与海上交通安全风险;交通环境与海上交通安全风险;海上交通事故与安全风险;海上交通安全风险评价方法;基于历史数据的海上交通安全风险评价;基于FAHP的海上交通安全风险评价;恶劣天气下海上交通风险动态预评估;结论;附录。

序

《海上交通安全风险研究》一书的主题是研究海上交通的风险。“风险”一词的由来,最为普遍的一种说法是:在远古时期,以在海上捕鱼为生的渔民,每次出海前都要祈求神灵保佑自己,出海时风平浪静、能够平安且满载而归。渔民在长期的海上捕鱼实践中,深深地体会到风给他们带来的无法预测和无法确定的危险,“风”即意味着“险”,因此有了“风险”一词的由来。正如我国古人云,“天有不测风云”“行船跑马三分险”。由此得知,风险首先与人类从事的海上捕鱼等航海活动相关联。还有一些说法,“风险(risk)”是外来语,有人认为来自阿拉伯语,有人认为来源于西班牙语或拉丁语,但比较权威的说法是来源于意大利语的“risque”一词。其在早期的运用中,也是被理解为客观的危险,体现为自然现象或者航海遇到礁石、风暴等事件。无论如何,国内外有关“风险”一词的由来的各种说法都离不开人类早期的航海活动。

现今人类的航海活动已从传统的捕鱼、运输、军事、探险等扩展到了科学考察、海洋工程、海洋资源开发和利用等,海上船舶的大小、种类、用途等各不相同,数量剧增。21世纪是海洋世纪,随着海洋资源开发和利用活动的扩大,当今海上船舶密度逐渐增大,海上船舶交通日益繁忙,海上船舶交通状况越加复杂,海上交通事故不断发生,海上交通风险更为突出,海上交通安全问题日趋严重。按照海上交通工程学中的定义,“海上交通”是海上船舶行为的总体与运动的组合,因此,“海上交通”不仅仅是海上从事交通运输活动的这类船舶的“行为的总体与运动的组合”,“海上交通安全”也不仅仅是海上从事交通运输活动的这类船舶的航行、停泊和作业安全,“海上交通安全风险”也不仅仅是海上从事交通运输活动的这类船舶在航行、停泊和作业安全中存在的风险。查阅本书目录可知,本书作者主要是从海上船舶类型、海上交通环境(包括自然条件和交通条件)和海上交通事故这三个层面进行海上交通安全风险研究的。海上交通安全风险研究非常重要。“风险”一词的含义是“遇到破坏或损失的机会或危险”或“未来结果的不确定性或损失”。“安全风险是指发生事故的概率。”“凡事预则立,不预则废。”只有研究风险、识别风险、评估风险、管控风险,才能保证和增进安全,海上交通安全也不例外。而事故的一般定义是指造成人员伤亡或重大财产损失的事件。

在2014年全国交通运输工作会议上，交通运输部做出了《深化改革务实创新加快推进“四个交通”发展》的重大部署，“四个交通”之一就是“平安交通”。加快发展平安交通，是以人为本的本质要求，也是实现交通运输科学发展的基础条件。加快发展平安交通，要义是把安全发展理念贯穿于各领域、全过程，坚决守住安全底线。为了落实“平安交通”的部署，交通运输部海事局在2014年科研项目计划中列入了“海上交通安全风险研究”项目。大连海事大学申报并获得交通运输部海事局批准，承担并于2016年完成了这一项目的研究任务。《海上交通安全风险研究》一书就是基于“海上交通安全风险研究”项目的研究成果，并随之进行归纳整理和补充研究，精心编写而成的。本书第一作者、大连海事大学航海学院王凤武教授是交通运输部海事局“海上交通安全风险研究”项目的项目组负责人，而本书的其他参编人员都是该项目的主要研究人员。

浏览本书内容，可以看出本书具有三个特点。其一，本书作者在从事“海上交通安全风险研究”项目研究和撰写书稿时广泛搜集、查阅、学习、借鉴和引用了国内外大量参考文献，较为全面、系统和深入地反映了前人和他人同类主题研究工作及其学术研究成果。其二，本书作者坚持理论与实践结合，将风险研究的基本原理、基本原则、基本思路和基本方法与海上交通存在的实际问题和面临的具体风险紧密结合。其三，本书作者注重海上交通安全风险评价方法的适用性和可操作性，在归纳整理和研究基础上提出了基于历史数据的海上交通安全风险评价方法和基于FAHP的海上交通安全风险评价方法，建立了恶劣天气下海上交通风险预动态评估系统，并进行了实例验证。总的来说，本书具有一定的学术参考价值和较强的实际应用价值，在国内海上交通安全研究领域是一部较好的专业和学术著作。

在本书交付大连海事大学出版社出版之际，王凤武教授请我给本书作序，我欣然答应。因为本书的研究领域正是我的主要学术研究领域，同时我还担任了该研究项目的技术顾问。借此机会，我向国内从事海上交通安全研究的同行和航海、海事及海运界的专业人士推荐本书，并希望本书正式出版后能受到广大读者的欢迎和好评。

吴兆麟

2019年10月

前 言

海上交通安全一直是国内外航海界关注的课题。进入21世纪以来,世界贸易日益发展,海上交通运输起到了重要而不可替代的作用。同时,海上安全隐患和海上交通事故发生的可能性不断增加,对海上交通安全保障提出了更高的要求。多年来,一些学者对海上交通安全进行了研究,其研究大都只针对海上交通中某单一内容或研究对象;基于各种视角和不同的思路,对海上交通安全风险评价开展研究;处于理论研究阶段,部分应用仅处于简单的初期尝试阶段。因此,本书针对当前海上交通安全风险评价没有统一方法可供选择的现状,对现有海上交通安全风险研究进行归纳总结,采用系统性和科学性的分析与评价技术,确定海上交通安全风险的基本内涵,选择适用于海上交通安全风险评价的关键理论及方法,构建具有科学合理性、普遍适用性和可操作性的海上交通安全风险评价数学模型和指标体系及动态预评估系统,并进行实例验证。研究的内容和结论可为我国海上安全主管部门进行科学决策和实施科学管理提供参考依据,也可作为进行海上交通安全保障研究的学者的理论参考。

本书源于交通运输部海事局2014年科研项目计划“海上交通安全风险研究”项目。在项目列入计划、研究和本书编著的过程中,王凤武和戴厚兴的博士学位论文指导老师吴兆麟教授至始至终亲力亲为,为项目的研究方向、研究方法、关键问题等给予具体的指导,并在本书交付出版之际欣然作序。交通运输部通航管理处的领导以及深圳海事局曲义江副局长等对项目的研究给予了把关。在项目的研究阶段,交通运输部海事局所属的13个直属海事局和珠江航务管理局等单位给予项目调研上的便利和支持,并提供了翔实的数据和资料;项目管理单位辽宁海事局对项目的研究进行全程指导。在项目的研究大纲、中期审查和结题评审等重要节点,评审专家都给予高度的评价并提出中肯的建议,在此,一并表示衷心的感谢。

本书是在项目的基础上系统地设计并由项目组的主要成员共同编著完成的。刘强、张晓辉、王凤武撰写第1章;王欣、蔡垚撰写第2、4章;张晓辉撰写第5章;刘强撰写第3、7章;张树凯、王欣撰写第6章;戴厚兴撰写第8章;刘强、王凤武撰写第9章。宋汉邦参与了第3章的撰写工作。全书由王凤武统稿,吴兆麟审阅。

由于作者的水平有限,凡书中有不妥之处,敬请读者批评指正。

作 者

2020年1月

目　录

第3章 交通环境与海上交通安全风险

第4章 海上交通事故与安全风险

第5章 海上交通安全风险评价方法

第8章 恶劣天气下海上交通风险动态预评估

第9章 结 论

附 录

第1章 绪论

1.1 研究的背景和意义

海上交通安全一直是人们非常关注的问题。进入21世纪,随着经济全球化和新科技革命的兴起,世界贸易不断发展,对海上交通运输的需求也日益提高。经济发展在促进海上交通发达的同时,也增加了安全隐患和海上交通事故发生的可能性,对海上交通安全保障提出了更高的要求。自20世纪70年代以来,系统工程方法广泛应用到安全管理和安全工程领域,促进了现代安全管理和现代风险管理的确立与发展,形成了安全系统工程学科。这些理论的发展对海上交通在安全领域的研究产生了巨大的影响和变革,推动了海上交通安全科学研究的发展。

海上交通由人、船、环境等要素构成,因此海上交通安全风险与人、船及其所在的航行环境等因素密切相关,而企业管理、主管机关监管等因素也会对其产生影响,是一个非常复杂的问题。本书对现有海上交通安全风险研究工作进行归纳总结,采用系统性和科学性的分析与评价技术,通过研究界定海上交通安全风险的基本内涵,选择适用于海上交通安全风险评价的关键理论及方法,构建具有科学合理性、普遍适用性和可操作性的海上交通安全风险评价数学模型与指标体系,并进行实例验证。研究内容和主要结论可为我国海上交通安全主管部门进行科学决策和实施科学管理提供参考依据,为海事主管机构提供评价我国水上交通安全风险的统一方法,以保障我国海上交通的安全。

1.2 主要研究内容

本书立足于海上交通安全风险综合评价方法的研究与探索工作。首先，笔者在分析国内外海上交通安全风险及其他相关领域的研究现状的基础上，确定海上交通安全风险的内涵和外延；其次，从船舶类型、事故类型、交通环境三个方面对海上交通安全风险评价方法进行了全面梳理；再次，分别从历史数据和状态数据入手，利用两种方法建立了海上交通安全风险评价模型；最后，采用模糊综合评价的方法建立了恶劣天气下海上交通风险动态预评估模型，运用该模型构建了具有辅助决策功能的恶劣天气下海上交通风险动态预评估系统，并利用仿真实例验证。

1.2.1 确定海上交通安全风险的内涵和外延

通过对风险的起源，风险与安全、危险和事故关系的梳理，归纳总结出风险的概念和种类以及交通领域的风险概念，从而界定海上交通安全风险的内涵和外延，以便确定海上交通安全风险评价的范围、基本结构以及评价过程，规范海上交通安全风险研究的实施路线，有效地促进海上交通安全风险领域的研究工作的开展。

海上交通安全风险的内涵主要是指海上交通系统内部及其关系密切的各种与安全相关的因素，在特定范围、时间、空间和环境下，造成海上交通不安全事件发生的可能性，以及引发的海上交通事故带来的人身伤亡和财产损失等的严重程度。

海上交通安全风险的外延主要包括针对不同船舶类型的风险、不同事故类型的风险、各种交通环境条件下的风险等三个方面。

1.2.2 海上交通安全风险研究综述

在查阅相关文献及研究成果的基础上，分析国内外海上交通安全风险及其他相关领域的研究现状。通过专家访谈、调研走访等方式获取相关信息，从船舶类型、事故类型、交通环境三个角度对海上交通安全风险评价方法进行全面梳理；同时，对国内外现有的海上交通安全风险评价方法进行分析和研究。

1.2.3 基于历史数据的海上交通安全风险评价

从宏观角度出发，以我国水上交通事故统计中“水上交通事故件数”“死亡失踪人数”“沉船艘数”“直接经济损失”四项指标为基础，采用基于历史数据的海上交通综合安全指数法对其进行“相对化、标准化、归一化”处理，得到反映海上交通安全状况的综合安全指数，从而对海上交通安全风险进行整体分析。同时，利用灰色模型 GM(1,1) 针对全国水域的海上交通综合安全指数进行预测。

1.2.4 基于 FAHP 的海上交通安全风险评价

通过文献综述、专家访谈和问卷调查等方式，构建具有科学性、可操作性并普遍适用的海上交通安全风险评价指标体系。采用模糊层次分析法（Fuzzy Analytic Hierarchy Process，FAHP）对专家调查问卷进行处理以获取各指标的权重。

在明确安全风险评价思路和方法的基础上，针对海上交通安全系统，从水域自然条件、交通条件等状态数据入手，利用模糊综合评价的数学方法构建海上交通安全风险评价指标体系，确定评价指标的内涵和评价标准，基于 FAHP 建立了风险评价数学模型。为了验证数学模型的适用性，将典型水域的自然条件、交通条件等指标作为输入，获得该水域的风险评价结果。

1.2.5 恶劣天气下海上交通风险动态预评估

从影响海上交通安全的重要致因——恶劣天气入手，在分析恶劣天气条件下海上交通风险评估体系要素的基础上，建立了基于模糊综合评价的风险动态预评估模型；运用风险动态预评估模型、气象预报信息数据处理技术、交通流密度预测理论和船舶自动识别系统信息平台，构建了具有可视化、智能化预警监控等辅助决策功能的恶劣天气条件下海上交通风险动态预评估系统；利用仿真实例验证了预评估模型的有效性、数据预测的准确性和风险动态预评估系统的可靠性。

1.3 海上交通安全风险的概念

1.3.1 风险的起源

自从有了人类的生产活动，便有了风险，风险一直伴随着人类社会的发展。风险管理研究的起源可追溯到公元前 916 年的共同海损制度，以及公元前 400 年的船货押贷制度。“风险”这一名词源于意大利语，后再引入英文和中文。风险管理的思想是由法国人引入企业经营领域的[1]。随着工业革命的展开，企业风险管理的思想开始萌芽，1931 年，在美国经营者协会（American Management Association，AMA）大会上，明确了对企业风险进行管理的重要意义。1932 年，纽约投保人协会的成员交换风险管理的信息，研究风险管理的技术和方法。直到 20 世纪 50 年代，风险管理以学科的形式才得以发展起来，并形成了相对独立的理论体系。这个阶段，仍然只关注危害性风险，但安全管理与保险有融合的迹象，风险管理的方法呈现多样化。20 世纪 60 年代，财务性风险管理蓬勃发展。20

世纪 70 年代初期,风险管理的理念和方法从欧美发达国家传入亚洲,我国在 20 世纪 80 年代后期引入风险管理理论[2]。虽然我国对风险管理的研究起步较晚,但近些年来发展势头很猛。特别是 2006 年 6 月,我国发布了《中央企业全面风险管理指引》,标志着我国拥有了自己的全面风险管理指导性文件,也标志着我国进入了风险管理理论研究与应用的新阶段。目前,安全风险管理已被广泛应用于铁路、石油、电力、核工业、航空航天和航海等众多领域。安全风险管理在铁路及各种交通运输中具有极其重要的地位和作用。近年来,安全风险管理在海上安全领域的应用得到了快速发展。

1.3.2 安全、危险、事故和风险

1. 安全

不同的领域对于安全的理解是不同的。《现代汉语词典》(第 5 版)中的解释是:安全是指没有危险、不受威胁、不出事故。安全是人们在劳动生产中所处的一种状态,这种状态消除了可能导致人员伤亡、职业危害、设备及财产损失或危及环境的潜在因素[3]。安全工程学上称安全是指不发生伤亡、设备或财产损害和环境破坏等事故或灾害及不存在发生事故或灾害等危险的状态[2]。安全是指在生产实践中,系统不受威胁,没有事故发生。从本质上来讲,安全就是预知人们活动的各个领域里存在的固有危险和潜在危险,并且为消除这些危险而采取的各种方法、手段和行动[3]。在人类社会的生产生活中始终存在危险和风险因素。因此,只要危险程度没有超过某种限度,就可以称作安全状态[4]。

目前,关于安全概念的理解可分为两大类,即绝对的安全观和相对的安全观。

绝对安全观认为:安全就是无事故、无危险,指客观存在的系统无导致人员伤亡、疾病,无造成人类财产、生命及环境损失的条件。这一观点在相当长的历史时期内很盛行,目前仍在一部分生产管理人员、科研人员和工程技术人员的思想上有着深刻的烙印。绝对安全观表达了人们的一种愿望,从现实情况看,是很难实现的。

相对安全观认为:安全是指客体或系统对人类造成的可能的危害低于人类所能允许承受限度的存在状态。美国哈佛大学的劳伦斯教授认为,安全就是被判断为不超过允许限度的危险性,也就是指没有受到伤害或危险,或损害概率低的通用术语。也有人认为,安全是相对于危险而言的,世界上没有绝对的安全。还有学者认为,安全是指在生产、生活过程中,能将人员和财产损失(害)控制在可以接受水平的状态。也就是说,安全即意味着人员和财产遭受损失(害)的可能性是可以接受的。如果这种可能性超过了可以接受的水平,即被认为是不安全的。

安全的本质是反映人、物以及人与物的关系,并使其实现协调运转。安全是事物遵循客观规律运动的表现形式、状态,是人按客观规律要求办事的结果;事故、灾害则是事物异常运动经过量变积累而发生质变的表现形式,是人违背客观规律或不掌握客观规律

而受到的惩罚、付出的代价。人们通过改变、防止事物异常运动的努力可以控制、预防事故或灾害的发生,使事物按客观规律运动,从而保证安全。然而,由于人类对危险的认识与控制受到许多社会、自然或自身条件的限制,所以,安全是一个相对的概念,其内涵和标准随着人类社会发展而变化。在不同的时代,人类面临的安全问题是不一样的,安全的内涵不断地演变。在人类社会的不同历史发展阶段,人类对安全内涵的理解和安全标准存在很大的差异。总之,安全是一个相对的概念,是认识主体在某一限度内受到损伤和威胁的状态。

与绝对安全观对应的就是目前被学界和业界普遍接受的相对安全观,其观点是:安全是相对的,绝对的安全是不存在的。但是具体的定义莫衷一是,有人认为,安全就是危险可以控制的状态;也有人认为,安全就是不发生导致伤亡、职业病、机械或财产损失的状态;还有人认为,安全就是被判断为不超过允许极限的危险性,也就是指没有受到伤害或者危险,或损害概率低的通用术语。虽然这些具体定义说法不一,但不难得出以下结论:

(1)安全与危险是相对而言的,绝对的安全是不存在的。

(2)安全是具有时效的动态描述,而不是瞬间的结果。

(3)安全与危险是对立的矛盾关系,但又紧密相关。

(4)安全的衡量标准带有主观意愿,在时间和空间上是主客观的统一[5]。

在系统安全工程学科中,安全与风险相对,它表明人们对一定事故风险的接受程度。事故风险的存在是绝对的,而安全只是相对的,它随着国情的不同、企业的不同以及同一企业发展程度的不同而不同[6]。

2. 危险

《资源环境法词典》对危险的释义为:所谓危险,并非指已造成的实际损害,而是指极有可能对受害人人身和财产造成损害的一种威胁。《中华金融词库》对危险的定义为:未来灾害损失的不确定性,包括发生与否、发生的时间、后果与影响的不确定性。这种不确定性与人的利益密切相关。危险按其性质,可以分为纯粹危险与投机危险;按其发生原因,可以分为自然危险、社会危险和经济危险等。《北京大学法学百科全书》对危险的定义为:自然界和人类社会中客观存在的,人类无法把握与不能确定的,足以造成社会财富的损毁或影响人的生命财产安全的潜在损失机会。

危险是一种现存的或潜在的条件(如人为失误、设备故障等),其发生可导致一系列意外的事件,致使人员伤害、疾病或死亡,设备或财产的损失和破坏以及环境的危害等。根据人员伤亡和设备损失的程度,危险通常可分为以下四级。

一级(灾难性的):导致严重降低系统的性能并随之破坏系统和(或)造成人员死亡或严重的终身残废。

二级(危害的):导致人员伤害和(或)严重的设备损坏或要立即对人员或者系统采

取救助措施。

三级(临界的):会降低系统性能或损坏设备控制措施,但能够采取相应的防止或控制措施,使严重伤害或巨大的破坏不至于发生。

四级(安全的):不会导致人员伤害或设备损坏。

3. 事故

在《职业健康安全管理体系》(GB/T 28000)中,将事故定义为:事故是一种发生人身伤害、健康伤害或者死亡的事件。它的发生,可能迫使系统暂时或较长时期地中断运行,也可能造成人员伤亡或财产损失或者环境破坏。事故的发生取决于人、载运工具和环境的关系,具有较大的复杂性、多样性和必然性[2]。事故是涉及死亡、受伤、船舶灭失或损坏,其他财产或损坏,或者环境破坏的意外事件[7]。

事故是人类生产和生活活动中所发生的违背人们意愿的事件[6]。美国数学学家伯克霍夫认为,事故是人(个人或集体)在为实现某种意图而进行的活动过程中,突然发生的、违反人的意志的、迫使活动暂时或永久停止的事件。事故的含义主要包括以下几点:

(1)事故是人类生产、生活活动中发生的特殊事件,其产生具有随机性。

(2)事故的发生具有突发性,并且超出人们的意料之外。由于事故致因非常复杂,在多数情况下存在众多偶然性因素。在一起事故发生之前,其发生的时间、地点、方式等都具有无法准确预知的特性。

(3)事故是一种违背人的意愿的事件,其迫使正常的生产、生活活动暂时或永久停止。事故导致人们正常活动的中断或终止,必然给社会生产、人们生活带来某种不利的影响,是人们不希望发生的事件[8]。

4. 风险

根据美国化学工程师学会的定义,风险是某一事件在一个特定的时段或环境中人们所不希望的后果的可能性,即不幸事件发生的概率。风险的突出特点是有量的概念,它可以是频率(特定事件在单位时间内发生的次数)或者是一种概率(某一事件引发特定事件的可能性),通常是损失或后果的数学描述[1]。在一般情况下,可用下面的表达式来描述它的含义:

$$风险=F(概率,后果)$$

在上述风险的定义中,风险是对系统危险性的度量,它的损失或后果都是针对事故而言的。然而,仅仅以事故来衡量系统的风险是很不充分的,除非能够辨识所有可能的事故形式。从定性上说,事故风险是指某系统内现存的或潜在的可能导致事故的因素与状况,在一定条件下,它可以发展成为事故。从定量上说,事故风险是指由危险转化为事故的可能性,常以概率表示。事故风险通常被用来描述未来事件可能造成的损失,就是说它总涉及不可靠性和不能肯定的事件[9]。

目前,关于风险的定义有以下几种描述:

(1)美国风险研究专家威雷特认为风险是关于不愿发生的事件发生的不确定性之客观体现[15]。

(2)美国经济学家奈特则把风险定义为可测定的不确定性[15]。

(3)美国风险管理学家威廉姆斯将风险定义为在给定的条件和某一特定的时期,未来结果的变动[17]。

(4)风险是事件可能发生的结果的不确定性,可由收益分布的方差测度表示[15]。

(5)台湾学者宋明哲认为风险是决策面临的状态为不确定性而产生的结果[16]。

(6)风险是一种不确定性和损失,或损失的可能程度以及未来损失的不确定性等[16-18]。

以上几种风险的描述都是以不确定性为前提来定义的。也有从损失的大小和发生的频率两个指标来衡量风险的。如,风险是某一特定危险情况发生的可能性或频率与事故后果的组合[10];在安全生产领域中风险与生产事故联系在一起,主要考虑风险的可能性(概率)和风险的后果(损失或损害程度)[11]。

由此可见,危险并不等于事故,它是导致事故的潜在条件;而事故则是已经真实发生了的损失、损坏或伤亡等。危险是事故的前兆,只有在一些触发事件的刺激下,危险才可能演变为事故,两者之间的关系见图 1-1[12]。

图 1-1 危险与事故

安全与事故是对立统一、相互依存的关系,即有了事故发生的可能性,才需要安全;有了安全的保证,才能避免事故的发生。某一安全性在特定条件下是安全的,但在其他条件下就不一定是安全的,甚至可能是危险的。在实践中,人们或社会客观上自觉或者不自觉地认可或接受某一安全性(水平),当实际情况达到这一水平时,人们就认为是安全的;低于这一水平时,则认为是危险的[6]。因此,安全与危险和事故是紧密相关的。通常用事故状况来表征危险情况,用危险和事故的情况来描述安全。事故多、危险大说明系统的安全状况较差,反之则说明安全状况较好[13]。

风险与安全的关系在于安全是可接受的风险。可接受风险水平的确定取决于风险的可能性和后果。风险是安全与危险动态联系的转化纽带,是安全与危险相对存在的范围。安全与危险的矛盾转化过程具有阶段性[14]。在系统安全工程学科中,安全与风险相对,它表明人们对一定事故风险的接受程度。事故风险的存在是绝对的,而安全只是相对的[5]。因此,可以通过安全和危险的界定来描述风险,可用风险来衡量危险。

1.3.3 风险的概念和交通领域的风险概念

1. 风险的概念

《辞海》(1990 年版)中将风险定义为:“人们在生产建设和日常生活中遭遇能导致人身伤亡、财产受损以及其他经济损失的自然灾害、意外事故和其他不测事件的可能性。”

统计学说一般把风险定义为实际结果与预期结果的偏离程度、不利随机事件对达到预期目标产生不利影响的危险性[19]、在给定情况下可能结果的差异性[20]、目标函数不能达到预期目标值的概率[21]。

也有学者把风险定义为在决策过程中,由于各种不确定性因素的作用,决策方案在一定时间内出现不利结果的可能性以及可能损失的程度[22]。

国际海事组织(International Maritime Organization,IMO)在海上安全委员会(Maritime Safety Committee,MSC)第 74 届会议上形成并正式通过的《在 IMO 制定规则过程中的使用 FSA 指南》(Formal Safety Assessment,FSA,综合安全评估)中,将风险定义为后果的概率(Probability)和严重性(Severity)的组合[23]。

有的学者将风险概括为在特定的客观情况下,在特定的期间内,未来事件的预期结果和实际结果发生偏离的可能性[15]。有的学者认为风险是在一定时间内,由风险因素、风险事故和风险结果递进联系而呈现的可能性[24];有的将风险定义为在一定时间内,以相应的风险因素为必要条件,以相应的风险事件为充分条件,有关行为主体承受相应的风险结果的可能性;也有学者把风险定义为在决策过程中,由于各种不确定性因素的作用,决策方案在一定时间内出现不利结果的可能性以及可能损失的程度[22]。

风险是人们对未来行为的决策及客观条件的不确定性而可能引起的后果与预定目标发生多种负偏离的综合,并给出了数学公式 $R=f(P,C)$,其中 R 代表风险,P 代表不利事件发生的概率,C 代表不利事件发生的后果[15]。在金融界中,通常利用对波动的标准统计测量方法定义风险[25-26]。也有学者根据不确定性的随机性特征,为了衡量某一风险单位的相对风险程度,提出了风险度的概念[27]。

由此可见,对风险概念的界定,各个学科领域尚没有统一。由于对风险的认知程度或对风险研究的角度不同,不同领域的学者对风险概念有着不同的理解,综合起来可以归纳为以下 5 类:

(1)风险是面临的伤害或损失的可能性。它强调风险的客观性。

(2)风险是产生损失的不确定性。它强调风险的主观不确定性(不同人的认知与判断不同)和客观不确定性(从实际与预期结果的偏差角度定义风险)。

(3)风险是损失的概率。它说明风险只能表现出损失,没有从风险中获利的可能性。

(4)风险是后果的概率和严重性的组合。它包括风险概率和损失的程度两个方面。

(5)利用对波动的标准统计测量方法或不确定性的随机性特征等概率和数理统计理论的方法来定义风险。

由于在交通领域中,既注重事故发生的可能性,又注重导致后果的严重程度或范围,即损失的程度,所以通常采用第(4)种定义,引出交通领域的风险概念。

2. 交通领域的风险概念

交通安全风险是指交通管理系统内部及关系密切的各种相关因素,在特定的条件下,可能造成不安全事件的可能性,以及造成损失的程度。交通安全风险存在于交通管理活动的全过程[28]。

空中交通管理(简称空管)系统是一个复杂的大系统,涉及操作人员、运行设备、自然环境、社会环境和安全管理等多个方面。空管安全系统风险的大小主要由空管安全的动态性、复杂性和挑战性等特点决定。空管安全风险是指空管系统内部及与其关系密切的各种与安全相关的因素,在特定的时间、空间和环境下,造成空管不安全事件发生的可能性,以及引发空管事故带来的人员伤亡和财产损失的程度[29]。

城市道路交通安全风险是指城市范围的道路交通系统中在将来一定时期内,可能出现的由车辆造成不确定对象的人身伤亡或财产损失的一种未来情景。城市道路交通安全风险具有耦合特性。其中,人—车要素,即驾驶人员操作车辆的行为,是关键、核心要素;道路、环境、交通流等要素是直接作用要素;交通安全管理、交通控制、交通安全决策等要素是间接影响要素;人—物(人和物)要素是系统被动要素[30]。

水上交通运输安全是指在水上交通运输系统运行周期内,应用安全管理及安全工程原理,识别运输系统中的危险性并排除危险,或使危险降低至最小,从而使水上运输系统在营运效率、使用期限、投资费用的约束条件下达到最佳安全状态。简言之,水上交通运输系统安全就是水上交通运输在一定的功能、时间和费用的约束条件下,使系统中人员和装备遭受的伤害与损失最少[2]。对于水上交通安全的风险,有从水上交通运输系统运行的周期的全过程来分析的;有从海上交通安全系统在动态变化过程中出现海上交通事故的可能性[31]来定义的;有引入道路交通"冲突"的概念,从水上交通冲突和事故的角度来分析水上交通安全[32-35]的,一个水域在一定时间内发生水上交通冲突的数量和严重程度,就能反映出此水域的安全状况[36];还有学者从不同水域、不同船型、事故类型和通航环境来定义海上交通安全风险[37-47],如港口安全[39]、航道通航风险[40-41]以及沉船事故风险[42]等。

由此可见,交通领域中的风险通常以 1.3.3 节中的观点(1)(3)和(4)为准,从基于不确定性和损失的角度来定义风险,从风险要素的交互角度来解释风险。

1.3.4 海上交通安全风险的内涵和外延

由 1.3.3 节的研究内容可知,对海上交通安全风险很难给出一个明确统一的定义,但为了给后续开展海上交通安全风险的研究提供可靠的理论依据，在这里对海上交通安全风险的内涵和外延进行界定。

海上交通安全风险的内涵主要是指海上交通系统内部及其关系密切的各种与安全相关的因素，在特定范围、时间、空间和环境下，造成海上交通不安全事件发生的可能性，以及引发的海上交通事故带来的人身伤亡和财产等损失程度。它不包括不可抗力、恐怖袭击、人为故意排放污染物、岸上人员落水、不涉及商船的渔船险情事故等事件风险。

海上交通安全风险的外延主要针对不同船舶类型的风险、不同事故类型的风险以及各种交通环境条件的风险等三个方面。

不同船舶类型的风险，主要是指海上交通系统中不同船舶类型所存在的风险。海上交通系统的主体是船舶，由于不同的船型各有其主要的特征和属性，从而导致不同船舶类型的风险各有特点。从近年来对船舶事故风险的分析可知，海上交通安全风险多集中于某一类或某几类船舶类型，有必要从不同船舶类型入手开展海上交通安全风险研究。其主要包括：客船风险、渔船风险、危险品船舶风险、散货船风险以及集装箱船风险等不同船舶类型的风险。

不同事故类型的风险，主要是指海上交通系统中所发生的各种交通事故类型的风险。海上交通事故是海上交通安全研究的主要对象，海上交通安全研究涵盖了所有的海上交通事故类型，然而不同事故类型的风险存在很大的差异，有必要从不同的事故类型入手开展海上交通安全风险研究。其主要包括：船舶碰撞风险、触碰风险、搁浅风险、火灾、爆炸风险以及自沉风险等各种海上交通事故发生的风险。

不同交通环境条件的风险，主要是指由于海上交通系统中交通环境不同而产生的风险。交通环境是海上交通系统的外在条件，海上交通系统中的环境条件千变万化，不同的环境条件对海上交通安全的影响也不尽相同，不同环境下的海上交通安全风险存在巨大的差异，有必要从不同环境条件入手开展海上交通安全风险研究。其主要包括：大风浪、能见度不良、冰冻和地形不利等自然条件及交通条件下的海上交通安全风险。

1.4 章节结构

笔者分析、归纳和总结近 10 年与海上交通安全风险评价相关的 700 余篇参考文献，调研并获取海上交通安全风险相关的船舶通航数据和风险管理经验，注意借鉴海事主管部门已取得的相关研究成果，确定海上交通安全风险的内涵和外延，选取基于历史数据的海上交通综合安全指数法、基于 FAHP 的海上交通安全风险评价方法和恶劣天气下海上交通风险动态预评估等三种方法作为海上交通安全风险的评价方法。本书共分 9 章，其内容组织结构如图 1-2 所示。

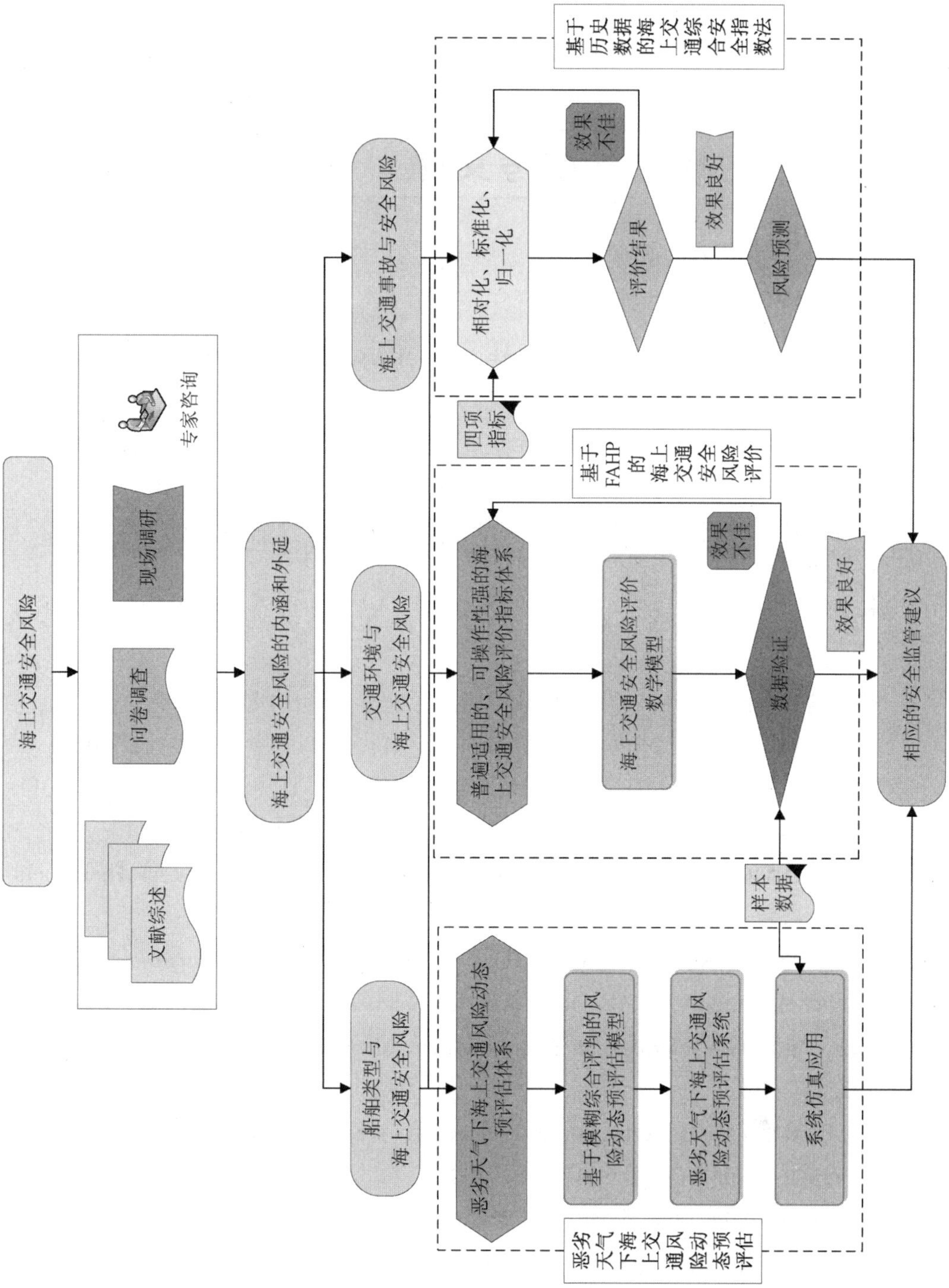

海上交通安全风险
文献综述
问卷调查
现场调研
专家咨询
海上交通安全风险的内涵和外延
船舶类型与海上交通安全风险
交通环境与海上交通安全风险
海上交通事故与安全风险
恶劣天气下海上交通风险动态预评估体系
基于模糊综合评判的风险动态预评估模型
恶劣天气下海上交通风险动态预评估系统
系统仿真应用
恶劣天气下海上交通风险动态预评估
样本数据
普遍适用的、可操作性强的海上交通安全风险评价指标体系
海上交通安全风险评价数学模型
数据验证
效果不佳
效果良好
基于FAHP的海上交通安全风险评价
四项指标
相对化、标准化、归一化
评价结果
效果不佳
效果良好
风险预测
基于历史数据的海上交通综合安全指数法
相应的安全监管建议

图1-2 内容组织结构

参考文献

[1] 秦庭荣. 海运综合安全评估集成性方法(MIAM-FSA)构建及其应用研究[D]. 上海海事大学, 2008.

[2] 吴兆麟, 朱军. 海上交通工程[M]. 2 版. 大连: 大连海事大学出版社, 2004.

[3] 邱晓峰. 河南省水上交通安全管理问题研究[D]. 郑州大学, 2010.

[4] 李娜. 基于状态方程的长江干线水上交通安全评价研究[D]. 武汉理工大学, 2012.

[5] 周开君. 基于可拓学的航道水域通航环境安全评价研究[D]. 大连海事大学, 2011.

[6] 樊运晓, 罗云. 系统安全工程[M]. 北京: 化学工业出版社, 2009.

[7] 中国船级社. 船舶综合安全评估应用指南[M]. 北京: 中国船级社, 2015.

[8] 尹凤阳. 基于贝叶斯网络的船舶过闸风险评价研究[D]. 武汉理工大学, 2011.

[9] 刘茂. 事故风险分析理论与方法[M]. 北京: 北京大学出版社, 2011.

[10] INSTITUTION B S. ISO/IEC Guide 51-Safety Aspects-Guidelines for Their Inclusion in Standards[S], 2014.

[11] ZHIRONG T, WANG W, MING H, et al. Formal Safety Assessment and Its Application to Maritime[J]. Progress in Safety Science and Technology Part B-Proceeding of the 2004 International Symposium on Safety Science and Technology, 2004: 2252-2257.

[12] CLIFTON A E. Hazard Analysis Techniques for System Safety[M]. Fredericksburg Virginia: John Wiley & Sons, Inc, 2005.

[13] 齐迹, 郑中义, 李建民. 基于突变理论的海上交通安全系统演化[J]. 大连海事大学学报, 2013, 39(4): 17-20.

[14] 罗云. 安全科学导论[M]. 北京: 中国质检出版社 & 中国标准出版社, 2013.

[15] 孙绍伟. 渤海湾客滚运输风险评估研究[D]. 大连海事大学, 2007.

[16] 宋明哲. 风险管理[M]. 台北: 中华企业管理发展中心(台湾), 1984.

[17] WILLIAMS C A, HEINE R M. Risk Management and Insurance[M]. New York: McGraw-Hill, 1985.

[18] CRANE F G. Insurance Principles and Practices[M]. 2ed Edition. New York: Willey, 1984.

[19] 李洪平，冯霞. 企业风险与风险管理[M]. 成都：成都科技大学出版社，1993.

[20] WEBSTER E O M. Webster's Third New International Dictionary[M]. Springfield: G. and C. Merriam Company Publishers, 1976.

[21] JAAFARI A. Management of Risk, Uncertainties and Opportunities on Projects: Time for a Fundamental Shift[J]. International Journal of Project Management, 2001, 19(2): 89-101.

[22] 王明涛. 证券投资风险计量、预测与控制[M]. 上海：上海财经大学出版社，2002.

[23] INTERNATIONAL MARITIME ORGANIZATION. MEPC 392/1023. The Guidelines for Formal Safety Assessment (FSA) for Use in the Imo Rule-making Process [R/OL]. (2002-04-05). [2002-04-05]. http://www.imo.org/en/OurWork/HumanElement/VisionPrinciplesGoals/Documents/1023 - MEPC392.pdf # search = The% 20Guidelines% 20for% 20Formal% 20Safety% 20Assessment% 20% 28FSA% 29%20for%20use%20in%20the%20IMO%20rule%2Dmaking%20process.

[24] 叶青，易丹辉. 中国证券市场风险分析基本框架的研究[J]. 金融研究，2000，120(6): 65-70.

[25] RANGARAJAN K S, SANJIV R D. Derivatives: Practices and Principles[M]. Washington D. C: McGraw-Hill Education, 1993.

[26] LINSMEIER T J, PEARSON N D. Value at Risk[J]. Financial Analysis Journal, 2000, 56(2): 47-67.

[27] 胡宣达，沈厚才. 风险管理学基础:数理方法[M]. 南京：东南大学出版社，2001.

[28] 姜宁. 交通安全应急管理系统的运行机制构建与完善研究[J]. 武汉理工大学学报(社会科学版)，2011，24(3): 305-308.

[29] 刘堂卿，罗帆. 空中交通安全风险构成及耦合关系分析[J]. 武汉理工大学学报(信息与管理工程版)，2012，34(1): 93-97.

[30] 赵学刚. 城市道路交通安全风险分类动态评价技术[J]. 中北大学学报(自然科学版)，2014，35(4): 419-426.

[31] 齐迹. 基于突变理论的海上交通风险预测研究[D]. 大连海事大学，2014.

[32] 王定森，韩延胜. 交通冲突技术在水上安全评价中应用的可行性研究[J]. 中国水运(下半月)，2011，11(7)：42-43,45.
[33] 谭箭，周彩云，谢卓廷. 交通冲突技术在水上交通领域的运用[J]. 武汉理工大学学报(交通科学与工程版)，2012，36(2)：374-377.
[34] 李恒志. 交通冲突技术在珠江口水域水上交通安全评价中的应用研究[D]. 武汉理工大学，2010.
[35] 程志友，刘清，何德涛，等. 基于综合距离指标的单船穿越冲突测量研究[J]. 西南交通大学学报，2012，47(5)：901-906.
[36] 李惠敏. 成山头水域海上交通事故特征及致因分析研究[D]. 武汉理工大学，2012.
[37] 陈蜀喆. 内河海事事故风险突变对人-船-环境失谐响应机理研究[D]. 武汉理工大学，2012.
[38] 张清. 锚地水域通航风险研究[D]. 武汉理工大学，2012.
[39] 黄然. 港口安全管理研究[D]. 重庆交通大学，2011.
[40] 张笛. 枯水期长江通航风险评价和预测方法研究[D]. 武汉理工大学，2011.
[41] 史大运. 胶州湾适航资源分析及航道通航环境安全综合评价[D]. 中国海洋大学，2010.
[42] 邢辉，周尊山，吕安勤，等. 基于模糊综合评判方法的沉船风险预警[J]. 中国安全科学学报，2011，21(4)：115-120.
[43] 高帅，郝严斌，黄常海. 蒙特卡罗方法在水上交通风险仿真中的应用[J]. 中国水运(下半月)，2011，11(6)：76-77.
[44] 李锦伟. 模糊层次分析方法在高速船通航风险评估系统中的应用研究[D]. 浙江工业大学，2007.
[45] 尹凤阳. 基于贝叶斯网络的船舶过闸风险评价研究[D]. 武汉理工大学，2011.
[46] 楼永进. 基于风险管理视角探析金塘大桥水域通航安全管理[J]. 中国水运(下半月)，2010，10(9)：42-43.
[47] 刘静. 黄浦江上游水源地危险化学品运输风险评价及环境管理研究[D]. 华东师范大学，2012.

第2章

船舶类型与海上交通安全风险

众所周知,海上交通安全是海上交通系统高效、有序进行的重要基石。关于海上交通系统,不同学者看法不一,海上交通工程学认为主要由"人-船-环境"3个子系统组成。同时,有些学者认为应当突出管理的作用,把海上交通系统划分为"人-船-环境-管理"4个子系统。但无论如何,船舶都是海上交通安全的主体,是海上交通安全系统重要的组成部分。由于不同船舶种类自身的特性对海上交通安全风险有着显著的影响,因此应针对不同船舶类型的海上交通安全风险进行研究。

近些年来,国内外专家学者都以船舶为主要研究对象开展了大量的海上交通安全风险研究工作,并取得了丰硕的研究成果。随着工业的发展,船舶日趋专业化,船舶种类日益繁多。在海上交通系统中,运输船舶所占比例较大,是海上交通系统最重要的组成部分。为此,本章所述海上交通安全风险研究以运输船舶为主。简单来说,运输船舶可分为客船和货船,货船包括危险品船(包括油船、散装化学品船、液化气船等)、散货船和集装箱船等。同时,考虑到渔船活动对海上交通安全的影响较大,本书对于渔船风险及渔船对海上交通安全影响的相关参考文献也进行了研究。笔者查阅到近10年基于各种船舶类型开展海上交通安全风险研究的中外文献共110余篇,其中,中文文献80余篇、外文文献20余篇,能够较为完整和准确地反映海上交通安全风险研究中有关船舶类型的研究现状。根据船舶类型的不同,本章对客船风险、渔船风险、危险品船舶风险、散货船风险和集装箱船风险分别进行了研究。

2.1 客船风险

客船包括客渡船、客滚船、旅游客船等船舶。客船风险，即客船发生海上交通事故的风险，是指客船在海上交通中发生事故的可能性和事故发生后的损失或损害程度的组合。目前，客船的安全风险研究已经取得较为丰硕的成果，特别是客滚船风险研究，主要采用专家调查法、事件树分析法（Event Tree Analysis，ETA）、故障树分析法（Fault Tree Analysis，FTA）、层次分析法（Analytic Hierarchy Process，AHP）、模糊综合评价法、综合安全评估法（FSA）、人工神经网络法和概率影响图法等方法开展研究，或者将上述多种方法相结合开展研究[1-4]。

大连海事大学在“提高客滚船本质安全性的研究”课题中，从客滚船本质安全方面着手，具体分析了客滚船重大危险源，主要在客滚船火灾事故的事故链、恶劣海况、重大机械设备故障、人为破坏、客滚船碰撞事故五种情况下进行危险源辨识，并提出相应的管理措施及预防手段。孙绍伟采用 FTA 建立了渤海湾客滚船海上航行风险分析模型，并采用对向传播网络模型进行风险评估[5]。赵振德根据滚装客船火灾事故案例，运用 ETA 辨识滚装客船存在的火灾危险，找到影响滚装客船安全的因素[6]。刘新建等利用 ETA 分析客滚船车辆舱火灾原因，从而提出控制措施[7]。张忠海等通过构建客船碰撞 FTA 模型[8]，描述基本事件（安全隐患）与事故之间的因果逻辑关系，并对浙江辖区客船碰撞事故基本事件进行了定量分析，运用最低合理可行（As Low As Reasonable Practice，ALARP）风险图确定各安全隐患的风险等级。刘涛等建立了基于 FTA 技术的客滚运输航行风险分析模型[9]，利用上行（Semanderes）算法求出 FTA 的最小割集，对客滚运输安全进行定性分析，并基于容斥定理设计了顶事件概率的求解算法，计算出各底事件的概率重要度和关键重要度，进而对客滚运输安全进行定量分析。黄明利用软件-硬件-环境-人员（Software-Hardware-Environment-Liveware，SHEL）模型，建立了三峡库区滚装船运输安全人为因素指标体系，并采用模糊综合评价的方法进行了量化分析[10]。李道科等通过对台湾海峡西侧水域海损事故的统计分析，应用专家调查与预先危险性分析法（Preliminary Hazard Analysis，PHA）相结合的方法对两岸客滚船通航进行了风险评价[11]。杨柏丞以渤海湾客滚船大风浪中航行安全为研究对象，总结了渤海湾的大风浪情况，结合客滚船的特点，分析了大风浪天气对客滚船航行安全的影响，确定了风险因素，通过实际测量与问卷调查来获得数据，采用概率影响图方法进行评估，并对评估结果进行分析[12]。

同时，AHP 和模糊综合评价等方法也获得了较多的研究成果，如刘红等建立了客船火灾人员应急疏散评价指标体系，综合运用 AHP 与模糊决策理论，建立了评价客船发生火灾时的应急疏散能力的模糊层次分析模型[13]。王志远建立了包含船舶吃水、风级、风舷角、初稳性高度、初始横倾角、船舶减摇效率等影响船舶稳性的指标体系,利用模糊综合评价法对客滚船的航行安全进行了量化评估[14]。张黎亮通过专家调查法确定了滚装客船运输系统安全评价指标体系,利用 AHP 确定各指标的权重,并通过模糊综合评价法建立了滚装客船航行安全量化评价模型[15]。李墨飞通过问卷调查法,结合 AHP 和模糊综合评价法构建了客渡船综合安全评价体系[16]。李杰通过综合运用模糊数学和 AHP 建立了渡船安全评价体系[17]。王菁运用瑞森(Reason)模型和 SHEL 模型,对客滚运输领域的人为因素进行了科学分析,采用模糊综合评价法建立了客滚运输人为因素风险评价模型[18],并以渤海湾客滚运输作为实例对人为因素进行了风险评价。杨鹍鹏利用模糊综合评价法对客滚船进行了综合评价[19],并运用 ETA 分析了影响客滚船安全的五个重大危险源。张华运用 AHP 确定因素权重,通过模糊综合评价法建立了客滚船营运安全风险评价数学模型[20]。王振兴运用模糊综合评价法和 AHP 对大风浪天气滚装船航行安全预警进行风险评价[21],并建立了预警系统。吴行行结合德尔菲法、模糊综合评价法和风险矩阵评价法对三峡库区滚装船运输进行风险评价[22]。由于神经网络具有较强的学习功能,其在客船风险研究中也取得了许多成果,如路其军首先确定了客滚船大风浪航行安全评估指标体系,随后建立了客滚船大风浪航行安全评估反向传播(Back Propagation, BP)神经网络模型[23],并将该网络模型应用于实船安全评估。王勇同样将 BP 神经网络运用于客滚船安全评价,提出了基于 BP 神经网络的客滚船危险评价方法[24]。

再者,很多机构和学者都基于 FSA 结构对客船风险进行了研究,其中在欧盟《安全设计、操作及规则》(Design, Operation and Regulation for Safety, SAFEDOR)项目的支持下,2008 年丹麦政府向 IMO 提交了《滚装客船综合安全评估研究报告》[25-26]和《客船综合安全评估研究报告》[27-28]。李锦伟在 FSA 框架下,选用了模糊综合评价法和 AHP,建立了高速客船风险多层次模糊综合评价数学模型[29]。方泉根等介绍了 IMO 成员应用 FSA 开展高速双体客渡船安全研究的情况[30]。吴桂涛介绍了故障模式与影响分析(Failure Mode and Effect Analysis, FMEA)和 FSA 之间的关系,并利用前者对大型高速客滚船的实际情况进行分析[31]。洛伊思等将 FSA 方法应用在邮轮评估方面[32],运用风险贡献树和事故树分析出邮轮存在的危险,利用因果链制定出不同阶段的风险控制方案,通过收益估计和成本估计计算出费效比。高路在 FSA 方法的框架下,以“人-机-环境-管理”为基础构建了客滚船火灾安全评价体系,应用鱼骨图法分析客滚船火灾的原因,运用 FTA 对客滚船火灾发展过程进行分析,并采用模糊数学理论建立综合评价模型,结合实船调研获得的相关数据,对客滚船发生火灾的风险进行了安全评估[33]。

2.2 渔船风险

近年来,由于商渔船碰撞等海上安全事故频发,不仅造成巨大财产损失,还经常导致重大人员伤亡。为此,学术界众多专家针对渔船海上航行风险开展了深入的研究。渔船风险,即商渔船发生碰撞、触碰等海上交通事故的风险,是指渔船在海上交通中发生事故的可能性和事故发生后的损失或损害程度的组合。

从当前的研究现状来看,针对渔船风险研究主要采用 ETA、FTA、AHP、集对分析理论、模糊综合评价以及一些其他的方法[34-35]。其中,早期任玉清等运用模糊集理论建立了渔船作业安全的综合评价模型[36];紧接着将 FTA 应用到渔船海损事故分析中[37],对渔船触礁事故进行了原因分析,通过计算基本事件的结构重要度,确定了导致事故发生的主要因素;随后,他们进一步根据渔船航行及作业情况,将 FSA 框架应用于渔船风险评估工作[38],并运用集对分析理论建立了一种基于多元联系数的渔船安全综合评价集对评价模型[39]。与此同时,姚杰等还建立了渔船航行安全评价指标体系,运用模糊集理论建立了渔船航行安全的综合评价模型[40],并运用该模型对中国渔业互保协会 1999—2008 年所承保的渔船生产安全状况进行了评价[41],进一步采用多级模糊综合评价方法和 AHP 对我国钢质海洋渔船安全状况进行了评价研究[42]。

此外,罗福才等在 FSA 结构框架下建立了相应的风险矩阵,并对造成渔船全损的事故进行了风险评估[43]。彼莱等运用模糊集理论对渔船的危险进行了识别,运用时延分析法(Delay Time Analysis,DTA)将事故消除在对渔船的维护期内[44-45]。李文彬基于人工免疫系统原理,采用经过改进的否定选择算法,结合渔船海事案例库中存储的渔船海事案例,提出了一种基于人工免疫系统的海洋渔船预警模型[46]。姚杰等以云理论为基础,提出一种基于云推理的渔船安全状况评价方法[47]。

2.3 危险品船舶风险

危险品船舶与其他船舶相比,由于危险品本身具有易燃、易爆、有毒、腐蚀等特点,所以在防火、防爆、防污染、防泄漏等方面更具有特殊性。特别是危险品船舶的每一次事故都会造成十分重大的影响。一旦发生事故,不但造成巨大的人员伤亡,也对环境产生严重的污染,因而危险品船舶的运输安全受到了极大的关注。海事领域的专家对危险品船舶海上航行风险开展了深入的研究。危险品船舶风险,即危险品船舶发生海上交通事故的风险,是指危险品船舶在海上交通中发生事故的可能性和事故发生后的损失或损害程度的组合。

针对危险品船舶风险的研究,主要采用灰色系统理论、模糊综合评价、AHP 等方法,或者将上述多种方法相结合开展研究。例如,缪克银提出了海上危险品运输安全风险评价指标体系,并运用灰色系统理论和模糊数学理论构建了具体的海上危险品运输安全风险评价模型[48]。许娟基于 FSA 框架对危险品船舶进行评估[49],提出了相应的风险控制方案与措施，对评价结果提供了决策建议。圣星星结合 FSA 框架，将未确知测度评价模型引入到危险品船舶夜间引航风险研究中，构建了基于未知测度理论的危险品船舶夜间引航安全评价模型[50]。

具体而言，危险品船舶主要包括油船、液化气船和化学品船三大类。油船是主要以载运油类等液体货物为主的船舶，一般分为原油船和成品油船两大类[51-53]。当前，针对油船风险的研究大多都基于 FSA 框架，其中在欧盟 SAFEDOR 项目下，2008 年，丹麦政府向 IMO 提交了《油船综合安全评估研究报告》[54-55]。马丁等和帕萨罗斯等利用 FSA 框架开展了油船碰撞和搁浅事故中的人为失误研究[56-57]。王焕新以油船为例将概率影响图理论应用到船舶 FSA 中[58]。李业秋在 FSA 理论框架上，采用基于资产脆弱性的风险评价模型[59]，定性和定量计算了油船营运安全各类风险的危险度。王建军采用 AHP 和模糊综合评价法建立了新加坡、马六甲海峡水域油船航行安全综合评价模型[60]，确定了各评价因素在油船安全通过海峡的航行过程中的重要程度。邹文生运用 AHP 分析油船存在的危险源，分析计算了各危险因素的权重，并用模糊综合评价法建立油船火灾风险评价数学模型[61]。王超分析了影响大风浪中油船航行安全的因素，确立大风浪中油船安全航行的评估指标体系，利用概率影响图理论进行评估[62]。

液化气船是指建造或改建为运输散装易燃液体的货船，将一些气态碳氢化合物（通常从原油精炼过程中或石脑油等分解过程中制取，同时也可以通过从油井和气井提取的天然气中分离而取得），以及其他一些特殊气体（如氨、氙、氧、氢、氮等）经液化后在一定温度和压力下进行运输的船舶。它是一种近半个多世纪以来出现的全新类型的船舶，一般可分为液化石油气（Liquefied Petroleum Gas，LPG）船和液化天然气（Liquefied Natural Gas，LNG）船等。液化气船在国际上被认为是安全性非常高的一种船舶，但液化气是高危险性的货物，若发生泄漏、碰撞、火灾、爆炸等事故，后果必然是触目惊心的，造成的污染及损失会相当严重[63-66]。近年来，针对液化气船海上航行风险开展了大量的研究，主要是基于 FSA 框架下采用 FAHP、贝叶斯网络等方法，其中基于欧盟 SAFEDOR 项目，2007 年丹麦政府向 IMO 提交了《液化天然气船综合安全评估研究报告》[67-68]。李明柯基于 FSA 框架，利用模糊综合评价法和 AHP 对液化气船航运过程进行了综合安全评价[69]。范内姆等运用 FSA 方法对 LNG 船舶营运开展了风险分析[70]。李鑫同样基于 FSA，采用模糊综合评价法建立深圳西部水域 LNG 船舶进出港通航安全评价模型[71]，并应用该模型对该水域 LNG 船舶进出港航道的安全状况进行了评价。刘春颖采用 FSA 框架开展了 LNG 船舶通航安全保障评价研究，采用定性的二元比较法和模糊综合评价法进行了综合评价[72]。郭静基于 FSA 框架，对液化气船储运过程进行了综合安全评估[73]，运用 FTA 进行危险识别，用风险矩阵确定风险等级，并提出相应的风险控制方案与费用效益评估。范泽泗基于 FSA 框架，运用 AHP 确定各评价指标的影响程度，并采用模糊数学建立多级综合评价数学模型[74]，对液货船的安全状况进行定性和定量综合评价。张松华等将贝叶斯网络运用于 LNG 船安全评价[75]。劳春浩等采用预先风险评估方法，使用了 ETA 和风险指数方法，对 LNG 船航行安全进行了风险评估[76]。

化学品船通常是指能够用于运载各种特殊货物如有毒、易燃、易挥发以及有腐蚀性化学物质等的特种船舶。通常称装载危险化学品的化学品船舶为危化品船。危化品船风险区别于普通船舶风险在于其风险还包括泄漏及火灾、爆炸[77-78]。目前，针对化学品船风险的研究主要分为两类，即散装化学品船舶风险和液体化学品船舶风险，并且都取得了较多的研究成果，主要以多种方法相结合方式开展研究。如田富星针对港区水域危化品船在不确定信息条件下具有随机性、模糊性、不完整性及不完备性的特点，采用贝叶斯统计、模糊综合评价、灰色关联和未确知数学分别建立了港区水域危化品船风险评价模型[79]。俞斌等针对上海海事局辖区水域内液体化学品船海上运输风险进行了识别，并采用 ETA 与风险指数法对液体化学品船海上运输风险进行评价[80]。刘静采用问卷调查法和 FTA 构建了黄浦江水源地船舶载运危险品的网状框架综合分析风险体系[81]。高峰等建立了三峡库区船舶运输散装化学品风险评估模型[82]，并进行了应用检验和情境分析，以对散装化学品运输风险进行评价。俞斌在 FSA 框架的基础上，分别运用 ETA、海事风险矩阵分析法、概率影响图方法和熵值法，提出散装液体化学品船安全评价方法模型，并将证据理论应用于不确定条件下散装液体化学品船安全评价中，最终计算出散装液体化学品船安全评价指数[83]；随后，俞斌等还根据证据理论对评价结论进行归一化处理，得到散装液体化学品船整体的安全评价[84]。王军等采用模糊综合评价法，建立一套完整的危险化学品水路运输风险评价体系[85]，并通过实例说明该方法的可行性。庄德建在对散装液体化学品船装卸货综合评价研究的基础上，运用综合评价数学模型理论，根据散化船的结构特点，提出了装卸货评价模型[86]。

2.4 散货船风险

散货船是干散装货船简称，专门用来运输不需包装绑扎的货物，如煤炭、矿石、木材、牲畜、谷物等[87-89]。其中，散货船包括液体散货船和干散货船。据 IMO 数十年来的统计资料，散货船的事故率一直居高不下，因此对散货船安全风险研究显得非常必要。散货船风险，即散货船发生海上交通事故的风险，是指散货船在海上交通中发生事故的可能性和事故发生后的损失或损害程度的组合。

目前，开展散货船风险研究的方法有 ETA、FTA、AHP、模糊综合评价、贝叶斯网络等方法，其中以模糊综合评价和 AHP 为主要方法。卓柏村等应用 AHP 构建了船舶运输固体散货安全评价指标体系[90]。范中洲在建立散货船模糊数学综合评价数学模型的基础上，提出了实现散货船综合安全评价的计算机辅助系统的方法[91-92]。郑中义等则结合AHP和模糊综合评价法对干散货船航行安全进行评价和结果验证[93]。吴迪基于FSA框架开展了干散货船航行安全研究，运用FTA等方法进行危险识别，并用加权模糊综合评价法导出风险矩阵计算风险等级[94]。林少芬等将模糊多级综合评价方法运用于散货船的FSA安全评估中，通过对影响散装货船人、机、环境三方面的综合分析与模糊化处理，并结合专家经验及数据，对散装货船的综合安全性做出了半定量讨论[95-98]。矫恒忠采用模糊综合评价法，建立了青岛港内贸散矿运输船舶安全评价数学模型，并进行了综合评价[99]。赵京军通过AHP确定了各评价指标影响干散货船航行安全的重要程度，并建立多级模糊综合评价数学模型对大风浪中载货干散货船的航行安全状况进行了定性和定量的综合评价[100]。林美荣通过专家问卷调查法确定了长江干线重庆段砂石船安全风险指标因素的评价标准，并采用模糊数学理论建立了模糊综合评价数学模型[101]。罗伯茨等基于FSA框架对干散货船1963—1996年的事故数据进行了分析[102]。李开熙等基于FSA框架开展了散货船舱口水密完整性评估[103]。张军礼选取FTA建立了散货船营运风险模型，进行了定性和定量的分析与评价，并采用数据包络分析法作为风险方案决策的研究方法[104]。韩俊松等应用事故数据统计和案例分析的方法，对中国沿海发生的载运固体散货的船舶自沉事故进行深入分析，并提出加强安全管理的对策[105]。曲峰德利用贝叶斯网络的数学方法建立了影响木材船大风浪中航行安全的评价模型[106]，通过对评估结果的分析，得到能导致木材船在大风浪中航行时海难事故的重要因素，进而提出提高木材船在大风浪中航行安全性的相应措施。边海涛采用比较成熟的单项定性加权计分法、灰色综合评价法、模糊综合评价法、突变评价法、物元分析法等五种安全评价方法分别对散货船大风浪中的航行安全进行评价[107]。

2.5 集装箱船风险

集装箱船是以专门的集装箱作为货物运输单元的船舶，通常以载运集装箱的数目——标箱(TEU)表征其装载能力。目前，世界上最大的集装箱船船长将近400 m，船宽超过60 m，载箱量超过2.4万标箱。集装箱船的航速相较于散货船、油船等要快，大部分大型集装箱船的航速超过了20 kn。现代集装箱船正向着大型化、高速化、多用途方向发展。相对于其他船型，集装箱船发生事故率稍低，但是就事故发生涉及的人员伤亡和资金损失而言，由于集装箱船造价较高、承运货物单位价值也相对较高，集装箱船的事故损失成本在所有船舶意外事故总损失成本中占相当大的比重。为此，集装箱船的安全问题受到了行业内的广泛关注[108-109]。集装箱船风险，即集装箱船发生海上交通事故的风险，是指集装箱船在海上交通中发生事故的可能性和事故发生后的损失或损害程度的组合。

当前,国内外针对集装箱船风险研究的主要方法有 AHP 和模糊综合评价等方法。其中,王军介绍了综合安全评估及其在航运业中应用的发展情况,并详细讨论了未来 FSA 在集装箱船的安全评估过程中的前景[110];随后,其分析了集装箱船的特点,并基于收集的集装箱船数据,结合 FSA 框架开展了集装箱船安全评估[111]。2007 年,丹麦政府向 IMO 提交了《集装箱船综合安全评估研究报告》和《开敞式集装箱运输危险货物综合安全评估研究报告》[112-113]。黄通涵等在 SAFEDOR 项目的基础上进一步开展了集装箱船综合安全评估,定性和定量地分析了集装箱船的安全状况,对事故链和风险控制措施的成本效益进行了重点分析[114]。孙健建立了由"人-船-环境-管理"4 个子系统组成的集装箱船大风浪中航行的安全评估指标体系,基于证据理论开展了集装箱船大风浪中航行安全评估[115]。高杰等通过对集装箱船事故的统计和分析,介绍集装箱船的安全评估方法[116],并提出改进集装箱船安全性的建议。刘强基于模糊数学理论,针对航行于中日航线的集装箱船建立了相应的综合评估模型[117]。高儒基于 FSA 框架,采用 AHP 和模糊综合评价法建立风险评价数学模型,并确定了各指标的权重[118]。

除上述船舶类型外,还有众多学者基于不同视角开展了船舶与海上交通安全风险研究。最初主要采用相对简单的风险矩阵理论等方法,如胡甚平等在构建船舶航行系统风险的基础上,通过船舶航行事故统计和船舶航行作业规范化安全评估,提出了大型船舶航行的风险矩阵[119],对大型船舶航行的风险构成、影响因素进行定量研究。随后 FSA 被广泛运用于研究工作,例如,席永涛等利用 FSA 方法初步建立了船舶航行的风险体系结构[120]。樊红等对船舶 FSA 中存在的大量不确定性问题,提出了一种基于证据理论的综合安全评估方法[121],利用证据结合准则做出评估,使得决策者在缺少数据分析又必须做出决策时减少决策的盲目性与主观性;此后其将概率影响图理论应用到船舶综合安全评估中[122],并以高速双体客船的 FSA 为例,进行了具体的应用;在此基础上,其进一步采用了概率影响图与证据理论来处理 FSA 实施过程中的不确定性问题[123]。基于神经网络较强的学习功能,鲍君忠等建立了基于 BP 神经网络的船舶风险评价模型[124],以解决定性评价方法的不足。汤国杰针对超大型船舶在受限水域航行风险评价不确定性的特点,运用 AHP 和证据理论建立了超大型船舶受限水域航行的风险评价指标体系和风险评价模型[125]。胡甚平等在分析船舶航行风险构成要素和风险计算的基础上,建立了基于贝叶斯估计和概率影响图的风险评价方法与统计模型[126],提出了基于贝叶斯网络拓扑结构的定量化风险分析模型,并采用该船舶航行风险贝叶斯网络模型对大型船舶航行的风险进行了定量分析。赵默洋采用 AHP 和模糊综合评价法,建立了船舶安全风险分析评价模型[127]。陈飞运用基于 AHP 的模糊综合评价原理对内河水域船舶航行安全风险进行了综合评估[128],得到了比较科学的评估结论。

特别地,由于客船事故会造成巨大的人员伤亡事故、直接经济损失和社会影响,危险品船舶事故会造成重大的人员伤亡、严重的环境污染和巨大的直接经济损失,客船风险和危险品船舶风险是海上交通系统中的各种船舶类型中两个最大的风险源。目前,海事领域的专家学者以及海事管理机构的工作人员都把客船风险和危险品船舶风险作为研究和工作的重点,以采取有效措施保障海上交通安全。

目前,基于各种船舶类型开展的海上交通安全风险研究的理论与技术涵盖了风险矩阵法、历史数据法、FSA、模糊综合评价法、AHP、贝叶斯网络法、人工神经网络法、概率影响图法、证据理论等方法,或者将上述多种方法相结合开展研究。这些理论或方法的运用使得针对不同船舶类型风险的研究获得了长足的进展,但上述大多数理论或方法尚处于理论研究阶段,缺乏具有实际指导意义的评价方法,并且这些理论或方法很难结合与统一,无法获得较为全面的研究成果。其中,历史数据法、FAHP 和模糊综合评价法由于能较为准确地定量计算和定性分析海上交通安全风险而具有广泛的适用性,在不同船舶种类风险的研究中获得了较为有效的成果。

参考文献

[1] 王西召，顾学康，聂明明. 综合安全评估在客船破损稳性衡准修订中的应用[J]：船海工程，2017，46(2)：1-5.

[2] 周翔宇. 不确定信息环境下客船航线安全性研究[D]. 大连海事大学，2016.

[3] 李江. 长江干线客船营运重大风险辩识与防范研究[D]. 武汉理工大学，2017.

[4] 孙墨林. SLA 中船舶交通安全目标确定的关键问题研究[D]. 大连海事大学，2018.

[5] 孙绍伟. 渤海湾客滚运输风险评估研究[D]. 大连海事大学，2007.

[6] 赵振德. 滚装客船火灾事故的原因及管理对策[J]. 世界海运，2014，37(8)：51-54.

[7] 刘新建，杨鹃鹏，程向新，等. 基于 ETA 的客滚船车辆舱火灾原因和控制分析[J]. 航海技术，2008(1)：24-26.

[8] 张忠海，赵颖磊. 客船航行安全隐患风险等级评估[J]. 大连海事大学学报，2009，35(2)：134-136.

[9] 刘涛，潘建中，周万枝，等. 基于故障树分析技术的客滚运输安全性评价[J]. 中国水运，2007，7(10)：193-195.

[10] 黄明. 三峡库区滚装船运输安全评估技术研究[D]. 武汉理工大学，2008.

[11] 李道科，唐寒秋，董斌，等. 台湾海峡两岸客滚船通航风险评估[J]. 中国航海，2012，35(2)：71-75.

[12] 杨柏丞. 渤海湾客滚船大风浪中航行的安全评估[D]. 大连海事大学，2010.

[13] 刘红，夏东进. 基于模糊综合评判的客船火灾人员应急疏散评价体系研究[J]. 中国水运，2013，13(12)：112-115.

[14] 王志远. 渤海海域恶劣天气下客滚船航行安全状态评价[D]. 大连海事大学，2007.

[15] 张黎亮. 滚装客船运输安全综合评价[D]. 大连海事大学，2003.

[16] 李墨飞. 南京中山客渡轮交通安全评价研究[D]. 大连海事大学，2012.

[17] 李杰. 运用模糊理论建立渡船安全评价体系[J]. 中国海事, 2012(3): 48-51.

[18] 王菁. 客滚运输人为因素风险评价与控制研究[D]. 大连海事大学, 2008.

[19] 杨鹍鹏. 客滚船综合安全评价的研究[D]. 大连海事大学, 2007.

[20] 张华. 综合安全评估(FSA)在客滚船营运中的应用[D]. 大连海事大学, 2012.

[21] 王振兴. 大风浪天气滚装船航行安全预警系统的研究[D]. 大连海事大学, 2010.

[22] 吴行行. 三峡库区滚装船运输安全人为因素指标体系研究[D]. 武汉理工大学, 2011.

[23] 路其军. 基于 BP 网络的客滚船大风浪航行安全评估[D]. 大连海事大学, 2010.

[24] 王勇. 客滚船营运风险的 BP 神经网络评估[J]. 青岛远洋船员职业学院学报, 2010, 31(2): 67-70.

[25] INTERNATIONAL MARITIME ORGANIZATION. MSC 85/17/2. FORMAL SAFETY ASSESSMENT: FSA - RoPax Ships[R/OL]. (2008-07-21). [2008-07-21]. http://research. dnv. com/skj/FSA-SAFEDOR/RoPax/MSC%2085-17-2. pdf.

[26] INTERNATIONAL MARITIME ORGANIZATION. MSC 85/INF. 3. FORMAL SAFETY ASSESSMENT: FSA - RoPax Ships Details of the Formal Safety Assessment[R/OL]. (2008-07-31). [2008-07-31]. https://docs. imo. org/Search. aspx? keywords=MSC%2085%2FINF. 3.

[27] INTERNATIONAL MARITIME ORGANIZATION. MSC 85/17/1. FORMAL SAFETY ASSESSMENT: FSA - Cruise Ships[R/OL]. (2008-07-29). [2008-07-29]. https://docs. imo. org/Search. aspx? keywords=MSC%2085%2F17%2F1.

[28] INTERNATIONAL MARITIME ORGANIZATION. MSC 85/INF. 2. FORMAL SAFETY ASSESSMENT: FSA - Cruise Ships Details of the Formal Safety Assessment[R/OL]. (2008-07-30). [2008-07-30]. https://docs. imo. org/Search. aspx? keywords=MSC%2085%2FINF. 2.

[29] 李锦伟. 模糊层次分析方法在高速船通航风险评估系统中的应用研究[D]. 浙江工商大学, 2007.

[30] FANG Q G, YANG Z L, HU S P, et al. Formal Safety Assessment and Application of the Navigation Simulators for Preventing Human Error in Ship Operations[J].

Journal of Marine Science and Application, 2005, 4(3): 5-12.
[31] 吴桂涛. 故障模式与影响分析在大型高速客滚船的应用[J]. 中国航海, 2007, 30(3): 81-84.
[32] LOIS P, WANG J, WALL A, et al. Formal Safety Assessment of Cruise Ships[J]. Tourism Management, 2004, 25(1): 93-109.
[33] 高路. 渤海湾客滚船火灾安全评价的研究[D]. 大连海事大学, 2009.
[34] 王金浩, 李小娟, 孙永华, 等. BP 神经网络在渔船航行安全预警中的应用[J]. 渔业现代化, 2016, 43(1): 47-51.
[35] 郑巧玲, 樊伟, 王晓璇, 等. 我国近海渔场台风状况及其对渔船作业的影响分析[J]. 海洋通报, 2016, 35(2): 226-234.
[36] 任玉清, 姚杰. 渔船作业安全综合评价方法的研究[J]. 中国航海, 2003, 26(3): 46-47.
[37] 任玉清, 姚杰, 赵希波, 等. 基于 FTA 的渔船海损事故分析[J]. 中国航海, 2007, 30(1): 68-71.
[38] 任玉清, 郑吉辉. 综合安全评估(FSA)在渔船风险控制中的应用[J]. 渔业现代化, 2011, 38(3): 58-61.
[39] 任玉清, 郑吉辉, 董晖. 基于集对分析的渔船安全综合评价模型[J]. 中国航海, 2012, 35(2): 60-63.
[40] 姚杰, 任玉清. 渔船航行安全评价方法的研究[J]. 大连水产学院学报, 2005, 20(3): 244-248.
[41] 姚杰, 任玉清, 吴兆麟. 渔业安全综合评价模型研究[J]. 中国航海, 2010, 33(4): 71-74.
[42] 任玉清, 姚杰, 许志远, 等. 中国钢质海洋渔船安全状况评价研究[J]. 渔业现代化, 2012, 39(6): 56-61.
[43] 罗福才, 林焰, 王运龙. 基于综合安全评估的渔船安全风险分析[J]. 大连海事大学学报, 2011, 37(2): 51-53.
[44] PILLAY A, WANG J, WALL A, et al. Formal Safety Assessment of Fishing Vessels: Risk and Maintenance Modelling[J]. Journal of Marine Engineering and Technology, 2004, 3(1): 29-42.
[45] PILLAY A, WANG J. Risk Assessment of Fishing Vessels Using Fuzzy Set Approach[J]. International Journal of Reliability, Quality and Safety Engineering, 2002, 9(2): 163-181.
[46] 李文彬. 基于人工免疫系统的海洋渔船预警模型研究[D]. 首都师范大

学，2014.

[47] 姚杰，吴兆麟，许志远，等. 基于云推理的渔船安全状况评价方法[J]. 大连海事大学学报，2014，40(3)：53-57.

[48] 缪克银. 基于灰色理论的危险品运输风险研究[J]. 物流技术，2012，31(6)：66-68.

[49] 许娟. 危险品船的综合安全评估[D]. 大连海事大学，2008.

[50] 圣星星. 危险品船舶夜间引航风险研究[D]. 武汉理工大学，2012.

[51] 崔文罡，范厚明，姚茜，等. 基于模糊 Bow-tie 模型的油船靠港装卸作业溢油风险分析[J]. 中国安全生产科学技术，2016，12(12)：93-98.

[52] WU D Y, CHEN Z. Quantitative Risk Assessment of Fire Accidents of Large-scale Oil Tanks Triggered by Lightning[J]. Engineering Failure Analysis, 2016(63): 172-181.

[53] AKYUZ E, CELIK E. A Fuzzy DEMATEL Method to Evaluate Critical Operational Hazards During Gas Freeing Process in Crude Oil Tankers[J]. Journal of Loss Prevention in the Process Industries, 2015(38): 243-253.

[54] INTERNATIONAL MARITIME ORGANIZATION. MEPC 58/17/2. FORMAL SAFETY ASSESSMENT: FSA - Crude Oil Tankers[R/OL]. (2008-07-21). [2008-07-21]. https://docs.imo.org/Search.aspx?keywords=MEPC%2058%2F17%2F2.

[55] INTERNATIONAL MARITIME ORGANIZATION. MEPC 58/INF.2. FORMAL SAFETY ASSESSMENT: FSA - Crude Oil Tankers[R/OL]. (2008-07-17). [2008-07-17]. https://docs.imo.org/Search.aspx?keywords=MEPC%2058%2FINF.2.

[56] MARTINS M R, MATUTANA M C. Human Error Contribution in Collision and Grounding of Oil Tankers[J]. Risk Analysis, 2010, 30(4): 674-698.

[57] PSARROS G, SKJONG R, EIDE M S. Under-reporting of Maritime Accidents[J]. Accident Analysis & Prevention, 2010, 42(2): 619-625.

[58] 王焕新. 概率影响图在油船的综合安全评估中的应用探讨[C]//中国航海学会. 2009 航海技术理论研究论文集. 北京，2009：101-109.

[59] 李业秋. 综合安全评估在油船营运安全中的应用研究[D]. 大连海事大学，2013.

[60] 王建军. 新、马海峡水域油船航行安全综合评价[D]. 大连海事大学，2007.

[61] 邹文生. 基于模糊理论对油船火灾爆炸事故的安全评估[D]. 大连海事大

学，2009.

[62] 王超. 油船大风浪航行安全评估[D]. 大连海事大学，2009.

[63] 黄齐方，叶平. LNG 船舶风险识别与评价[J]. 中国水运，2015，15(4)：44-45.

[64] 崔相义. 内河中小型 LNG 运输船风险分析[D]. 江苏科技大学，2017.

[65] 马先山，刘宇，方磊，等. LNG 船装卸作业风险动态网络预测[J]. 中国航海，2017，40(2)：69-72.

[66] 郭开华，朱琳琳，皇甫立霞，等. LNG 船舶内河航运安全定量风险管控研究[J]. 安全与环境学报，2018，18(5)：1736-1742.

[67] INTERNATIONAL MARITIME ORGANIZATION. MSC 83/21/1. FORMAL SAFETY ASSESSMENT：FSA. Liquefied Natural Gas (LNG) Carriers[R/OL]. (2007-07-06). [2007-07-06]. https://docs. imo. org/Search. aspx? keywords = MSC%2083%2F21%2F1.

[68] INTERNATIONAL MARITIME ORGANIZATION. MSC 83/INF. 3. FORMAL SAFETY ASSESSMENT：FSA - Liquefied Natural Gas (LNG) Carriers Details of the Formal Safety Assessment[R/OL]. (2007-07-12). [2007-07-12]. https://docs. imo. org/Search. aspx? keywords = MSC%2083%2FINF. 3.

[69] 李明柯. 液化气船航运过程中的综合安全评价研究[D]. 大连海事大学，2006.

[70] VANEM E，ANTÃO P，ØSTVIK I，et al. Analysing the Risk of LNG Carrier Operations[J]. Reliability Engineering and System Safety，2008，93(9)：1328-1344.

[71] 李鑫. 深圳西部水域 LNG 船舶进出港通航安全风险评价研究[D]. 武汉理工大学，2011.

[72] 刘春颖. 深圳西部港区 LNG 船舶通航安全的综合评价研究[D]. 大连海事大学，2010.

[73] 郭静. 液化气船液货储运安全风险评估研究[D]. 大连海事大学，2005.

[74] 范泽泗. 我国液货船综合安全评价的研究[D]. 大连海事大学，2006.

[75] 张松华，阮巍. 基于贝叶斯网的液化气船航运过程安全性评价[J]. 中国水运，2014，14(2)：23-25.

[76] 劳春浩，沈华，陈志勇. 深圳液化天然气船航行安全风险评估[J]. 大连海事大学学报，2007，33(S2)：59-62.

[77] SORMUNEN O V E，GOERLANDT F，HÄKKINEN J，et al. Uncertainty in Maritime Risk Analysis：Extended Case Study on Chemical Tanker Collisions[J]. Pro-

ceedings of the Institution of Mechanical Engineers, Part M: Journal of Engineering for the Maritime Environment, 2015, 229(3): 303-320.

[78] AKYUZ E, CELIK M. A Methodological Extension to Human Reliability Analysis for Cargo Tank Cleaning Operation on Board Chemical Tanker Ships[J]. Safety Science, 2015(75): 146-155.

[79] 田富星. 不确定性信息条件下的港区水域危化品船舶风险评价研究[D]. 武汉理工大学, 2012.

[80] 俞斌, 金永兴, 郑剑, 等. 基于事件树的液体化学品船运输风险评估与控制[J]. 中国航海, 2011, 34(1): 86-89.

[81] 刘静. 黄浦江上游水源地危险化学品运输风险评价及环境管理研究[D]. 华东师范大学, 2012.

[82] 高峰, 党亚茹, 高洁. 三峡库区船舶散装化学品风险评估模型及其应用[C]//中国航海学会. 中国航海学会 2007 年度学术交流会优秀论文集专刊. 北京, 2007: 186-192.

[83] 俞斌. 不确定条件下散装液体化学品船安全评价方法及应用研究[D]. 上海海事大学, 2011.

[84] 俞斌, 金永兴, 郑滨, 等. 基于证据理论的散装液体化学品船安全评估[J]. 中国航海, 2012, 35(1): 90-93.

[85] 王军, 褚艳玲. 基于模糊综合评价法的水路危险化学品运输风险评价[J]. 大连海事大学学报, 2008, 34(S1): 14-16.

[86] 庄德建. 化学品船装卸货综合评价研究[D]. 大连海事大学, 2008.

[87] 吴建军, 金永兴, 胡甚平, 等. 铝土矿海上运输安全风险研究综述[J]. 中国安全生产科学技术, 2017, 13(8): 87-95.

[88] 刘春雷, 尹勇, 孙霄峰, 等. 散货船自由浮态计算简化方法[J]. 大连理工大学学报, 2017, 57(1): 55-60.

[89] 王智洲, 孙霄峰, 尹勇, 等. 基于 CUDA 的散货船稳性并行计算[J]. 舰船科学技术, 2017, 39(10): 40-44.

[90] 卓柏村, 陈鹭玲, 邱华赞. 基于 AHP 法的船载固体散货安全评价指标体系研究[J]. 中国海事, 2011(11): 42-45.

[91] 范中洲. 散装船舶安全评判数学模型的研究[D]. 大连海事大学, 2002.

[92] 范中洲, 洪碧光, 史国友. 散货船安全评价的计算机实现方法[J]. 中国航海, 2005, 28(3): 46-48.

[93] 郑中义, 李红喜, 赵京军. 干散货船在大风浪中的安全评价[J]. 大连海事大

学学报，2010，36(2)：55-57.
[94] 吴迪. 干散货船航行安全风险及其控制问题探讨[D]. 上海海事大学，2006.
[95] 林少芬，李瑰贤，陈映秋，等. 散装货船模糊综合安全性评估的实现方法[J]. 船舶工程,2000，22(1)：59-62.
[96] 林少芬，李瑰贤，陈映秋，等. 散装货船模糊综合安全性评估的实现方法：船员因素的组成与作用分析[J]. 船舶工程，2000，22(2)：52-56.
[97] 林少芬，李瑰贤，陈映秋，等. 散装货船模糊综合安全性评估的实现方法：船舶因素在散货船安全评估中的作用分析[J]. 船舶工程，2000，22(3)：55-57.
[98] 林少芬，李瑰贤，陈映秋，等. 散装货船模糊综合安全性评估的实现方法：环境因素在散货船安全评估中的作用分析[J]. 船舶工程，2000，22(4)：55-56，22.
[99] 矫恒忠. 青岛港内贸散矿运输船舶安全管理评价与对策[D]. 大连海事大学，2014.
[100] 赵京军. 大风浪中载货干散货船安全评价研究[D]. 大连海事大学，2008.
[101] 林美荣. 长江干线重庆段砂石船风险综合评价研究[D]. 大连海事大学，2010.
[102] ROBERTS S E，MARLOW P B. Casualties in Dry Bulk Shipping (1963—1996)[J]. Marine Policy，2002，26(6)：437-450.
[103] LEE J O，YEO I C，YANG Y S. A Trial Application of FSA Methodology to the Hatchway Watertight Integrity of Bulk Carriers[J]. Marine Structures，2001，14(6)：651-667.
[104] 张军礼. 船舶营运风险评估体系的研究[D]. 大连海事大学，2009.
[105] 韩俊松，吴宛青，杜嘉立，等. 中国沿海固体散货运输船自沉事故分析与对策[J]. 中国航海，2014，37(1)：82-86.
[106] 曲峰德. 木材船大风浪航行的安全评估[D]. 大连海事大学，2012.
[107] 边海涛. 散货船大风浪中航行安全组合评价方法研究[D]. 大连海事大学，2013.
[108] 马骋远，马宁，王廷昊，等. 超大型集装箱船参数横摇全面校核与安全评估[J]. 中国舰船研究，2017，12(3)：7-15.
[109] 郭锦春，任亚磊. 洋山港超大型集装箱船安全系泊[J]. 航海技术，2015(4)：15-18.
[110] WANG J. Offshore Safety Case Approach and Formal Safety Assessment of Ships

[J]. Journal of Safety Research, 2002, 33(1): 81-115.
[111] WANG J, FOINIKIS P. Formal Safety Assessment of Container Ships[J]. Marine Policy, 2001, 25(2): 143-157.
[112] INTERNATIONAL MARITIME ORGANIZATION. MSC 83/21/2. FORMAL SAFETY ASSESSMENT: FSA—Container Vessels [R/OL]. (2007-07-12). [2007-07-12]. https://docs. imo. org/Search. aspx? keywords = MSC% 2083% 2F21%2F2.
[113] INTERNATIONAL MARITIME ORGANIZATION. MSC 83/INF. 8. FORMAL SAFETY ASSESSMENT: FSA—Container Vessels Details of the Formal Safety Assessment [R/OL]. (2007-07-12). [2007-07-21]. https://docs. imo. org/Search. aspx? keywords=MSC%2083%2FINF. 8.
[114] 黄通涵, 鲍君忠. 集装箱船的综合安全评价方法研究[C]//中国航海学会. 中国航海学会海洋船舶驾驶专业委员会 2009 年度学术研讨会论文集. 北京, 2009: 209-213.
[115] 孙健. 基于证据理论的集装箱船大风浪航行安全评估[D]. 大连海事大学, 2013.
[116] 高杰, 李大卫, 田海潮. 集装箱船的安全评估[J]. 世界海运, 2006, 29(4): 22-23.
[117] 刘强. 中日航线集装箱船舶大风浪安全评估[D]. 大连海事大学, 2008.
[118] 高儒. 集装箱船综合安全评估(FSA)研究[D]. 大连海事大学, 2013.
[119] 胡甚平, 方泉根, 乔归民, 等. 大型船舶航行的风险分析与风险控制[J]. 中国航海, 2006, 29(3): 34-38.
[120] 席永涛, 方泉根, 胡甚平. 船舶航行的风险体系分析与规范化安全评估[J]. 中国水运, 2006, 6(9): 41-42.
[121] 樊红, 冯恩德. 一种基于证据理论的船舶综合安全评估 FSA 方法[J]. 武汉理工大学学报(交通科学与工程版), 2004, 28(4): 546-549.
[122] 樊红, 冯恩德. 概率影响图在船舶综合安全评估中的应用[J]. 船海工程, 2004, 33(5): 3-5.
[123] 樊红. 船舶综合安全评估 FSA 方法研究[D]. 武汉理工大学, 2004.
[124] 鲍君忠, 刘正江, 黄通涵. 船舶风险评价模型[J]. 大连海事大学学报, 2010, 36(4): 11-13.
[125] 汤国杰. 超大型船舶受限水域航行风险评价[J]. 中国航海, 2010, 33(3): 105-108.

[126] 胡甚平，方泉根，蔡存强. 基于贝叶斯网络推理的船舶航行风险评价[C]//中国航海学会. 中国航海学会海洋船舶驾驶专业委员会2007年船舶航泊安全的新经验新技术研讨会论文集. 北京，2007：90-97.

[127] 赵默洋. 基于AHP的船舶安全风险模糊评判方法研究[J]. 交通与运输，2010(2)：120-123.

[128] 陈飞. 基于AHP的模糊综合评判对上海内河水域船舶航行安全的风险评估[J]. 港口科技，2012(2)：33-38.

第3章 交通环境与海上交通安全风险

交通环境是影响海上交通安全的重要因素之一，是构成海上交通事故链的重要因子，因此有必要对交通环境与海上交通安全风险的关系展开系统的研究。为研究交通环境与海上交通安全风险之间的关系，笔者以收集到的参考文献为研究对象，分析自然条件、交通条件等交通环境对海上交通安全风险的影响，从而为后续风险评价指标体系的建立和风险评价模型的选取奠定基础。

3.1 海上交通环境

海上交通环境是指船舶运动所处的空间与条件，包括航行水域以及该水域的自然条件和交通条件3个方面[1]。由于环境因素对于人的工作状态、船舶性能都会造成较大的影响，甚至威胁船舶安全，所以交通环境在海上交通安全系统中占有独特的位置。本章从海上交通环境的航行水域、自然条件和交通条件3个方面研究交通环境对海上交通安全的影响。

3.1.1 航行水域

航行水域是指船舶运动所处的场所与空间，包括港口（船舶出发港或目的港）和海上

航路[1]。船舶的航行水域可以从多种角度进行分类,如营运船舶航区、船员适任航区、海事部门管理辖区等。具体如下:

(1)《国内航行海船法定检验技术规则》总则中将营运船舶航区划分为远海航区、近海航区、沿海航区、遮蔽航区。

(2)《中华人民共和国海船船员适任考试和发证规则》将船员适任航区划分为无限航区、沿海航区。

(3)根据《1974 年国际海上人命安全公约》(International Convention for Safety of Life at Sea,SOLAS 公约)对全球海上遇险与安全系统(Global Maritime Distress and Safety System,GMDSS)设备的配备要求,将海区划分为 A1、A2、A3、A4 海区。

(4)《海上交通工程》中按水域类型将海上交通分为港口船舶交通、水道船舶交通和沿海船舶交通[1]。

(5)根据交通运输部发布的《关于调整水上交通安全监管重点船舶和重点区域的通知》(交安监发〔2014〕67 号),为加强水上交通安全管理,我国沿海海事监管的重点水域为"六区一线"水域,包括:渤海水域(含成山角及以北水域)、长江口水域、舟山群岛水域、台湾海峡水域、珠江口水域、琼州海峡水域、长江一线水域(含西南山区水域)。

由此可见,海上船舶航行水域可按照与大陆的距离分为远海、近海、沿海等水域;也可根据船舶航行水域的交通特点分为港口(航道)水域、通道水域、沿海水域和远洋水域。本章重点对港口水域、通道水域和沿海重点水域的交通环境与海上交通安全风险的关系进行分析。

3.1.2 自然条件

航行水域的自然条件是指水域的气象、水文与地形等对船舶交通安全有影响的各种因素。其中,气象条件包括能见度、降水、风等;水文条件包括水深、海流、潮汐、波浪、冰冻等;地形条件是指船舶航行与操纵的空间范围受到限制的程度,这种限制一般表现为水域宽度狭窄、水底不平、水道弯曲度大以及浅滩礁石等碍航物较多等。

在众多研究自然条件对海上交通安全的影响及评价的文献中,主要包括大风浪、能见度不良、冰冻以及地形不利等因素。

1. 大风浪

在一般情况下,压载状态下的大型船舶在 6~7 级风中航行,满载船在 8~9 级风、浪高不低于 4 m 的天气条件下航行,即可认为是在大风浪情况下航行[2-3]。大风浪天气对于船舶舒适性、航行经济性及安全性都会带来较大的影响[4],导致在船人员晕船,船舶失速、操纵困难,船舶结构和设备遭到破坏,甚至危及船舶的安全。如果船舶载有甲板货物,大风浪可能会导致货物受损。船舶在航行中遭遇大风或台风天气,航行速度和安全都会受到不利影响，易发生风灾、搁浅、触碰甚至倾覆等重大事故。

2. 能见度不良

根据《国际海上避碰规则》第三条，能见度不良是指由于雾、霾、雪、暴风雨、沙暴或任何其他类似原因而使能见度受到限制的情况。能见度不良对交通效率和交通安全的影响较大，它会导致船舶速度下降甚至停航，严重影响港口交通。能见度不良时，易发生船舶碰撞和搁浅、触礁事故。

船舶在能见度不良的海区航行，由于视线受限，无法及时发现附近物标、航标和周围船舶动态，导致在船舶定位、导航和避让等方面存在一定的困难[5]；而在港口、航道交汇点、狭水道、船舶密集区域、渔区等交通流情况复杂的海区，能见度不良对于船舶定位与避让的影响进一步增大，导致船舶发生交通事故的概率非常大。同时，雾航时航速减缓、航行时间延长，船舶驾驶人员极易出现疲劳、注意力分散等不良状况，也使得海上事故相对增多。

能见度不良对避碰行为的影响体现在避让过程的各个阶段。首先，能见度不良会严重影响正常的瞭望行为，能见度不良时的瞭望信息是不充分和存在瑕疵的，由此导致了对碰撞危险判断识别上的延误，进而使操作者能够采取避碰行动的时间大大缩短；其次，能见度不良时避碰指挥也变得更加复杂，工作压力明显增大，碰撞事故发生的概率也就明显增大[6]。

3. 冰冻

一切出现在海上的冰统称为海冰，它包括由海水冻结而成的咸水冰和江河入海或大陆冰川分解掉入海中的淡水冰。海冰是淡水冰晶、“卤水”和含有盐分的气泡混合体。按发展阶段，海冰可分为初生冰、尼罗冰、饼状冰、初期冰、一年冰和多年冰六大类；按运动状态，海冰可分为固定冰和流冰两大类。固定冰与海岸、海底或岛屿冻结在一起，能随海面升降，从海面向外可延伸数米或数百千米。流冰漂浮在海面，随着海面风向和海流向各处移动[7]。

冰冻对海上交通安全的影响主要表现为：封锁港口及航道，堵塞船舶海底阀，导致锚泊船走锚，挤压船舶导致船体或设备损坏，破坏海洋工程建筑物和各种海上设施，影响船员的正常生活甚至危及生命安全[8]。

4. 地形不利

地形不利主要考虑狭水道对船舶交通安全的影响。狭水道通常是指可航水域的宽度相对比较狭窄，船舶操纵时会受到一定限制的各类通航水域。可航水域的宽度为多少可被认定为狭水道，目前尚未有统一的说法。国际上习惯将宽度 2 n mile 以内的各种水道视为狭水道，而宽度超过 4 n mile 的水道一般不会被认为是狭水道[9]。水道狭窄会发生岸推、岸吸和浪损现象,从而导致船舶触碰、搁浅等事故,还易出现交通拥挤甚至交通阻塞现象。

3.1.3 交通条件

交通条件是指港口和航道的布置和设施、水域中助航标志和设施、交通管理规章和手段等。它是通过人工努力,为便利船舶交通而创造的各种硬件环境和软件环境,亦可称作人为交通环境。

相关研究认为,影响水域内船舶航行安全的交通条件主要包括 11 类因素:航道长度、平均船宽与航道宽度之比、能见度、流、风、船舶交通量、交通密度、转向点及交叉点的数量、VTS 管理、分道通航和助航标志[10]。也有学者将自然航道、锚地等通航水域周边的障碍物分布这一因素考虑在港口水域的安全评价体系中。

3.2 航行水域

3.2.1 港口水域

港口水域通常是指港口界线以内的水域。它主要包括码头前沿水域、船舶操纵水域、航道、锚地以及港口助航设施等,能满足船舶安全地进出和靠离码头。港口水域作为水上运输的起点,对海上交通运输安全有着重要的影响。

为提高港口水域的海上交通安全,赵亚冰在分析港口水域事故的特点、致因源等基础上,结合费用效益比提出了港口水域的风险评价、风险安全管理等措施链[11]。郑中义等应用因子分析方法分析了全国 9 个港口环境要素,并对各港口的综合因子得分与港口事故数进行线性回归,确定了各环境要素对港口交通事故的影响程度,结果表明:能见度、助航标志、船舶交通服务(Vessel Traffic Service,VTS)和分道通航对交通安全影响较大,而航道长度和交叉点数影响较小[12]。结合舟山老塘山港区近五年的事故统计数据,何众颖等从“人-船-环境-管理”四个方面建立港口水域船舶通航事故树,计算事故树基本事件概率,通过分析事故树的结构重要度、基本事件概率和概率重要度,分析港口水域船舶通航风险致因,最后提出港口水域安全通航的保障对策[13]。

轩少永等采用改进型风险评估法(Probabilistic Risk Assessment,PRA)对广州港水域环境进行风险评估,提出基于贝叶斯理论的风险预测和通航流量计算方法,分析船舶航行的风险特征和风险发展趋势[14]。曹鑫根据油港储运特点,对油港航行环境进行分析,建立合理的指标体系,运用综合评价方法进行评价,同时建立了有效可行的应急体系[15]。方泉根等人基于对上海港过去 13 年引航数据的分析,通过对事故环境和风险致因的探究，对实际情况中可能存在的风险进行预测，为上海港水域的安全引航提出合理的建议[16]。王静静从影响沿海港口的自然灾害风险辨识着手，初步建立了风险评估指标体系，并依据国际航运中心竞争力指数，选取大连港、天津港等沿海 8 个港口为研究对象进行港口多灾种风险评估；最后，以洋山深水港为研究对象，采用基于历史灾情统计的方法，构建了相关风险评估模型[17]。范耀天等将天津港水域进行通航环境网格化，建立了船舶碰撞风险预测模型，通过验证，船舶碰撞频率相对较高的水域恰好是船舶碰撞事故频发的地点[18]。张笛分析了天津港水域的通航环境特征，结合港口水域水上交通事故的特点，建立了碰撞、搁浅等事故风险评价和预测模型；在对天津港近 8 年水上交通事故统计分析和近 3 年交通流分布统计分析的基础上，借用计算机软件实现天津港水域通航风险网格化的评价，并结合自然条件和船舶交通流的发展，选择典型船型对天津港水域通航环境风险进行预测[19]。杨田学以概率风险评估为基础构建了船舶碰撞风险分析框架，建立了船舶碰撞风险分析数学模型，并采用人工神经网络法对国内沿海 30 个港口水域的船舶碰撞风险进行了分析[20]。叶子良从定量角度，依据负二项回归法和构建的负二项回归模型对香港水域的交通安全进行了研究[21]。高荣欣在对港口船舶交通安全进行评价时引入贝叶斯网络，确定网络节点及其值域，进而建立贝叶斯网络的拓扑结构，并结合大量的港口船舶交通事故样本数据，确定了节点的条件概率分布，最终构建了注重定性和定量相结合的港口船舶交通安全贝叶斯网络评价模型[22]。耿亮从大窑湾海域的自然环境条件和交通条件入手，结合模糊综合评价法，建立大窑湾通航环境评价模型对该水域进行评价研究[23]。牛嘉对港口通航安全系统进行系统全面的研究，筛选了系统中的重要影响因素，得到了该系统重要影响因素之间的相互关系，利用解释结构模型计算并得到了港口通航安全系统的结构层次图，挖掘了系统内部规律，并利用可拓学理论建立了港口通航安全综合评价模型，对实际港口进行了综合评价和验证研究，为提升港口通航安全提供了理论依据[24]。钟庆云研究了东营港区水上交通安全影响因素，结合熵权物元模型和熵权理想点法（Technique for Order Preference by Similarity to Ideal Solution，TOPSIS）模型理论构建了东营港区水上交通安全风险评价指标体系，对东营港区水上交通安全进行总体风险评价，确定了现阶段东营港区的风险等级；通过对东营港区进行网格划分，将东营港区按地理分布划分为码头、航道、锚地、海上油田安全作业区和其他水域 5 大区域，利用熵权 TOPSIS 模型进行了分区块单元网格风险评价，实现了东营港区水上交通安全风险地理分布网格化[25]。

孟贝贝等运用 Reason 模型对影响航道的通航安全因素进行辨识，将影响港区航道通航安全的因素分为 10 项一级指标，并将各项评价指标分为 5 个安全等级，从而建立了港区航道安全评价指标体系；通过熵权、概率论及模糊数学相结合的安全评价方法对港区航道通航安全进行风险评价，并以董家口航道为例运用熵权模糊模型对其进行安全综合评价[26]。为了有效地降低船舶在港内航行风险，柯冉绚等将港口和水道安全评估(Ports and Waterways Safety Assessment Workshop Guide，PAWSA)研讨会指南提出的风险管理模型用于港口航道的风险管理，采用问卷调查方法发现厦门港港口和航道存在的风险问题，并提出厦门港应建立小型船舶审核机制、海事部门加强合作以减轻小型船舶交通量带来的风险，以及完善港口联动应急反应机制、制定相关安全规范的建议[27]。唐欣文等将可拓优度风险评价方法应用于港口航道通航的风险评价中，确定了港口航道通航风险评价指标体系，构建了港口航道通航的可拓优度风险评价模型，并利用 AHP 和熵权法确定了指标的综合权重，结合实例进行了风险评价，评价结果可为管理部门制定有针对性的风险控制措施提供依据[28]。王艳锋分析了航道通航风险评价指标，运用主成分分析(Principal Components Analysis，PCA)进行筛选，建立了全面、科学的航道通航风险评价指标体系[29]。陈鹏飞基于船舶自动识别系统(Automatic Identification System，AIS)数据与碰撞事故历史数据，提出了一种理论与仿真相结合的河口段船舶碰撞风险评价方法，在理论上建立了基于模糊四元船舶领域的碰撞候选船舶的检测模型，在仿真基础上建立了基于人工势场的船舶交通仿真模型，搭建了碰撞仿真平台，最后以珠江口深圳西部水域为例进行了实证研究[30]。张恒选取深圳港西部港区部分航道水域通航环境系统为研究对象，提炼影响系统安全的主要要素，并研究其时空分布特征和模态特征；在将航道水域网格化的基础上，通过收集船舶 AIS 数据、水上交通事故资料和自然环境数据，研究航道水域通航环境要素空间分布场，分析各要素与系统安全性的关系，构建与系统安全模态的函数映射关系，建立系统安全模态的一般表达形式，分析研究航道水域通航环境系统安全模态的安全特性及其演变特征[31]。金光一等利用 AIS 和雷达观测数据中收集的船舶数据以及船舶操纵模拟，基于国际航标协会(The International Association of Marine Aids to Navigation and Lighthouse Authorities，IALA)推荐模型(IALA Waterway Risk Assessment Program，IWRAP)对木浦港(Mokpo)航道的碰撞风险进行了评估[32]。

为科学有效地制定大风天气下港口船舶应急疏散方案，李晗等建立了基于灰云和改进 AHP 的船舶应急疏散模型，能有效地反映疏散优先级信息的模糊性和随机性；根据船舶综合聚类结果将其归入预先设定的级别中，同一级别船舶疏散顺序依据具体情况确定[33]。方琼林以港口突发事件为背景、以船舶为研究对象，在考虑船舶危险性以及防止二次事故、降低损失等基础上，结合港口水域船舶交通特性建立了基于熵值法的船舶紧急疏散撤离模型，为海事主管机关制定港口应急方案提供参考[34]。熊子龙以港口船舶为研究对象，在分析港口船舶流在非常规条件下的交通特性、不同疏散顺序方案的选择对疏散总时间的影响等问题的基础上，将水上交通的特点与道路交通领域的先进理论结合起来，利用元胞自动机(Cellular Automata，CA)方法建立船舶紧急疏散演化 CA 模型，研究船舶紧急疏散交通流的特征，为船舶疏散交通组织和制定港口应急预案提供理论依据[35]。为提高紧急情况下港口船舶的疏散效率和港口的安全性,在考虑影响船舶疏散顺序的多种外界干扰因素的情况下,吴祖新等建立了基于灰色变权聚类的船舶应急疏散模型,将船舶按疏散优先级归入预先设定的级别中[36]。张军从分析船舶疏散顺序影响因素入手,确定了评价船舶应急疏散顺序指标体系,并采用灰色系统理论中的灰色聚类方法将船舶疏散优先程度相近的船舶归入同一等级;疏散优先程度高的重点船优先疏散,以减小风险并确保安全,相同等级的船无绝对先后顺序之分,可依照实际情况调配拖船和工作人员依据效率优先原则,兼顾疏散效率,完成疏散[37]。

3.2.2 通道水域

海上通道水域是指由于特殊的地理位置,过境船舶交通量大、通航条件复杂的水域,如成山角水域、老铁山水道等。通道水域的特点包括:船舶交通量大、交通流复杂、水文气象条件恶劣、可航水域受到限制、渔船的影响较大等。大部分通道水域建立了船舶定线制和报告制,以规范水域内船舶的航行方式,减少海上交通事故的发生。海上重要通道水域,如我国的成山角水域、老铁山水道,日本的关门海峡,东南亚的新加坡海峡和马六甲海峡,均是海上交通安全风险研究的重点水域。

李惠敏利用水上交通冲突理论及方法,考虑不同严重程度的冲突对交通安全的影响,选取灰色聚类评价模型,对成山角水域的交通风险进行评价,从而有效地判定该水域内各区域的危险度[38]。胡宗华依据系统综合评价,并结合判断矩阵确定指标权重,最终分析建立交通环境压力模型,结合成山角水域的交通情况,对成山角东部水域大型船舶定线制设计方案进行分析探究[39]。赵永介绍了安全指数法的原理,采用船舶运行安全指数法而建立的船舶交通安全指数法数学模型,以及运用该模型对成山角水域的船舶交通安全进行评价的具体步骤,指出“安全指数法”为成山角水域进一步加强交通管理提供了可靠的依据[40]。王晓晨研究了老铁山水道警戒区内的船舶碰撞风险,首先将警戒区内的交通流简化为6条,并依据碰撞类型将整个警戒区分为7个区域,采用科威(COWI)模型和矩阵实验室(Matrix Laboratory,MATLAB)软件建立老铁山警戒区碰撞概率计算体系,分别计算出每个区域内的碰撞概率,并用近10年的碰撞事故对模型进行了验证[41]。王条等通过对海坛海峡的地理位置、交通环境和航道情况的介绍,结合海坛海峡事故统计分析(事故种类主要为碰撞、搁浅、触礁和触损),从定性角度阐述主要风险致因:船舶自身情况较差、水文气象条件恶劣、航道条件有限、人为失误、管理不当等[42]。李涛统计了近年来琼州海峡水域的海上交通事故,深入分析了琼州海峡海上交通事故特征及原因,并从公共管理的视角,找出引发这些原因的公共管理方面的缺陷,分析琼州海峡交通安全公共管理存在的主要问题,借鉴国外先进的经验,提出加强琼州海峡交通安全公共管理的对策建议,提高琼州海峡的交通安全[43]。王方金运用证据理论建立了航道通航风险评估模型，在解决数据缺乏、信息模糊性和未确知性明显及主观性过强的问题上有了很大改善，也简化了评估运算的过程[44]。吴建军以海峡(水道)分道通航制为对象，针对通航分道水域的航行环境安全进行综合评价；结合 AHP 中的专家判断矩阵，采用融合主观赋值法和客观赋值法的组合权重法获取评价指标的权重，并利用 MATLAB 软件编写判断矩阵的一致性检验和组合权重法程序，构建航行环境危险度的多元联系数综合评价模型[45]。崔娟将时间序列分析法应用于船舶定线制实施后的通道水域安全效果评价，通过对定线制水域实施定线制之前的水上交通事故数量进行统计，并加以分析，研究出其变化规律，并对其进行外推预测[46]。黄常海等选用组合赋权法和未确知测度理论方法，建立航行危险度等级评价和排序模型，分别用 AHP、变异系数法(Variation Coefficient Method，VCM)获得评价指标的主客观权重，运用 2-范数综合赋权法(Comprehensive Weighting Method，CWM)，融合主客观权重信息，并利用基于多元联系数的权重一致度检验权重间的一致性，最后对定线制水域建立定线制水域航行安全度评价模型并运用[47]。

为了提高海上交通安全性，穆罕默德等利用 AIS 对马六甲海峡的海上交通进行了分析；基于对风险矩阵的概率和后果指数的估计、时间与遭遇条件确定了风险等级；分析表明，如果船舶遵循本研究中建立的准则，船舶安全将显著改善[48]。汉宁等人都对芬兰湾水域的交通环境进行了分析[49-50]。伊利塔洛在尼库拉等人的研究基础上，重点为船舶碰撞模型提出了标准，先后用 3 个模型对航行于赫尔辛基和塔林水域的船舶进行了船舶碰撞概率的计算，通过对比显示彼得森(Pedersen)碰撞模型最适合该水域，并且预测了 2015 年的碰撞风险趋势[51]。乌鲁斯库等对伊斯坦布尔海峡的船舶交通进行了风险分析，通过分析海峡地理特征和交通状况，结合 VTS 数据，建立了风险分析数学模型；同时，将碰撞概率数学模型与模拟模型相结合，分析了不同种类的因素(船舶会遇、航行规则、船舶引航、追越和船舶交通密度)对海峡造成风险的影响，并针对不同因素对海峡风险的影响，提出了相适应的安全建议[52]。

3.2.3 沿海重点水域

为加强水上交通安全管理，我国沿海海事监管的重点水域确定为“六区一线”水域，即包括：渤海水域(含成山角及以北水域)、长江口水域、舟山群岛水域、台湾海峡水域、珠江口水域、琼州海峡水域、长江一线水域(含西南山区水域)。

张文玲通过综合分析渤海海域的地理、水文气象、船舶交通状况、通航密度特点等航行条件，确定了在渤海海域航行的 9 个关键区域；然后对影响船舶安全航行的船舶因素和环境因素进一步归纳分析并筛选评价指标，建立了包含水文、气象在内的 11 个三层综合评价指标体系，并且利用 AHP 确定各指标的权重；最后运用灰色系统理论聚类分析的方法，构建了在渤海海域评估航行安全的量化评价模型[53]。吴红卫通过对影响渤海水域安全因素(包括船舶、航道、环境、人为因素、船员心理素质等因素)的分析,进行渤海航行环境危险程度的评价,并结合灰色理论从定性和定量角度分析风险以及确定各种风险的形成原因[54]。朱姣以烟台港西港区主航道交汇水域为例,研究了复杂交汇水域自然环境的影响特征、交通流结构及运行特征,基于事故致因分析和系统安全理论,识别了复杂交汇水域船舶碰撞风险影响因子,并将评价目标水域网格化,提出从通航条件方面对复杂交汇水域船舶碰撞风险采用模糊综合评价方法进行评价,从而得知网格水域船舶碰撞风险等级分布[55]。韩晓宝以解析式、半经验公式为基础,结合船舶定线制和超大型船舶的特点,对渤海水域超大型船舶的航速和航法进行分析和研究[56]。王乃岁对渤海水域砂石运输、砂石运输船现状及相关部门监管情况进行全面的分析和研究,从定性角度深层次地剖析近年来砂石运输船事故多发以及安全隐患难以从根本上消除的原因[57]。童翠龙在对 2000 年冬季以来渤海海冰冰情和海冰灾害造成的影响和损失进行统计分析的基础上,采用 FSA 方法对渤海冰期船舶航行危险进行了识别,归纳出了 7 大类 25 小类的事故致因,采用 FTA 构建了渤海冰期船舶航行安全综合评估模型,系统地分析了影响渤海冰期航行安全的诸多因素,并根据专家打分情况和综合分析,对各个影响因素进行了影响排序[8]。赵春阳等介绍了随着港口吞吐量和船舶交通流量的增加,渤海海区的航行环境越来越复杂,使渤海海区的通航密度和船舶会遇率急剧上升,加大了水上交通事故发生的隐患;分析了渤海水域实施船舶定线制的必要性,列举了船舶定线制的主要形式(如深水航路、双向航路、分道通航等),从定性角度对船舶定线制进行了详细的阐述[58]。

陈斌等根据长江口水域的水上交通特点,结合上海附近水域船舶定线制的系统分析,最终提出合理的水上安全监管建议[59]。李娜从系统控制论出发,建立了水上交通安全状态方程,为长江干线水上交通安全定量评价提供依据,并以三大区段各自为研究对象,依据状态方程测算的危险度值和控制度值的结果,提出了相应的安全管理对策[60]。蒋夕良运用 FMEA 的风险评估方法,即通过分析失误、后果和改进措施的定量方法对长江江苏段近五年船舶事故(以碰撞为主)进行统计与分析,进一步提出有关航行安全的相关建议[61]。田丽娟依据 AHP、未确知测度理论、FSA 等多种方法,建立起多因素耦合的评价模型构成交通安全评价模型,对长江干线水上交通安全进行研究[62]。张明阳等运用伦佩尔-齐夫(Lempel-Ziv)算法求得实测水上交通流时间序列和对比序列的复杂性特征值,采用 TOPSIS 法得到各个序列的贴近度,根据对比序列的贴近度划分复杂性等级区间,按照水上交通流时间序列的贴近度和所在的复杂性等级区间来表征各个序列的复杂程度,并对长江口南槽航道的实测水上交通流进行复杂性测度[63]。

黄胜华从宁波海域的自然条件、航道条件、船舶通航情况等方面全方位分析宁波辖区存在交通事故隐患的各种情况,并根据宁波辖区的各项事故数据,分别研究事故发生的时域特征、地域特征等,找出事故多发的时间段和事故多发水域,以便海事管理机构有针对性地实施监管[64]。闫化然等通过统计和分析近 7 年台州水域商船与渔船碰撞事故数据,对该水域的商渔船碰撞事故应用网格化风险评估方法,得到了网格化风险的地域分布[65]。吴志华针对福建水域水上交通的特点进行系统的分析,最终建立福建沿海水上交通安全风险预警体系[66]。为了减少舟山水域水上交通事故,吴武超等按照不同事故类型、不同船舶类型、不同月份、不同时间段对近 5 年舟山海域的船舶交通事故的四项指标进行统计,分析了舟山海域发生船舶交通事故的主要原因并提出有针对性的对策措施[67]。熊海生以舟山群岛为例,分析了岛礁区水域基本特征,建立了岛礁区通航环境安全评价指标集,确定了影响通航安全评价的指标及权重;对通航安全评价的指标进行分类、分层,建立了对应的隶属度函数,为每个评价指标提供量化评价的依据,最后建立了岛礁区水域通航安全评价模型[68]。

为减少搁浅事故的发生,林志忠以台湾海峡水域搁浅事故为例,选用方差分析法对搁浅事故因素的相关性和差异性进行了系统的分析,认为台湾海峡水域搁浅事故中人为因素所占比例最高,水深不足是大吨位船舶在港内搁浅的主要原因,受风面积大的船舶在风力较大时容易搁浅[69]。徐国裕等运用灰色关联系统分析了船舶在台湾海峡及附近水域中发生的海难事故,并对碰撞、触礁或搁浅、触碰、失火或爆炸、机械故障、倾斜或倾覆等六类海难事故进行了灰色关联矩阵运算及分析,表明该水域海难事故以 300 GT 以下的小船所占比例较高,同时该水域海难事故类型以机械故障具较高关联性;当排除 300 GT 以下的船舶后,该水域海难事故类型则以碰撞具较高关联性[70]。综合考虑台湾海峡的交通量、航行环境、海上交通事故等多种因素,黄志等建立了评价台湾海峡船舶交通安全的指标体系,并运用模糊数学原理构建每个评价指标的隶属度的模糊子集,进而由层次分析法得到每个指标的权重,最后建立了综合评判模型对海峡交通安全进行定量的评价,为台湾海峡定线制的实施,改善台湾海峡交通状况提供科学的依据[71]。黄志根据台湾海峡近 10 年船舶碰撞事故的统计资料,分析了海峡内发生船舶碰撞事故的规律、影响因素及成因等,提出减少台湾海峡碰撞事故的建议与对策[72]。为确保直航客滚船的通航安全,李道科等通过对台湾海峡西侧水域海损事故的统计分析,应用专家调查与预先危险性分析(PHA)相结合的方法对两岸客滚船通航的潜在风险进行识别,并对识别出的气象因素、船员(旅客)人为因素、交通因素、航道和码头因素、船舶因素、管理因素六个危险源进行评估分析,提出相应的风险控制措施与建议[73]。柴田等基于交通冲突技术,通过构建动态船舶领域模型,设计碰撞冲突判断标准算法,使用船舶碰撞冲突数代替潜在碰撞船舶数,提出一种开阔水域船舶碰撞频率模型,克服了以往潜在碰撞船舶数计算模型对船舶动态因素考虑较少的缺点,结果表明:台湾海峡碰撞频率高发区位于牛山岛(24°46.8′N~25°30.0′N)、兄弟屿(23°22.8′N~25°49.2′N)和厦门湾口(24°08.4′N~24°33.6′N)等海域;交叉冲突是台湾海峡船舶碰撞冲突的主要类型,而夜间发生船舶碰撞频率为2.787 0起/年,高于白天的2.281 7起/年[74]。

李恒志将交通冲突技术引入水上交通安全评价领域,提出水上交通冲突的概念,分析了水上交通冲突产生的过程,并借鉴船舶碰撞危险度的概念,尝试对水上交通冲突严重程度进行判定,最后结合珠江口水域的实例,从理论上对水上交通冲突技术的应用进行探讨[75]。张双甫等利用隐患可行性研究法(Hazard and Operability Analysis,HAZOPs)对珠江口水域锚地设置的风险进行定性分析,采用事故树法对一起船舶碰撞事故进行风险定量分析,并对定性和定量风险评估方法的优缺点进行比较[76]。为开展珠江口水域船舶定线制后评估,冯自俭分析了大濠水道和担杆水道交通流的数量、特点及走向,构建了针对珠江口水域船舶定线制的较全面的评价指标体系,结合利用AHP确定的权重得出两个定线制安全性和有效性的得分,进而计算出两个定线制的综合得分,得出定线制实施后效果的具体情况[77]。杨龙光等通过对广州VTS辖区的水域事故数据统计,总结分析风险类型和风险致因,风险类型以碰撞、触碰、险情为主,风险致因主要体现在人-船-环境-管理等4个方面,并概括出辖区水域交通安全的隐患,针对不同隐患提出相应的安全管理建议[78]。

隋鑫对琼州海峡发生的交通事故进行统计归纳,提出应重点关注船舶碰撞风险,并将模糊FMEA模型应用于琼州海峡船舶碰撞风险评价中,结果表明:为降低碰撞风险,应重点关注人为因素,同时也应谨慎对待几种航行会遇局面[79]。卓永强等从交通效率和船舶航行安全等方面对琼州海峡船舶定线制实施后的有效性进行分析和评估,针对分析和评估中找出的问题,提出解决方案,为进一步完善琼州海峡船舶定线制做好准备[80]。孙雪铖对琼州海峡通航安全潜在的主要危险因素进行识别,确定了琼州海峡通航风险评价指标、权重及各评价指标的隶属度,建立琼州海峡通航安全模糊综合评价模型,对琼州海峡船舶通航安全状况进行评价研究[81]。

3.3 自然条件

船舶在海上航行,不可避免地会受到自然条件的影响,尤其是恶劣天气对于船舶航行安全具有重要影响。因此,国内外关于自然条件对海上交通安全影响的研究主要集中在恶劣天气对船舶安全的影响,包括大风浪天气、能见度不良天气及其他条件下(冰区等)的船舶交通安全风险研究。

3.3.1 大风浪

1. 针对某一区域、航线大风浪航行安全进行研究

齐壮分析了渤海湾的天气特点,对渤海湾客滚船大风浪中航行的耐波性进行评

估[2]。王超研究了影响我国主要油船航线（中国—波斯湾）的天气系统，对油船在大风浪中的航行安全进行了评估[82]。曲峰德研究了影响我国木材船航线（中国—北美、澳大利亚、西非）的天气系统，对木材船在大风浪中的航行安全进行了评估[83]。刘强研究了影响中日集装箱船航线的主要天气系统，对集装箱船在大风浪中的航行安全进行了评估[4]。陈亮对营口港的大风浪天气进行了分析，对船舶的开航安全进行了评价[84]。解以扬等对黄海、渤海的航行环境进行了分析，就恶劣天气影响船舶安全的风险预评估技术进行了研究[85]。吴宇分析了影响宁波港及其附近水域的台风的规律，研究了船舶避台最晚撤离时间[86]。熊清平分析了寒潮大风对天津港船舶航行安全的影响[87]。沈华等对渤海和黄海北部海域风浪特征进行了统计分析，并对该海域航行船舶在波浪中的横摇角做了预报[88]。为提高船舶避台的安全性和经济性，张进峰等选取一个对我国近海船舶航行安全造成严重影响的台风天气过程作为研究对象，以我国近海一艘实际运营的散货船的典型航线为例，充分考虑船舶在大风浪中的风增阻和波浪增阻及其引起的失速特征，提出了基于动态规划算法的船舶避台航线优化模型，得出台风动态移动过程中的船舶避台航时最短航线[89]。

2. 针对台风和寒潮大风导致大风浪等进行研究

大部分研究大风浪对船舶航行安全影响的文献并没有对大风浪的等级进行划分，但也有部分文献针对不同原因，如台风、寒潮大风、季风等，导致的大风浪对船舶航行安全的影响进行了研究。杨继铉等针对台风浪形成特点、波高及我国沿海台风浪的时空分布特征进行了分析，研究了台风浪对船舶安全的影响[90]。张进峰等以影响我国近海船舶航行安全的典型寒潮天气过程为研究对象，应用波浪中船舶失速近似估算公式对船舶航行海域的失速分布进行数值计算[91]。刘猛等考虑突风因素的影响，计算舰船转向过程中遭遇横浪时的倾覆力矩以及风倾力矩，最终借助稳性衡准数对转向中的倾覆风险进行定量评估，可以帮助舰船指挥员在选择大风浪转向方案时做出更为合理的决策，从而提高大风浪中舰船航行的安全性[92]。

3. 针对大风浪对特定船型的影响进行研究

戴冉等应用模糊综合评价的方法，在考虑军用舰船特殊舰体结构和舰员构成的基础上，提出一种可供军用舰船指挥员在大风浪条件下进行航行决策的模型[93]。金志斌等在分析近年来客船事故发生原因的基础上，结合温州海域实际情况分析了温州客运安全风险，利用综合安全评估的方法建立客运安全风险因素评估模型，对影响客船航行安全的恶劣天气进行了分析，进而建立了恶劣天气下客船预警预控体系，对恶劣天气下如何做好客船预警预控工作进行了详细的分析研究[94]。吴明等在预测大风浪对客滚船、小型机动渔船 13 项船舶耐波性因素影响的基础上，采用具有若干层次的 FSA 方法，给出了两种船型船大风浪航行的风险评估，并说明了预报风险等级的内涵[95]。边海涛、郑中义等分别采用不同的方法，对干散货船进行了综合安全评估[3, 96]。吴金龙等针对渤海海区近年来发生重大事故的船舶主要集中为5 000 t以下的散货船这一特点，提出了渤海海区大风浪条件下应重点关注的船舶类型；根据风险分析理论和方法，划分了渤海海区重点船舶在大风浪条件下的风险等级，并应用模糊评判的方法建立了大风浪条件下渤海海区应重点关注船舶的风险评估模型[97]。齐壮、路其军、王振兴分别采用不同的方法对渤海湾的客滚船大风浪航行安全进行了综合评估[2, 98-99]。刘强、孙健、金奎光分别采用模糊综合评价、证据理论和云模型方法对集装箱船大风浪航行安全进行了综合评估[4, 100-101]。曲峰德对木材船大风浪中航行安全进行了综合评估[83]。王超、李生长分别采用不同的方法对油船大风浪航行安全进行了综合评估[82, 102]。

4. 采用特定的数学模型对船舶在大风浪中的航行安全进行评价

(1)综合评估方法

将船舶看作是由人、船舶和环境构成的一个系统，针对各个因素进行分析并定量赋值，然后采用相应的数学方法进行综合安全评价。

王超分析了影响大风浪中油船航行安全的因素，确立大风浪中油船安全航行的评估指标体系，利用概率影响图理论进行评估，最终得出指标体系中哪些指标对油船大风浪中的海上事故贡献比较大[82]。路其军、李生长采用BP神经网络分别对客滚船、油船在大风浪中的航行安全进行了综合安全评估[98,102]。曲峰德确立了木材船大风浪航行安全评估的指标体系，利用贝叶斯网络的数学方法建立模型，并得出安全评估结果，最终得到可能导致木材船在大风浪中航行出现海难事故的重要因素[83]。刘强利用模糊综合评价的方法对中日航线集装箱船的大风浪航行安全进行了评估[4]。孙健针对集装箱船大风浪中航行的复杂性和信息不确定性以及证据理论处理模糊信息和不确定性问题的优势，将证据理论引入到船舶大风浪中航行的安全评估中，建立了基于证据理论的集装箱船大风浪中航行安全的评估模型[100]。王振兴利用模糊综合评价法和AHP，建立了滚装船航行安全预警模型[99]。齐壮确立了渤海湾客滚船的大风浪中航行的耐波性评价指标，通过实际测量与问卷调查来获得数据，利用粗糙集理论进行数据挖掘，最终得出各耐波性指标与其影响渤海湾客滚船大风浪中航行安全的关系[2]。张杰等采用了AHP，建立了舰船在大风浪中航行的安全评价体系，同时构造了判断矩阵，并进行了层次单排序一致性检验，求出了每个影响舰船航行安全因素的权重[103]。应荣熔等提出了基于FSA的模糊综合评价方法的船舶大风浪航行风险等级评估模型[104]。宋兆国采用FSA的方法对大风浪天气情况下船舶供油作业风险控制进行了研究[105]。焦甲龙等介绍了水面舰船风浪环境适应性的概念，采用AHP和熵值法的主客观综合方法得到各指标权重，并利用模糊综合评价模型做出最终评价[106]。

王凤武建立了恶劣天气条件下船舶开航安全的评价指标体系，分别应用模糊综合评价方法、概率影响图评价方法和 BP 神经网络评价方法对恶劣天气条件下船舶开航安全性进行评估[107]。边海涛采用比较成熟的单项定性加权计分法、灰色综合评价法、模糊综合评价法、突变评价法、物元分析法等五种安全评价方法构造组合评价方法集,对散货船大风浪中航行安全进行评价[3]。

(2)耐波性指标研究

应荣熔等从船舶大风浪航行风险评估风险因素计算的需要出发,提出了六自由度摇荡模型、动力响应模型、失控风险模型三种数学模型[108]。张进峰等应用波浪中船舶失速近似估算公式对船舶航行海域的失速分布进行数值计算[91]。于超以船舶横摇运动为研究对象,基于船舶耐波性原理分析了船舶横摇运动特性,基于极限学习机构建了船舶横摇的实时多步预测模型,并应用实际船舶横摇数据对船舶横摇角进行多步预测[109]。沈华等对渤海和黄海北部海域风浪特征进行了统计分析,并对该海域航行船舶在波浪中横摇角做出预报[88]。李超等提出了获取当前海浪谱的两种方案,强调了必须全面计算波浪增阻、风增阻、螺旋桨推力损失、艏摇增阻,并分别给出了优化的计算公式,通过对比功率-航速曲线得到失速值[110]。施兴华等以路径积分法为基础,采用高斯-勒让德(Gauss-Legendre)公式探讨了随机风浪作用下舰船的运动及其倾覆概率计算[111]。

(3)其他

朱有勤、孔思平分析了大风浪对船舶航行的影响,从船舶操纵技术的角度提出了相应的对策[112-113]。倪彦博、李永超分别对宁波港集装箱船舶防抗台风、台风状态下码头系泊安全等问题进行了研究[114-115]。戴厚兴等对恶劣天气(如大风浪、能见度不良等)条件下的海上交通事故种类、影响海上交通安全风险的主要环境条件及进行恶劣天气条件下的海上交通安全风险评估时应重点关注的船舶和海域进行系统分析,并建立了海上交通安全风险动态预评估体系[116]。

3.3.2 能见度不良

张杰针对宁波-舟山港航道较长(约 40 n mile)、能见度严重不均匀的特点和进出港船舶的特性,通过理论结合实际的方法,制定出宁波-舟山港能见度不良时船舶进出港的安全保障措施,有效地解决了经济发展和船舶安全航行的矛盾[117]。邹俊对成山角附近海域海雾形成原因及特征进行了分析,根据几起船舶雾航中发生的碰撞事故,提出了雾航安全监管措施[118]。黄昭伟研究了能见度不良天气对船舶航行安全的影响,确定了能见度不良的危险度[119]。刘大刚等研究了新加坡海峡的天气特点,认为:该海峡能见度不良的主要原因是短时雷暴带来的暴雨,暴雨使得能见度骤降,使船舶存在发生碰撞事故的风险[120]。梁超对国内外重要港口的雾航规定进行了统计分析,采用模糊综合评价方法对能见度不良情况下船舶进出港航行的危险度进行评价[121]。胡甚平等根据对能见度不良时船舶碰撞案例以及船舶驾驶人员的避碰行为调查数据的分析结果，提出了能见度不良时避碰行为和船舶碰撞之间的关系[122]。席朝阳等通过船舶AIS数据研究了能见度不良情况下受限水域内的常见船型的船舶领域[123]。为降低在能见度不良条件下发生海上交通事故的风险，戴厚兴等提出运用模糊综合评价方法建立能见度不良条件下的海上交通风险动态预评估模型，结果表明该预评估模型可有效提供具有实际指导意义的风险预警和安全操作建议，可为研发具有可视化、智能化预警监控功能的能见度不良条件下的海上交通风险动态预评估系统提供理论支持[124]。在分析青岛VTS水域交通环境的特点、交通流数据及交通事故的基础上，陈光辉运用AHP得到海雾对船舶航行影响大小的评价指标，建立了青岛VTS水域船舶雾航安全模糊综合评价模型，最终确定其安全等级，并提出了提高青岛VTS水域船舶雾航安全及效率的监管措施[125]。

3.3.3　冰冻

刘强、蒋小平等分别针对黄渤海、渤海湾海冰的特点和对船舶航行安全的影响进行了分析[126-127]。邹忠胜对船舶积冰及冰区锚泊的安全性进行了分析、研究，计算积冰对船舶的浮性、稳性的影响[7]。顾维国等介绍了船舶驾驶人员应了解的冰区航行的特点和应掌握的冰区航行船舶的操作方法[128]，并通过对影响范围、分布特征、漂移等北冰洋海冰的变化特征的分析，为以后实施北极航道的规划和建设、船舶航线的设计提供参考[129]。利洛弗等基于大气和冰的数值动态模型参数，如冰的厚度、冰的密度和冰的种类，并结合船舶航行参数建立模糊逻辑模型，对于船舶在冰区航行的风险（冰对船舶的挤压）进行风险分析[130]。

3.3.4　地形不利

廖河树等在分析狭水道船舶碰撞事故的发生和避碰行为的基础上，应用模糊集理论，提出了船舶在狭水道航行的碰撞危险性评价模型[131]。周振超在综合分析影响狭水道船舶航行安全的内部因素和自然因素的基础上，建立了物元和模糊综合评价的数学模型，对狭水道船舶操纵安全进行综合评价[132]。石嘉晟等采用基于AHP模糊评判方法建立数学模型，对舰艇狭水道操纵安全进行评价[133]。为有效地减少狭水道内船舶碰撞事故，提高狭水道内船舶通航效率，徐海翔以四元船舶领域分析框架为基础，根据狭水道的特点构建了船舶在狭水道内航行时的船舶领域和动界模型，并在此基础上构建了狭水道内船舶避碰决策模型，该系统能实现对会遇态势和碰撞危险的判断，相应地给出避让行动的建议[134]。李振基等研究了基于弯曲窄航道中两艘大船相互运动的水动力相互作用效应的船舶操纵运动，选择韩国仁川外港区帕尔米（PALMI）航道进行了船舶操纵仿真，提出了适当的安全航速和两船之间的距离，以避免在受限水域发生海上交通事故[135]。

3.4 交通条件

交通条件与海上交通安全密切相关，合理的助航标志配布、完善的安全管理制度等可以有效地减少海上交通事故，降低交通风险。对交通条件进行研究是分析港口、航道交通安全的重要组成部分，因此在本章3.2节中已经就助航标志、VTS管理等交通条件对港口水域交通安全的影响进行了探讨，本节内容主要针对船舶定线制与海上交通安全的相关研究进行综述。

为合理地选择船舶定线制方案，提高船舶航行的安全性，范中洲等应用可拓学中的物元理论和可拓集合理论，建立了船舶定线制的可拓物元；同时引入可拓动态权重，构建基于可拓学的船舶定线制评价模型，结合综合集成赋权法确定各评价指标权重，最终为船舶定线制安全评价提供一种有效的评价方法，可为提高船舶的通航安全性和通航效率、减少海上交通事故提供理论依据[136]。范中洲等基于多准则决策理论，以问卷调查的方式确定评估准则，并用多准则层次分析法获得各个准则的权重，最后以TOPSIS法进行方案的排序，依此模式获得成山角水域船舶定线制的最佳推荐方案[137]。王伟研究了"成山角船舶定线制"和"成山角船舶报告制"（简称"两制"）的修订情况，以及对该水域的通航环境、船舶交通流形势、船舶会遇区分布、海洋管辖权限、岸基通航保障等方面的影响；研究了成山角"两制"修订后的风险因素评估及对策，并在此基础上提出具体的通航安全保障措施[138]。邬惠国等分析了交通冲突技术应用于船舶定线制警戒区安全研究的有效性，提出了一种以水上交通冲突技术（Vessel Traffic Conflicts Technology，VTCT）和灰色聚类为理论依据的船舶定线制警戒区交通安全评价方法，并应用该方法对宁波-舟山港核心港区深水航路船舶定线制的共4个警戒区及1个环形通道的交通安全状况进行评价，评价结果为安全诊断和优化船舶定线制的设计方案等提供了依据[139]。李松等根据船舶定线制航道上的事故数据，应用动态步长法和累计频率曲线法，结合当量事故的概念，进行事故相对多发航段的判别，有助于进一步分析事故多发原因，提高船舶定线制的有效性[140]。颜江峰对比了2001—2005年相关航道流量、引航量、事故率及相关港口船舶到港量，表明《长江江苏段船舶定线制规定》实施后极大地提高了长江江苏段的通航效率，并促进配套设施的建设和发展[141]。邵哲平等利用厦门海事局VTS中心的设备进行了连续三天的交通流实态观测及海上交通事故的统计分析，得到了厦门湾附近水域的船舶交通特点，根据海上交通工程理论与方法提出厦门湾附近水域船舶定线制的设计方案[142]。为深入探讨警戒区优化设计，李松等利用交通冲突技术的研究方法，以警戒区交通流冲突为重点内容，提出改警戒区小角度斜交航道为大角度交叉或正交，以及警戒区渠化交通设计等方法，以减少警戒区交通流冲突点数量，降低冲突强度，改善微观层面的船舶危险会遇状况,为船舶定线制方案的设计和交通控制措施的制定提供决策依据[143]。范中洲全面分析了影响船舶定线制设计方案的各种因素,结合了 IMO《关于船舶定线制的一般规定》及 SOLAS 公约第五章的规范对船舶定线制进行探讨,从地理环境、航行环境及人为因素三个角度阐述了各个因素对船舶定线制方案优选的影响,建立了船舶定线制优选的评价指标体系;然后分别利用层次分析方法、可拓理论评估方法和模糊神经网络评估方法对船舶定线制的方案进行评估及优选;最后利用基于距离分析的灰色关联算法对三种评估结果进行分析,得出层次分析方法和可拓理论评估方法均可用于定线制方案的优选的结论[144]。徐才云等利用闽江口水域船舶 AIS 数据,基于易智瑞公司的地理信息系统软件(Arc Geographic Information System, ArcGIS)对该水域内的船舶航迹分布和交通流量等特征进行全面分析,针对提出的闽江口水域船舶定线制的几种可行方案进行比选,得出最佳推荐方案,可为指导闽江口水域船舶安全航行和缓解海事主管部门的监管压力提供参考[145]。

参考文献

[1] 吴兆麟，朱军. 海上交通工程[M]. 2 版. 大连：大连海事大学出版社，2004.
[2] 齐壮. 渤海湾客滚船大风浪中航行的耐波性综合评估[D]. 大连海事大学，2010.
[3] 边海涛. 散货船大风浪中航行安全组合评价方法研究[D]. 大连海事大学，2013.
[4] 刘强. 中日航线集装箱船舶大风浪航行安全评估[D]. 大连海事大学，2008.
[5] 王晓敏. 宁波港集装箱船舶在能见度不良情况下进出港研究[D]. 大连海事大学，2010.
[6] 刘永利. 能见度不良对避碰行为的影响[J]. 青岛远洋船员学院学报，2009，30(2)：16-19.
[7] 邹忠胜. 船舶积冰及冰区锚泊的安全分析[D]. 大连海事大学，2010.
[8] 童翠龙. 基于 FSA 的渤海冰期航行安全保障研究[D]. 大连海事大学，2013.
[9] 李井顺. 浅谈狭水道船舶操纵[J]. 中国水运(下半月)，2013，13(8)：8-9.
[10] 郑中义，李红喜. 通航水域航行安全评价的研究[J]. 中国航海，2008，31(2)：130-134.
[11] 赵亚冰. 港口海域船舶安全管理研究[J]. 中国水运(下半月)，2010，10(3)：25-26.
[12] 郑中义，黄忠国，吴兆麟. 港口交通事故与环境要素关系[J]. 交通运输工程学报，2006，6(1)：118-121.
[13] 何众颖，艾万政，刘虎. 基于事故树的港口水域船舶通航风险致因分析[J]. 浙江海洋大学学报(自然科学版)，2018，37(4)：350-355.
[14] 轩少永，黎法明，胡甚平，等. 广州港水域船舶航行风险评估[J]. 中国航海，2013，36(4)：96-99.
[15] 曹鑫. 油港储运综合安全评价和预警应急系统研究[D]. 武汉理工大学，2010.

[16] FANG Q, HU S. Study on Risk Control of Ship Pilotage in Shanghai Harbour [C]//2008 4th IEEE International Conference on Management of Innovation and Technology. IEEE, 2008: 1187-1192.
[17] 王静静. 沿海港口典型自然灾害风险分析与评估[D]. 华东师范大学, 2011.
[18] 范耀天, 李海蛟. 网格化港口水域船舶碰撞风险预测研究[J]. 船海工程, 2008, 37(4): 85-87.
[19] 张笛. 天津港水域通航环境风险评价和风险预测研究[D]. 武汉理工大学, 2008.
[20] 杨田学. 船舶碰撞风险分析研究[D]. 大连海事大学, 2011.
[21] YIP T L. Port Traffic Risks-A Study of Accidents in Hong Kong Waters[J]. Transportation Research Part E, 2008, 44(5):921-931.
[22] 高荣欣. 基于贝叶斯网的港口船舶交通安全评价[D]. 大连海事大学, 2010.
[23] 耿亮. 大连港大窑湾水域通航环境安全评价研究[D]. 大连海事大学, 2013.
[24] 牛嘉. 港口通航安全评价及改进研究[D]. 大连海事大学, 2015.
[25] 钟庆云. 东营港区水上交通安全风险评价与网格化研究[D]. 武汉理工大学, 2017.
[26] 孟贝贝, 马全党, 江福才, 等. 基于熵权模糊模型的港区航道通航风险评价[J]. 安全与环境学报, 2017, 17(6): 2125-2128.
[27] 柯冉绚, 陈毅, 周艳茹. 基于PAWSA的厦门港口航道风险指标分析[J]. 集美大学学报(自然科学版), 2018, 23(6): 436-442.
[28] 唐欣文, 陈海群, 高崇阳, 等. 可拓优度在港口航道通航风险评价中的应用[J]. 安全与环境工程, 2018, 25(3): 145-149.
[29] 王艳锋. 基于PCA的航道通航风险评价指标研究[J]. 武汉交通职业学院学报, 2017, 19(3): 94-100.
[30] 陈鹏飞. 一种基于AIS数据的河口段船舶碰撞风险评价方法研究[D]. 武汉理工大学, 2017.
[31] 张恒. 航道水域通航环境系统安全模态研究[D]. 武汉理工大学, 2012.
[32] KIM K, PARK G, JEONG J. Analysis of Marine Accident Probability in Mokpo Waterways[J]. Journal of Navigation and Port Research, 2011, 35(9):729-733.
[33] 李晗, 章文俊, 李国帅, 等. 基于灰云和改进AHP的港口船舶应急疏散模型[J]. 上海海事大学学报, 2017, 38(3): 25-30, 60.
[34] 方琼林. 紧急事故下船舶疏散顺序和交通组织研究[D]. 集美大学, 2017.
[35] 熊子龙. 基于元胞自动机的船舶紧急疏散顺序研究[D]. 集美大学, 2015.

[36] 吴祖新，戴冉，张军. 基于灰色变权聚类的船舶应急疏散模型[J]. 上海海事大学学报，2015，36(1)：50-55.

[37] 张军. 船舶应急疏散顺序灰色聚类决策模型研究[D]. 大连海事大学，2010.

[38] 李惠敏. 成山头水域海上交通事故特征及致因分析研究[D]. 武汉理工大学，2012.

[39] 胡宗华. 成山角东部水域大型船舶定线制设计方案的评价研究[D]. 大连海事大学，2012.

[40] 赵永. 安全指数法在成山头水域安全评价中的应用[J]. 港口科技，2007，(7)：13-15.

[41] 王晓晨. 老铁山警戒区内船舶碰撞风险研究[D]. 大连海事大学，2017.

[42] 王条，唐正平，马宏岩. 海坛海峡船舶交通安全的风险评估研究[J]. 中国科技信息，2011，(21)：84-86.

[43] 李涛. 琼州海峡交通安全管理对策研究[D]. 大连海事大学，2013.

[44] 王方金. 航道通航风险评估模型的研究[D]. 大连海事大学，2012.

[45] 吴建军. 分道通航制水域航行环境安全的集对综合评价研究[D]. 大连海事大学，2010.

[46] 崔娟. 定线制实施后的安全效果评价[D]. 大连海事大学，2012.

[47] 黄常海，肖英杰，高德毅，等. 定线制水域航行危险度评价模型及其应用[J]. 中国安全科学学报，2014，24(2)：93-99.

[48] ZAMAN M B, KOBAYASHI E, WAKABAYASHI N, et al. Risk of Navigation for Marine Traffic in the Malacca Strait Using AIS[J]. Procedia Earth and Planetary Science, 2015: 33-40.

[49] ROSQVIST T, NYMAN T, SONNINEN S, et al. The Implementation of the VTMIS System for the Gulf of Finland - a FSA Study[C]//Proceedings of the RINA International Conference on Formal Safety Assessment. London. 2002: 151-164.

[50] NIKULA P, TYNKKYNEN V. Risks in Oil Transportation in the Gulf of Finland: Not a Question of If - But When[J]. Towards a Baltic Sea Region Strategy in Critical Infrastructure Protection, Stockholm: Nordregio, 2007:141-164.

[51] YLITALO J. Ship-ship Collision Probability of the Crossing Area between Helsinki and Tallinn[R]. A Student Research Project. Helsinki University of Technology, Espoo, Finland, 2009.

[52] ULUSCU O S, OZBAS B, ALTIOK T, et al. Risk Analysis of the Vessel Traffic in the Strait of Istanbul[J]. Risk Analysis, 2009, 29(10): 1454-1472.

[53] 张文玲. 渤海海域关键区域船舶航行安全分析[D]. 大连海事大学, 2011.
[54] 吴红卫. 渤海海域航行安全评估研究[D]. 大连海事大学, 2011.
[55] 朱姣. 复杂交汇水域船舶碰撞风险评价及防控方法研究[D]. 武汉理工大学, 2017.
[56] 韩晓宝. 渤海海域 VLCC 通航条件分析及安全保障关键技术研究[D]. 武汉理工大学, 2009.
[57] 王乃岁. 渤海砂石运输船舶海事监管研究[D]. 大连海事大学, 2013.
[58] 赵春阳, 谢洪彬, 肖仲明, 等. 渤海水域船舶定线制规划研究[J]. 世界海运, 2013, 36(1): 15-20.
[59] 陈斌, 陆悦铭. 长江上海段警戒区的水上安全监管[J]. 水运管理,2011, 33(6): 18-20.
[60] 李娜. 基于状态方程的长江干线水上交通安全评价研究[D]. 武汉理工大学, 2012.
[61] 蒋夕良. 长江江苏段近五年船舶碰撞事故的统计与分析[J]. 中国水运(下半月),2010, 10(9): 46-48.
[62] 田丽娟. 长江干线水上交通安全多因素耦合预警模型研究[D]. 武汉理工大学, 2013.
[63] 张明阳, 张笛, 郭欢, 等. 基于 Lempel-Ziv 算法与 TOPSIS 的水上交通流复杂性测度[J]. 交通运输工程学报, 2017, 17(1): 109-118.
[64] 黄胜华. 宁波辖区水上交通事故特征分析[D]. 大连海事大学, 2010.
[65] 闫化然, 董文海, 赵亚冰, 等. 台州沿海商渔船碰撞网格化风险分析[J]. 航海, 2012(3): 54-57.
[66] 吴志华. 福建沿海水上交通安全风险预警体系的建立[J]. 中国水运(上半月),2010, 10(6): 38-39.
[67] 吴武超, 丁天明, 方益军, 等. 舟山海域船舶交通事故分析及预防[J]. 水运管理,2017, 39(5): 28-31.
[68] 熊海生. 岛礁区通航环境安全评估研究[D]. 大连海事大学, 2014.
[69] 林志忠. 台湾海峡水域搁浅事故的方差分析[J]. 中国航海, 2011, 34(3):59-63.
[70] 徐国裕, 张运杰, 吴兆麟. 台湾海峡及附近水域海难事故的灰色关联分析[J]. 中国航海, 2007, 30(1): 25-28.
[71] 黄志, 翁跃宗. 台湾海峡船舶交通安全的综合评价[J]. 中国航海, 2005, 28(4): 56-60.

[72] 黄志. 台湾海峡船舶碰撞事故分析与研究[J]. 航海技术, 2005(4): 26-28.
[73] 李道科, 唐寒秋, 董斌, 等. 台湾海峡两岸客滚船通航风险评估[J]. 中国航海, 2012, 35(2): 64-67.
[74] 柴田, 熊德琪, 张杏谷, 等. 开阔水域船舶碰撞频率建模及应用[J]. 仪器仪表学报, 2017, 38(9): 2335-2342.
[75] 李恒志. 交通冲突技术在珠江口水域水上交通安全评价中的应用研究[D]. 武汉理工大学, 2010.
[76] 张双甫, 周旻. 定性和定量评估在航行安全风险分析中的应用(英文)[J]. 大连海事大学学报, 2010, 36(S1):1-3.
[77] 冯自俭. 珠江口水域船舶定线制后评估研究[D]. 大连海事大学, 2015.
[78] 杨龙光, 刘伟建. 广州 VTS 辖区水域近期事故原因分析[J]. 中国水运(学术版),2007, 7(10): 25-26.
[79] 隋鑫. 模糊 FMEA 在海上交通安全评价中的应用研究[D]. 大连海事大学, 2016.
[80] 卓永强, 陶俊. 琼州海峡船舶定线制有效性分析及评估[J]. 中国航海, 2015, 38(1): 80-84.
[81] 孙雪铖. 琼州海峡通航安全度评价研究[J]. 广州航海学院学报, 2014, 22(57): 66-68.
[82] 王超. 油船大风浪航行安全评估[D]. 大连海事大学, 2009.
[83] 曲峰德. 木材船大风浪航行的安全评估[D]. 大连海事大学, 2012.
[84] 陈亮. 大风浪下营口港船舶开航安全评价[D]. 大连海事大学, 2012.
[85] 解以扬, 刘大刚, 吴丹朱, 等. 黄、渤海恶劣天气影响船舶安全的风险预估技术初探[J]. 灾害学, 2014, 29(1): 136-143.
[86] 吴宇. 宁波港台风来临前集装箱船舶最晚撤离的研究[D]. 大连海事大学, 2009.
[87] 熊清平. 天津港及邻近水域寒潮大风船舶事故预防措施[J]. 中国水运(下半月), 2009, 9(7): 33-35.
[88] 沈华, 刘培学. 渤海和黄海北部海域风浪特征及对该海域船舶安全的影响[C]//中国航海学会海洋船舶驾驶专业委员会. 2003 海上航行安全专题研讨会. 大连, 2003: 172-175.
[89] 张进峰, 王晓鸥, 刘永森. 基于动态风浪环境的我国近海船舶避台航线优化[J]. 中国航海, 2016, 39(2): 45-49.
[90] 杨继銈, 曹祥村. 台风浪特征分析及其对船舶安全影响[J]. 航海技术, 2008

(4):2-4.
[91] 张进峰，石志超，项勇. 寒潮大风浪中船舶失速数值计算[J]. 大连海事大学学报，2014，40(2)：39-42.
[92] 刘猛，张新宇，王骁，等. 舰船大风浪航行转向风险评估[J]. 舰船科学技术，2014，36(10)：9-12.
[93] 戴冉，郝庆龙，顾祖旭. 恶劣海况中军用舰船航行决策模型[J]. 中国航海，2014，37(3)：68-71.
[94] 金志斌，王冠宇，闫高升. 恶劣天气下客船预警预控监管措施研究[C]//中国航海学会. 2011 年苏浙闽沪航海学会学术研讨会. 杭州，2011：282-287.
[95] 吴明，王骁，应荣熔，等. 客滚船及小型机动渔船大风浪航行风险预报系统[C]//中国航海学会. “船舶安全管理与防污染管理”学术研讨会. 哈尔滨，2008：140-148.
[96] 郑中义，李红喜，赵京军. 干散货船在大风浪中的安全评价[J]. 大连海事大学学报，2010，36(2)：55-57.
[97] 吴金龙，刘大刚，范中洲，等. 大风浪条件下渤海海区重点船舶风险评估模型[J]. 中国航海，2012，35(2)：89-92.
[98] 路其军. 基于 BP 网络的客滚船大风浪航行安全评估[D]. 大连海事大学，2010.
[99] 王振兴. 大风浪天气滚装船航行安全预警系统的研究[D]. 大连海事大学，2010.
[100] 孙健. 基于证据理论的集装箱船大风浪航行安全评估[D]. 大连海事大学，2013.
[101] 金奎光. 基于云模型的集装箱船大风浪航行安全评价[J]. 上海海事大学学报，2019，40(1)：32-36.
[102] 李生长. 油船大风浪航行中的耐波性评价研究[D]. 大连海事大学，2011.
[103] 张杰，徐文亭，杨裕浩. 基于 AHP 的舰船大风浪中航行安全评价[J]. 指挥控制与仿真，2012，34(1)：64-65.
[104] 应荣熔，石爱国，蔡烽，等. 船舶大风浪航行风险等级评估[J]. 中国航海，2009，32(4)：49-52.
[105] 宋兆国. 大风浪天气情况下船舶供油作业风险控制研究[J]. 青岛远洋船员职业学院学报，2014，35(3)：62-67.
[106] 焦甲龙，孙树政，任慧龙. 水面舰船风浪环境适应性模糊综合评价方法[J]. 哈尔滨工程大学学报，2014，35(6)：667-673.

[107] 王凤武. 恶劣天气条件下船舶开航安全性评估方法研究[D]. 大连海事大学, 2012.

[108] 应荣熔, 周福军, 王骁, 等. 船舶大风浪航行风险要素计算[C]//中国航海学会. 1995—2009 航海技术论文选集 (第 1 集). 上海, 2010: 405-410.

[109] 于超. 基于极限学习机的船舶横摇预测与控制[D]. 大连海事大学, 2015.

[110] 李超, 石爱国, 杨波, 等. 舰船风浪失速计算新模式[J]. 中国航海, 2011, 34(1): 63-67.

[111] 施兴华, 张婧, 王善. 随机风浪中舰船横摇倾覆概率分析[J]. 船舶力学, 2011, 15(5): 473-479.

[112] 朱有勤. 船舶大风浪航行的几个注意问题[J]. 航海技术, 2011(6):14-15.

[113] 孔思平. 恶劣天气对船舶航行安全的影响及对策[J]. 中国水运(上半月), 2010, 10(5): 30-31.

[114] 倪彦博. 宁波港集装箱船舶防抗台风的研究[D]. 大连海事大学, 2010.

[115] 李永超. 台风状态下码头系泊安全问题研究[D]. 上海交通大学, 2011.

[116] 戴厚兴, 吴兆麟. 恶劣天气下海上交通安全风险动态预评估体系[J]. 中国航海, 2016, 39(3): 73-76.

[117] 张杰. 部分航路能见度不良情况下船舶进出港研究[D]. 大连海事大学, 2009.

[118] 邹俊. 成山头附近海域船舶雾航安全监管对策研究[D]. 大连海事大学, 2014.

[119] 黄昭伟. 能见度不良的危险度评估及安全管理对策[C]//中国航海学会. "海洋船舶安全理论与实践"学术研讨会. 广州, 2008: 165-168.

[120] 刘大刚, 冷梅, 罗红红, 等. 对新加坡海峡加强短时雷暴天气预警的建议[J]. 大连海事大学学报, 2013, 39(1): 57-60.

[121] 梁超. 能见度不良情况下进出港航行安全研究[D]. 大连海事大学, 2015.

[122] 胡甚平, 陈忠, 方泉根. 能见度不良时船舶避碰的行为分析与对策[J]. 中国航海, 2000, 23(2): 46-51.

[123] 席朝阳, 金永兴, 胡勤友, 等. 能见度不良情况下受限水域船舶的领域[J]. 上海海事大学学报, 2016, 37(3): 18-21.

[124] 戴厚兴, 吴兆麟. 能见度不良条件下海上交通风险动态预评估[J]. 中国航海, 2017, 40(2): 65-68.

[125] 陈光辉. 青岛 VTS 水域船舶雾航安全评价及监管研究[D]. 大连海事大学, 2015.

[126] 刘强，孙健，王凤武. 黄、渤海海冰对船舶通航安全的影响及应对措施[J]. 世界海运，2012，35(6)：30-33.

[127] 蒋小平. 冬季渤海湾海冰对船舶安全的影响及对策[J]. 中国海事，2012(1)：21-23.

[128]顾维国，张秋荣，胡志武. 北冰洋冰区航行的船舶操纵[J]. 航海技术，2011(1)：10-14.

[129] 顾维国，肖英杰. 北冰洋海冰变化与船舶通航的展望[J]. 航海技术，2011(3)：2-5.

[130] LILOVER M，KOUTS T. Valuation of Ice Compression Hazard by Means of Fuzzy Logic Model[C]//2012 IEEE/OES Baltic International Symposium (BALTIC). Klaipeda，IEEE，2012：1-6.

[131] 廖河树，彭国均. 船舶在狭水道航行的碰撞危险性评价研究[J]. 中国航海，2003，26(1)：50-54.

[132] 周振超. 狭水道船舶操纵安全综合评价[D]. 上海海事大学，2005.

[133] 石嘉晟，刘常波，丁风雷. 舰艇狭水道操纵安全的模糊评价模型[J]. 中国舰船研究，2010，5(1)：48-51.

[134] 徐海翔. 互见中基于船舶领域的狭水道避碰决策研究[D]. 大连海事大学，2016.

[135] LEE C，MOON S，JEONG T. The Investigation of Ship Maneuvering with Hydrodynamic Effects between Ships in Curved Narrow Channel[J]. International Journal of Naval Architecture and Ocean Engineering，2016，8(1)：102-109.

[136] 范中洲，吴兆麟，张闯，等. 基于可拓理论的船舶定线制应用研究[J]. 大连海事大学学报，2013，39(1)：43-45.

[137] 范中洲，吴兆麟，谢洪彬，等. 成山角定线制方案模糊多准则优选方法[J]. 中国航海，2013，36(2)：50-54.

[138] 王伟. 成山角“两制”修订后的通航安全保障研究[D]. 大连海事大学，2015.

[139] 邬惠国，李松，肖英杰. 基于水上交通冲突技术的船舶定线制警戒区安全评价[J]. 水运工程，2012(6)：58-62.

[140] 李松，肖英杰. 船舶定线制事故相对多发航段的判别[J]. 中国航海，2010，33(2)：46-50.

[141] 颜江峰. 船舶定线制对提高通航效率的作用[J]. 船海工程，2006，35(4)：83-84.

[142] 邵哲平，李爱林，熊振南，等. 厦门湾附近水域船舶定线制的研究[J]. 中国

航海，2005，28(4)：53-55.
[143] 李松，周江华，徐庭留，等. 基于交通冲突技术的船舶定线制警戒区优化设计[J]. 中国航海，2013,36(1)：95-100.
[144] 范中洲. 船舶定线制优选方法的研究[D]. 大连海事大学，2013.
[145] 徐才云，郑元洲，甘浪雄，等. 闽江口水域船舶定线制[J]. 中国航海，2017，40(4)：45-50.

第4章
海上交通事故与安全风险

除船舶类型和交通环境外，在海上交通安全研究领域，事故与风险紧密相连。根据我国《水上交通事故统计办法》，水上交通事故是指船舶在航行、停泊、作业过程中发生的造成人员伤亡、财产损失、水域环境污染的意外事件。IMO在《船舶综合安全评估应用指南》中定义风险为事故频率和事故的结果严重性的组合乘积。因此，需要从事故的角度开展海上交通安全风险研究。当前，《水上交通事故统计办法》对水上交通事故进行了分类，包括：碰撞事故，搁浅事故，触礁事故，触碰事故，浪损事故，火灾、爆炸事故，风灾事故，自沉事故，操作性污染事故，以及其他引起人员伤亡、直接经济损失或者水域环境污染的水上交通事故。

为此，本章以各种事故的特点为切入点对海上交通安全风险领域相关文献进行了梳理与总结。笔者查阅到国内外针对各种事故特点开展的海上交通安全风险研究共150余篇，其中船舶碰撞风险80余篇，船舶触碰风险、船舶搁浅风险、船舶火灾、爆炸风险各20余篇以及船舶自沉风险10余篇；包括中文文献103篇，外文文献48篇；近5年的文献占比55%，近10年的文献占比81%。上述文献能够较为完整和准确地反映现阶段基于各种事故特点进行海上交通安全风险研究的现状。因海上交通事故种类较多，故本章主要采用《水上交通事故统计办法》中的分类标准对几种常见的事故类型进行分析，包括：船舶碰撞风险，船舶触碰风险，船舶搁浅风险，船舶火灾、爆炸风险以及船舶自沉风险。

4.1 船舶碰撞风险

船舶碰撞事故是指两艘及两艘以上船舶之间发生撞击造成损害的事故。碰撞事故常常会造成人员伤亡、船舶受损、船舶沉没等严重后果。长期以来,在所有类型的水上交通事故中,碰撞事故是比例最高的事故之一。例如,对我国香港水域2001—2005年的事故统计显示,该水域发生的水上交通事故中有54%为碰撞事故;芬兰湾的统计数据也显示,碰撞事故占所有水上交通事故的20%。以我国沿海的舟山海事局辖区为例,2008—2012年共发生各类水上交通事故199起,其中碰撞事故119起,占所有交通事故的60%。因此,针对船舶的操纵特点,或某些水域的交通流特点,利用现有的各类定量和定性数据,对潜在可能发生碰撞事故的风险及其影响进行分析,以采取有效的风险管理措施,对减少或避免碰撞事故的发生具有重要的意义。

船舶碰撞风险,即发生船舶碰撞事故的风险,是指碰撞事故发生的可能性和碰撞事故发生后的损失或损害程度的组合。目前,海上船舶碰撞风险研究主要评价船舶发生碰撞事故的风险等级,根据研究视角的不同,可分为宏观碰撞风险评价和微观碰撞风险评价两类[1-6]。

一方面,宏观碰撞风险评价的主要思路是以碰撞事故相关的历史数据、交通流数据,以及水文气象数据等为基础,采用专家问卷调查等技术,对某一个水域的潜在发生碰撞事故的形势进行整体定性或定量评价。早期主要采用事故统计方法[7-8],利用数据挖掘技术分析碰撞事故发生的时间、地点、原因等基本规律,以及根据历史事故数据来预测未来交通事故的发展趋势。常用的预测理论与技术主要有灰色理论[9]、马尔可夫理论[10]、支持向量机[11]等。

由于船舶碰撞事故大多受到多重因素的影响,而且许多碰撞事故由于直接或间接的人为失误所导致,因此仅从历史数据的分析很难实现对碰撞风险的精确评价。在此情况下,需要依赖相关领域专家的主观知识与历史数据相结合,以此提升评价的准确性。基于这一考虑,ETA、FTA、模糊综合评价、AHP、贝叶斯网络、置信规则库等相继被应用到碰撞风险评价研究中。李国定等运用事故树分析法,对船舶碰撞事故进行了分析,从“人-机-环境-管理”等四个方面系统地分析了导致事故发生的原因[12]。姚杰等运用事故树分析法对船舶碰撞事故进行定性分析研究,求出了各因素的重要度系数及事故树的最小径集,找出导致事故发生的主要原因,用于制定出防控事故的主要措施,在海上交通事故控制中可以起到良好的作用[13]。尚云龙根据收集的大约80份船舶碰撞事故报告,利用贝叶斯网络从人为失误的角度分析了船舶碰撞事故致因,得出导致事故发生的致因链条[14];孙书钢在该研究的基础上,继续运用贝叶斯网络模型建立船舶碰撞事故致因分析模型,并计算导致碰撞事故发生最可能的致因链条[15]。薛伟综合运用模糊关联分析、模糊综合评价、MATLAB 曲线拟合和粗糙集等理论方法对大连港及其附近水域船舶碰撞事故资料进行了挖掘与分析,最终建立大连港及其附近水域船舶碰撞事故风险分析模型[16]。车军构建了船舶避碰人为因素的评价指标体系,采用模糊综合评价方法建立了船舶避碰人为因素综合分析评价模型,并通过实例验证了模型的有效性[17]。汤旭红等通过对船舶碰撞案例样本数据的学习和对碰撞领域知识的分析,建立了蕴涵船舶碰撞的知识领域的贝叶斯网络,较为直观地分析船舶发生碰撞的概率及其因果事件的关联度,并预测船舶发生碰撞的风险和船舶碰撞致因中各因素间的相关性[18]。袁小龙根据洋山深水港的特征,利用 FSA 中风险评估方法对水域内船舶碰撞风险进行分析,计算了船舶碰撞概率和风险[19]。香港海事部门通过实地调查研究 2003 年香港水域船舶交通信息,通过 FSA 建立了以 2003 年为基准的碰撞风险等级和未来 2006—2011 年碰撞风险等级,综合考虑人命损失的限制,识别出现在和将来的风险水平呈下降趋势[20],通过评估得出结论:为了维护香港水域海上交通的安全,应该加强对少数大型船舶的管理。丹麦皇家航海水文局、丹麦海事局和瑞典海事局联合成立的研究工作组应用 AIS 建立了碰撞、搁浅等事故基础数据库,采用 FSA 的风险分析方法,分析了厄勒海峡碰撞和搁浅事故对人命、财产以及环境造成的损失,建立了船舶碰撞、搁浅概率模型和后果分析模型,并针对厄勒海峡的特征以及成本效益原则提出了减少海峡事故风险的措施[21]。姚杰等在评价船舶碰撞危险度时,将模糊数学中的模糊逻辑与人工神经网络结合起来,将基于自适应神经网络的模糊推理系统用于评价船舶碰撞危险度[22]。徐言民等运用模糊数学理论构建了船舶碰撞风险评价指标的隶属度函数,量化船舶碰撞风险评价指标,并利用模糊综合评价方法对各网格单元的船舶碰撞风险进行评价[23]。张金奋将泛化的置信规则库方法应用于船舶碰撞风险评价,并针对多船避碰问题提出一种分布式实时避碰决策方法[24]。熊锡龙运用灰色系统理论的动态建模和灰色关联方法,分析了船舶碰撞事故的关联因素[25]。杨波等以 FSA 方法为基础,建立了我国近海船舶碰撞风险评估模式,着重讨论避碰操作失误率和碰撞严重度建模方法[26]。刘炜等采用模糊评判方法对船舶在海上航行的碰撞风险进行评估,给出了船舶航行的风险评估等级[27]。丹麦理工大学也采用贝叶斯网络对船舶碰撞进行了详细的统计分析,对预测船舶航行过程中可能存在的风险、提出引航安全建议和制定预防措施有很大帮助[28]。此外,挪威船级社在 2003 年提交给 IMO 的关于 FSA 的报告中,提出将贝叶斯网络用于 FSA 的第二步风险分析中。该报告通过建立高速邮轮的碰撞和搁浅的贝叶斯网络模型,由专家组给出条件概率表,利用相关(HUGIN)软件对高速邮轮发生碰撞和搁浅事故进行风险分析。这份报告充分肯定了贝叶斯网络的不确定性推理能力在海上交通风险分析领域的适用性。随后,利用贝叶斯网络技术,2006 年日本海事安全部门也向 IMO 提交一份利用贝叶斯网络对碰撞事故发生概率进行预测和评价的技术文件[29-30]。

另一方面,微观碰撞风险评价则主要从单个的,或者是多船会遇局面下的碰撞事故角度展开研究。其中,最有代表性的是船舶领域理论[31-32],其主要思想是通过为本船设定一个有一定尺寸的区域来量化本船与周围船舶的碰撞风险。该方法自提出以来,在微观碰撞风险评价中有着十分广泛的应用。基于概率与数理统计方法的船舶领域模型,最早由藤井弥平首次提出,其通过概率统计和交通调查,提出椭圆形船舶领域模型[33-34]。然后,吴兆麟等在船舶避碰决策模型、最佳避碰行动时机决策模型等方面做了研究,针对不同的会遇情况进行具体的分析,建立了互见中开阔水域、能见度不良时和狭水道或航道中特定拥挤水域的船舶领域[35-37]。马夫拉基斯等提出一种船舶行为的概念[38],用于模拟船舶进出港航道的交通流,该模型主要用于计算航道通过能力,并说明通过能力与碰撞风险之间存在着密切的联系[39]。该模型可以作为碰撞风险评价的一个有益补充。皮耶奇科夫斯基等提出一种船舶避让行动效果时空评价方法,并考虑了船舶的操纵性,对两船会遇下碰撞风险进行定量评价[40]。朱晓林等利用神经网络提出一种船舶领域边界确定方法,该边界被设置为传统的船舶领域边界与碰撞风险为 0.5 时的边界所组成的一个带状区域[41]。王杨等将模糊船舶领域定义为需要防止他船进入的一个区域,该区域的形状和尺寸主要依赖于选取的航行安全标准,标准越高,则尺寸越大[42]。藤夫金子利用神经网络理论对模糊船舶领域进行了研究,将最近会遇距离、能见度、船舶操纵性能参数、避碰行动距离、相对速度等作为输入参数,利用神经网络反馈和学习的功能,得到不同能见度条件下的船舶领域尺寸[43]。蒙特卡等重点研究了小角度交叉情况下的航道会遇率计算模型,提出一种将船舶看作占据一定范围的圆形区域且航向为随机值的空间,进而提出一种监控区域(Inspection Area,IA)的概念,根据 IA 是否完全处于两艘船舶的会遇区域,将会遇率问题分解为两个子问题,提出了航道交叉角度在接近于 0°和 180°时的会遇率计算模型[44]。张金奋等则重点对船舶会遇距离进行改进,提出利用最小碰撞距离(Minimum Distance to Collision,MDTC)模型[45]。戈兰特等研究了在海上避碰规则要求下的不同会遇局面下避碰所需要的距离,分别计算出存在碰撞风险条件下单靠让路船采取避让行动,以及紧迫局面下两艘船舶同时采取最有效的避让行动两种情况下避让所需要的距离[46]。

再者,从目前国内外关于碰撞风险的研究来看,许多碰撞风险研究还采用动态风险评价理论,即综合船舶交通流理论、统计理论、碰撞风险评价模型等理论,利用系统仿真、蒙特卡罗模拟等手段对交通流的特性进行仿真,通过对仿真结果的分析来研究碰撞风险。基于仿真的风险分析方法主要依赖于历史的交通流数据,通过对历史数据的分析,首先建立船舶属性模型、到达规律模型、风险量化模型等,并据此对整个交通系统进行快速时间仿真或者蒙特卡罗模拟,然后对仿真得到的结果进行分析来评估某个特定水域的风险状况。柯蒂斯和曲晓波等采用船舶操纵模型对碰撞风险进行定量研究,针对超大型油船在追越过程中的碰撞风险进行研究,但该模型仅仅适用于追越局面[47-48]。柴田等综合考虑绝大多数船舶会遇态势的频率和后果后,提出了一种船舶碰撞量化风险评价(Quantitative Risk Assessment,QRA)模型,并利用新加坡海峡实时船舶航行数据进行了实例验证[49]。卡尔在避碰规则要求下,基于证据理论的思想提出一种碰撞风险时空分析模型,对遵守避碰规则和违反避碰规则条件下的避碰行动有效性提出两种评价方法,但该模型仅适用于两艘船舶会遇的局面[50]。

同时,对船舶碰撞风险的研究并不限于上述的理论与技术,众多专家学者从不同角度,采用不同方法对碰撞风险开展了大量的研究,并取得了丰硕的研究成果。例如,陈涛收集了大量的船舶碰撞事故数据及样本,通过对船舶碰撞事故数据样本进行分组、曲线拟合以及非线性回归分析,研究建立了船舶尺度(即总吨)与船舶碰撞事故数的数学关系模型[51]。郑中义等进一步应用聚类分析法研究船舶吨位与碰撞事故的关系,建立了船舶吨位与船舶碰撞事故数之间的数学模型[55]。刘正江基于收集100份碰撞事故的调查报告,利用数据挖掘技术中的关联规则对人为失误及其影响因素之间的关系进行了挖掘,最终得出关联度较高的因素[52]。李珊珊从“人-船-环境-管理”四个角度分析根据收集的100份事故报告中抽取的对事故影响最重要的25个影响因素,建立了基于佩特利(Petri)网的碰撞事故致因模型[53]。洪秀琴等建立了针对航道水域航行碰撞风险的有序概率回归模型[54]。孙俊君基于“人-船-环境”三方面因素和贝叶斯网络,建立了船舶碰撞致因分析模型[56]。于佳佳运用逐步回归分析的方法研究了对碰撞结果可能产生影响的各碰撞要素,并对得到的碰撞要素进行系统聚类,确定了碰撞要素与碰撞结果之间的函数关系[57]。董文峰将复杂系统的脆性理论引入船舶碰撞事故研究中,得出了导致碰撞发生的脆性传播模型[58]。张笛等在研究船舶交通流、航道状态以及环境影响的基础上,建立了一个基于网格技术的碰撞风险评价模型,并以此对长江干线的碰撞风险进行了评价分析[59]。文元桥等基于序次概率单位(Probit)模型建立了航道船舶碰撞危险度评价模型[60]。蒋夕良采用FMEA风险评估方法,即通过分析失误、后果和改进措施的定量方法对长江江苏段近五年船舶碰撞事故进行统计与分析[61]。闫化然等通过统计和分析近七年台州水域商船与渔船碰撞事故数据,对该水域的商渔船碰撞事故应用网格化风险评估方法,得到了网格化风险的地域分布[62]。杨田学以概率风险评估为基础构建了船舶碰撞风险分析框架,建立了船舶碰撞风险分析数学模型,并采用人工神经网络法对国内沿海30个港口水域的船舶碰撞风险进行了分析[63]。范耀天等将天津港水域进行通航环境网格化,建立了船舶碰撞风险预测模型,并验证说明船舶碰撞频率相对较高的水域恰好是船舶碰撞事故频发的地点[64]。乌鲁斯库等对伊斯坦布尔海峡的船舶交通进行了风险分析,通过分析海峡地理特征和交通状况,结合VTS数据建立了风险分析数学模型,并将碰撞概率数学模型与模拟模型相结合，分析了不同种类的因素（船舶会遇、航行规则、船舶引航、追越和船舶交通密度）对海峡造成风险的影响，并针对不同因素对海峡风险的影响，提出了相适合的安全建议[65]。科威公司分析了丹麦博恩霍尔姆水域海上交通风险，将该水域的交通事故进行分类，然后分别对碰撞、搁浅、火灾、沉没、爆炸建立风险分析数学模型，对每一类事故发生频率进行了科学的计算，并对事故所产生的后果进行了评估模拟[66]。汉宁等都对芬兰湾搁浅和船舶碰撞风险进行了分析[67-69]。伊利塔洛在汉宁等人研究的基础上为船舶碰撞模型提出了标准，先后用三个模型对航行于赫尔辛基和塔林水域的船舶进行了船舶碰撞概率的计算，通过对比显示彼得森碰撞模型最适合该水域，并且预测了到2015年的碰撞风险的走势[70]。郑中义等将来船航向、来船速度、相对距离、相对方位等原始数据直接作为神经网络的输入，实现了以神经网络快速确定船舶碰撞危险度[71]。陈建华提出了基于模糊神经网络的船舶避碰推理系统，对船舶碰撞危险进行了评价，并对船舶碰撞危险的自适应神经模糊系统方法进行了研究[72]。张忠海等通过构建客船碰撞事故树模型，对浙江辖区客船碰撞事故基本事件进行定量分析，运用ALARP风险图确定各安全隐患的风险等级[73]。朱正中等引入TOPSIS对舰船避碰风险进行评价，建立了评价指标体系和评价数学模型并通过算例验证了该方法的可行性和合理性[74]。

上述文献分别从不同的角度，采用不同的方法对碰撞风险进行了较为全面和深入的研究和分析，包括了碰撞风险致因分析、碰撞风险评价、碰撞风险数学模型和指标体系[75-80]。通过对上述文献的梳理可以看出，现阶段碰撞风险研究已形成了较为完整的理论体系，但大多数理论或方法尚处于理论研究阶段，缺乏实际指导意义，并且缺少一个普遍适用的统一的碰撞风险评价方法。

4.2 船舶触碰风险

船舶触碰事故是指船舶触碰岸壁、码头、航标、桥墩、浮动设施、钻井平台等水上水下建筑物，或者沉船、沉物、木桩、渔栅等碍航物并造成损害的事故。触碰事故可能造成船舶本身和岸壁、码头、航标、桥墩、钻井平台、浮动设施等水上水下建筑物的损失。触碰风险，即船舶发生触碰事故的风险，是指船舶触碰事故发生的可能性和触碰事故发生后的损失或损害程度的组合。

在触碰风险研究方面，我国学者对桥梁船撞风险分析进行了许多的研究与探索[81-87]。国内外学者在研究桥梁船撞风险评估时，根据各自的见解和经验采用了相应的研究方法来开展桥梁船撞风险评估方面的研究工作。目前，应用比较成熟的方法主要有故障树分析法、人工神经网络法、模糊综合评估法和概率风险评估法等。刘厚庆针对引航锚地海域船桥碰撞风险进行分析，并运用 FTA 对风险因素进行评估，提出风险控制的措施[88]。戴彤宇提出了适合我国实际情况的简易船撞桥概率模型，将人工神经网络系统方法引入了船撞桥概率的研究中[89]。欧阳涛等应用模糊综合评价法，对桥梁船撞事故发生的概率及事故后果的严重程度进行了工程实例分析[90]。刘明俊等则采用模糊综合评价法对苏通大桥防止船撞风险进行评估[91]。高靖利用 FSA 和模糊综合评价的方法建立相应的风险评价模型对多桥梁河段的水上交通安全风险进行了综合评价[92]。王龙在分析研究影响船舶触碰码头因素的基础上，利用多层次多目标模糊优选理论，建立相应的多层次多目标船舶触碰码头影响因素的指标体系，经过模拟计算得出不同泊位触碰风险的排序[93]。

同时，概率风险评估法是目前研究和应用较多的评估船撞桥风险的方法。在实际应用中，通常以经验综合概率法为主，结合分项分析来确定桥梁的船舶碰撞概率。观测统计法和经验数学模型法是经验综合概率法的两种基本方法。

观测统计法通过对船桥碰撞事故的统计分析计算出船桥碰撞发生的概率。如丹麦大桥，丹麦科威公司[94]曾估计过船舶航行在期望碰撞桥梁航迹上的概率，认为 4 万载重吨的船舶碰撞概率为 1.1×10^{-4}，小于 4 万载重吨的船舶碰撞概率为 3.2×10^{-4}。戴彤宇也曾对长江、黑龙江上 12 座投入运营 7 年以上的典型桥梁进行桥梁船撞事故概率的统计分析，得出桥梁船撞概率为 $0.13\times10^{-5}\sim7.51\times10^{-5}$[89]。这种观测统计方法的优点是便于理解和应用，缺点是需要大量实地统计数据，数据的真实性、连续性以及适应性不能有效地反映出来，使得统计工作相当困难。

经验数学模型法根据桥梁船撞事故的统计和航道、航行管理等方面的知识，建立船桥碰撞概率的经验数学模型。该方法目前在桥梁船撞设计中广泛使用。经过多年的研究，各国学者已相继提出一些比较成熟的桥梁船撞概率计算经验数学模型。美国国家高速公路和交通运输协会（American Association of State Highway and Transportation Officials，AASHTO）提出了一个计算桥梁年倒塌频率的模型，称为 AASHTO 规范模型[95]，该模型由格林纳公司提出，后又被美国《公路桥梁设计规范》（1994 年）所采纳。拉森从现象学角度出发，将桥梁船撞事故分为四种情况，并提出了更为一般性的船桥碰撞概率模型，即拉森模型[96]。昆孜考虑了碰撞发生前船与桥墩的相互位置，提出了一个具有两个随机参数的船桥碰撞概率计算模型，称为 KUNZI 模型[97]。比尔等深入研究了由于风力涡轮机导致船舶碰撞的风险分析[98]，通过定量的碰撞试验得出可能产生的最严重的后果，并采取概率风险评估方法，对不同种涡轮机导致的不同种碰撞情形都做了碰撞概率的计算，建立了不同的碰撞模型，对每一种模型都进行了碰撞后果的模拟。此外，我国学者也在研究过程中建立了自己的模型[99-102]，如罗伟林等提出了基于最小二乘支持向量机的桥梁船撞概率模型[101]。金玉娟总结了船桥碰撞风险研究的三种常用方法，即 FTA、模糊综合评价法和概率风险评价法，并利用概率风险评价法对桥梁船撞进行风险评价研究[102]。

通过上述文献可以看出，目前触碰风险研究主要集中于船桥触碰风险评价和概率模型研究，大多采用模糊综合评价和概率风险评价方法，并取得了一定的研究成果，但其研究较为单一，没有考虑海上交通中各因素之间的相互影响关系，缺乏系统全面的分析。

4.3 船舶搁浅风险

船舶搁浅事故是指船舶搁置在浅滩上，造成停航或者损害的事故。搁浅事故等级按照搁浅的停航时间确定。船舶搁浅事故不仅会损坏船体，而且可能会导致严重的溢油，进而极大地破坏海洋或内河生态环境。所以长期以来国内外学者对船舶搁浅问题进行了广泛和深入的研究[103-106]。

搁浅风险，即船舶发生搁浅事故的风险，是指搁浅事故发生的可能性和搁浅事故发生后的损失或损害程度的组合。其中，搁浅致因分析和搁浅概率计算是搁浅风险研究的两个主要方面。针对这两方面研究内容，当前学术界主要采用的方法有事故统计法、专家调查法、ETA、FTA、模糊综合评价法以及其他理论等。

事故统计法是船舶搁浅致因研究中比较基础的方法，可以对导致搁浅的因素进行分析，也可预测发生搁浅事故的概率。林书江等运用事故统计法对美国沿海水域的搁浅事故进行了分析[107]。陈刚等根据统计学中的贝叶斯网络提出了船舶搁浅的风险模型[108]，以预测船舶搁浅的风险和相应的经济损失、货物损失和环境破坏。事故统计法主要从事故统计和事故报告中挖掘数据，所以具有客观性；但是由于它过于依赖事故统计和事故报告，所以当出现样本不足、统计数据不完整、数据人为登记错误和某些数据较为模糊（采用模糊的语言描述，无法定量化）等情况时，它的准确性不高。

专家调查法主要借助于相关领域的专家经验进行致因分析。许臣峰利用专家调查法把搁浅因素分为三个主要方面[109]：人的因素，包括船员能力、疲劳程度等；船的因素，包括船舶制动性能、旋回性能和航向稳定性与改变性等；环境因素，包括交通环境、水文气象条件和航道自然条件等。同时，他给出了各层次各因素的权重，指出人的因素是导致船舶搁浅的最主要原因，并利用模糊理论给出计算导致搁浅危险度的方法。

挪威船级社（Det Norske Veritas，DNV）通过研究将船舶搁浅事故分为两类：操纵性搁浅和漂移性搁浅。张圣坤等根据该分类，利用模糊 ETA 对操纵性搁浅进行分析并运用模糊理论对各事件的发生概率进行量化，得到导致搁浅事故发生的各种因素的概率[110]。胡中凯等则针对船舶航行安全的薄弱环节，在 FTA 船舶搁浅事故致因的基础上，运用贝叶斯网络对搁浅事件间的多态性和逻辑性进行了研究[111]，通过计算事件后验概率值，分析了导致事故发生的薄弱环节，推理得出最可能引起事故发生的事件组合。随后，朱怀伟用事变树模型开展了船舶搁浅事故致因分析[112]，再现了静态的事故致因链。同样，金辉利用 FTA 全面系统地分析了船舶搁浅事故的影响因素，并进行敏感性分析，确定了减小船舶搁浅事故发生可能性的措施[113]。于鹏利用决策树关联度算法对从搁浅事故报告中提取的数据进行分析[114]，确定评价搁浅船舶危险度的指标体系，建立初级的决策树模型，最后利用模糊数学完成预测搁浅船舶危险度的评判模型。

另外，多属性决策理论技术如模糊综合评价、AHP 等也被应用于船舶搁浅风险研究，其中具有代表性的研究成果包括陈刚等采用基于模糊集理论的 ETA 进行船舶搁浅的概率计算[115]。李典庆等通过引入模糊错误率及模糊错误概率的概念，采用混合事件树方法计算得到船舶驾驶失效引起的搁浅模糊概率[116]，定义了模糊敏感性和不确定性因子并对其进行了分析。胡中凯等根据船舶航行特点构建船舶搁浅概率的数学计算模型[117]，利用 AHP 确立各参数的权重系数，对船舶搁浅的风险进行模糊综合评价。左晓强在阐述搁浅船舶安全性研究现状的基础上，系统分析了影响搁浅船舶安全性的主要因素，利用德尔菲专家调查法和 AHP，确定了搁浅船舶安全评价指标体系和权重，并运用模糊数学中的多级综合评判方法，建立了预测搁浅船舶安全性的模糊综合评价模型[118]。此外，张笛提出了基于网格单元的通航水域搁浅风险评价方法[119]；随后，其进一步基于地理分布的网格化评价方法和预测模型，建立了天津港水域船舶搁浅事故风险评价和预测模型[120]。杜训柏针对我国内河航道，建立了船舶碰撞与搁浅的数学概率模型，并举例计算了船舶在特定区域的碰撞和搁浅概率[121]。

上述文献详细地分析了搁浅风险的研究进展，主要集中于搁浅致因分析、搁浅概率计算和搁浅风险评价方面的研究。通过对上述文献的梳理可以看出，现阶段搁浅风险研究已形成了较为完整的理论体系，但缺少一个普遍适用的统一的搁浅风险评价方法。

4.4 船舶火灾、爆炸风险

船舶火灾、爆炸事故是指因自然或人为因素致使船舶失火或爆炸造成损害的事故。船舶火灾、爆炸风险，即船舶发生火灾、爆炸事故的风险，是指火灾或爆炸事故发生的可能性以及火灾或爆炸事故发生后的损失或损害程度的组合。火灾、爆炸事故会造成巨大的海上人命和财产损失，因此严控火灾、爆炸风险是其中非常重要的一环。由于爆炸事故基本上都是由火灾事故导致的，故在本书中将火灾、爆炸风险简称火灾风险。近年来，国内外学者对于发生船舶火灾事故的风险做了大量的研究[122-125]。根据研究层次的划分，主要体现在经验层次和科学层次方面。

1. 经验层次的研究

在经验层次方面，大多数研究者认为火灾是偶然的、孤立的突发事件，哪里着火就在哪里扑救是所应采取的措施,研究的重点在于船用灭火设备和制定相应的消防规范及消防程序。这个层次可以分为两个方面:一方面是针对船舶探火和扑救问题的研究。例如,陈晓林针对我国船舶火灾事故数逐年上升的现象,从船舶火灾事故的危险性、船舶发生火灾事故的原因、对船舶火灾事故的预防以及船舶初期火灾的扑救与人员逃生等方面,介绍了船舶的防火安全工作[126-127]。程磊研究了船舶火灾的特性及预防对策,对现代船舶消防安全的现状及其特性进行了详细分析,并提出了船舶火灾事故预防的对策和措施[128]。樊冰等针对船舶火灾事故的原因,运用事故致因理论,通过对船舶火灾扑救原则的分析,提出了船舶火灾的救援指挥方法[129]。包建新从船舶火灾事故的特点出发,在分析了产生船舶火灾事故原因的基础上,对船舶火灾事故的预防和施救措施提出了相关对策和建议[130],强调了人为因素是船舶消防安全的主导作用,要重视安全教育工作。赵诗华等研究了船舶火灾原因及其调查方法,阐明了船舶火灾事故的特点、主要发生原因、主要起火部位以及船舶火灾事故调查方法[131]。邵建章研究了船舶火灾的扑救及救援,介绍了船舶消防的特殊性,以及船舶火灾的特点、扑救原则、扑救步骤和注意事项。另一方面是针对船舶消防管理方面的研究[132]。例如,卜程分析了大连海域火灾风险,确定了海上火灾的主要影响因素,并利用 AHP 对大连海域火灾风险做了详细探讨,最后提出了大连海域部署消防力量的方案[133]。王国正针对船舶火灾事故的人为因素进行分析与评价,构建了船舶火灾事故中人为因素的评价指标体系[134]。

2. 科学层次的研究

在科学层次方面,主要是运用统计理论分析和研究火灾模型,并运用现代计算机技术进行数值模拟。朱小俊等阐述了当前舰船火灾事故的研究成果和研究方法,认为当前关于船舶火灾的研究领域主要有防火材料、火灾探测技术、灭火技术、火灾危险性评估以及火灾性能化设计,并针对当前这些领域的研究现状进行了分析和综述[135]。葛贝贝等针对船舶火灾事故,认为应急管理和培训是当务之急,通过虚拟仿真研究了船舶火灾事故应急管理系统仿真,为培训提供了可行方法[136]。王科伦等利用计算机模拟技术,对船舶火灾蔓延模型进行了研究[137],并对船舶发生火灾的机理进行了探讨。傅跃强将应急系统响应可靠性理论应用到火灾应急系统中,从应急系统的一般特性入手,分析了系统的结构和功能,并以系统可靠性理论为基础建立了应急响应过程活动网络模型,最后将成果成功地应用到火灾应急中[138]。

此外,从定量风险评价的角度,国内外学者对于船舶火灾风险也做了大量的研究。其中主要采用的方法和技术有 ETA、FTA、模糊综合评价、AHP 等方法。赵振德根据现已发生的滚装客船火灾事故案例,运用事故树分析法辨识滚装客船存在的火灾危险,找到影响滚装客船安全的因素[139]。刘新建等利用 ETA 分析客滚船车辆舱火灾原因,从而提出控制措施[140]。王鹏等分析导致机舱火灾的原因,采用事故树方法进行安全评估[141],

得到了最佳的机舱火灾预防途径。卢悦从评价指标体系的构建原则出发,利用 FTA 对船舶火灾的危险源进行辨识,并运用事故致因理论相关的安全分析法确定各指标间的层次关系,进而建立了科学合理的评价指标体系,将船舶火灾危险性分成三个指标:防火水平、灭火水平、疏散水平[142]。刘红等建立了客船火灾人员应急疏散评价指标体系,综合运用 AHP 与模糊决策理论,建立了评价客船发生火灾时的应急疏散能力的模糊层次分析模型[143]。高路在 FSA 方法的框架下,以“人-机-环境-管理”为基础构建了客滚船火灾安全评价体系[144],应用鱼刺图法分析客滚船火灾的原因,运用 FTA 对客滚船火灾发展过程进行分析,采用模糊数学建立综合评价模型,通过实船调研获得相关数据,最终对客滚船火灾进行了安全评估。李祥茂归纳讨论了目前基于风险的舰船火灾、爆炸风险评估的一般方法,对如何进行舰船火灾、爆炸事故的危险源辨识进行了分析,并对该类事故危险源进行了归类,提出了从风险的角度评估并减少舰船火灾、爆炸事故的有益建议[145]。

4.5 船舶自沉风险

船舶自沉事故是指船舶由于超载、积载或装载不当、操作不当、船体漏水等原因或者不明原因,而造成沉没、倾覆全损的事故,但其他事故造成的船舶沉没不属于“自沉事故”。船舶自沉风险,即船舶发生自沉事故的风险,是指船舶发生自沉事故的可能性和自沉事故发生后的损失或损害程度的组合。

近年来,国内许多学者对船舶自沉风险开展了相关的研究,主要采用事故统计法、案例分析法、德尔菲法、ETA、FTA、贝叶斯网络法、模糊综合评价法、AHP 等方法[146]。其中曹俊等根据事故数据统计建立了“人-船-环境-货物-管理”的诱因体系,对船舶自沉事故的诱因进行了深入的分析[147]。韩俊松等针对中国沿海载运固体散货的船舶自沉事故高发的现状,应用事故数据统计和案例分析方法,对中国沿海 2002—2011 年发生的船舶自沉事故进行了深入的分析,并提出了加强安全管理的对策[148]。费岳军等采用德尔菲法和 AHP 相结合,确定沉船风险预警指标体系及各指标的影响权重,并基于模糊综合评价方法建立了沉船风险评价模型[149]。张笛等基于事故特征,在现有的历史水上交通安全事故数据的基础上,通过贝叶斯网络建立碍航风险的网络评价模型[150]。邢辉等基于模糊综合评价方法建立了沉船风险评价模型,并运用 AHP 确定了各指标的权重[151]。

目前,基于各种事故特点开展的海上交通安全风险的研究主要集中于碰撞风险,这与长期以来船舶碰撞事故常常受到行业内的重视息息相关。因此,本书后续章节将碰撞风险作为海上交通安全风险研究的重点,并且同时兼顾触碰风险、搁浅风险、火灾风险等内容。

同时,当前针对各种海上交通事故开展海上交通安全风险研究的理论与技术较多,经常采用的、应用较为成熟的有 ETA、FTA、安全指数法、AHP、模糊综合评价法、灰色系统理论、蒙特卡罗模拟法、人工神经网络法、贝叶斯网络法、概率影响图法和马尔可夫过程理论等方法,并都取得了丰富的研究成果。但大多数海上交通风险评价方法尚处于理论研究阶段,缺乏具有科学性、实用性、有效性的评价方法,现阶段需要一个普遍适用的统一的理论或方法开展研究。其中,模糊综合评价及 AHP 由于能准确定量和定性地分析风险,具有广泛的适用性,在事故类型的研究中获得了较为丰富及有效的研究成果。

参考文献

[1] PAN B. Development and Tendency of the International Safety Management Code [J]. Journal of Dalian Maritime University, 2010, 36(S1): 143-144.

[2] KUJALA P, HÄNNINEN M, AROLA T, et al. Analysis of the Marine Traffic Safety in the Gulf of Finland[J]. Reliability Engineering and System Safety, 2009, 94 (8): 1349-1357.

[3] 文华, 方芳, 萧汉梁. 海运安全评价方法[J]. 交通运输工程学报, 2001, 1(1): 95-98.

[4] 新井康夫, 福戸淳司. 航行環境の安全性評価における自然環境条件(<特集>交通環境の評価)[J]. 日本航海学会誌, 1994(120): 15-20.

[5] 井上欣三, 増田憲司, 世良亘. 海上交通安全評価のための技術的ガイドライン策定に関する研究-I: 環境負荷の概念に基づく操船の困難性評価[J]. 日本航海学会論文集, 1998(98): 225-234.

[6] 小林弘明, 小笠原朗, 石橋篤, 等. 船舶運航における安全性評価に関する研究：船舶操縦性能の観点より[J]. 日本航海学会論文集, 1990(83): 241-247.

[7] MENNIS E, PIATIS A, NIKITAKOS N. Applying Stochastic Models in Maritime Safety[J]. Journal of Environmental Protection and Ecology, 2009, 10(4): 975-985.

[8] MULLAI A, PAULSSON U. A Ground Theory Model for Analysis of Marine Accidents[J]. Accident Analysis and Prevention, 2011, 43(4): 1590-1603.

[9] 王宝阔. 船舶交通事故量灰色预测应用研究[J]. 中国航海, 2011, 34(1): 59-62.

[10] 赵佳妮, 吴兆麟. 基于灰色马尔可夫模型的水上交通事故预测[J]. 大连海事大学学报, 2005, 31(4): 15-18.

[11] 李俊. 基于支持向量机的船舶交通事故预测研究[D]. 武汉理工大学, 2008.

[12] 李国定，江海学．事故树分析法在海事分析中的应用[J]．集美大学学报，2005，10(3)：270-274.
[13] 姚杰，任玉清，李玉伟．基于事故树分析的海上交通事故的研究[J]．大连海洋大学学报，2010，25(4)：348-352.
[14] 尚云龙．基于贝叶斯网络的船舶碰撞事故致因分析[D]．大连海事大学，2009.
[15] 孙书钢．船舶碰撞事故致因链分析[D]．大连海事大学，2010.
[16] 薛伟．大连港及其附近水域船舶碰撞事故风险分析[D]．大连海事大学，2013.
[17] 车军．船舶避碰人为因素分析与评价[D]．大连理工大学，2010.
[18] 汤旭红，刘红太，蔡存强．贝叶斯网络在海上船舶碰撞研究中的应用[J]．中国航海，2009，32(2)：58-61.
[19] 袁小龙．洋山深水港水域船舶碰撞事故预防与应急研究[D]．上海海事大学，2004.
[20] MARINE DEPARTMENT OF HONGKONG GOVERMENT. Marine Traffic Risk Assessment for Hong Kong Waters (MARA Study)[R]. (2004-03). [2004-03]. https://www.mardep.gov.hk/en/publication/pdf/marars.pdf.
[21] THE ROYAL DANISH ADMINISTRATION OF NAVIGATION AND HYDROGRAPHY, THE DANISH MARITIME AUTHORITY AND THE SWEDISH MARITIME ADMINISTRATION. Navigational Safety in the Sound between Denmark and Sweden[R]. (2006-08). [2006-08]. https://docplayer.net/21811594-Navigational-safety-in-the-sound-between-denmark-and-sweden-oresund.html.
[22] 姚杰，方祥麟，吴兆麟．船舶碰撞危险综合评价系统的比较研究[J]．大连水产学院学报，1999，14(1)：37-42.
[23] 徐言民，唐成港，许鹏，等．基于网格化理论的船舶碰撞事故黑点研究[J]．中国航海，2013，36(4)：72-75.
[24] 张金奋．船舶碰撞风险评价与避碰决策方法研究[D]．武汉理工大学，2013.
[25] 熊锡龙．灰色数据挖掘及其在船舶避碰中的应用[J]．武汉理工大学学报(交通科学与工程版)，2002，26(6)：956-957.
[26] 杨波，刘炜，闻虎，等．中国近海船舶碰撞风险评估研究[C]//中国航海学会．2009 特大型船舶操纵和船舶安全与管理论文集．北京，2009：281-287.
[27] 刘炜，石爱国，应荣熔，等．船舶航行碰撞风险评估方法分析[C]//中国航海学会．2009 航海技术理论研究论文集．北京，2009：96-100.

[28] SHERIF Y S. On Risk & Risk Analysis[J]. Reliability Engineering & System Safety, 1991, 31(2): 155-178.

[29] 轩少永, 胡甚平, 席永涛. 船舶水上交通相对风险随机性的贝叶斯分析[J]. 上海船舶运输科学研究所学报, 2009, 32(1): 71-75.

[30] LISOWSKI J, RAK A, CZECHOWICZ W. Neural Network Classifier for Ship Domain Assessment[J]. Mathematics and Computers in Simulation, 2000, 51(3): 399-406.

[31] DAI J, LIU K. Calculation Method of Restricted Waterway Transit Capacity Harbor Based on Ship Domain Model[J]. Journal of Wuhan University of Technology: Transportation Science & Engineering, 2009, 33(4): 679-283.

[32] 刘敬贤, 文元桥. 基于船舶行为特征的港口航道通过能力仿真[J]. 大连海事大学学报, 2009, 35(2): 31-33.

[33] 藤井弥平. 海上交通工程学[M]. 东京:海文堂, 昭和 50 年.

[34] FUJII Y, MIZUKI Y. On the Fundamentals of Marine Traffic Control. Part l: Probabilities of Collision and Evasive Action[J]. Electronic Navigation Research Institute, 1970(2): 1-16.

[35] 吴兆麟, 郑中义. 船舶最佳避碰行动时机决策模型[J]. 大连海事大学学报, 2000, 26(4): 1-4.

[36] 孙立成. 船舶避碰决策数学模型的研究[D]. 大连海事大学, 2000.

[37] 毕修颖, 贾传荧, 吴兆麟, 等. 船舶避碰行动领域模型的研究[J]. 大连海事大学学报, 2003, 29(1): 9-12.

[38] MAVRAKIS D, KONTINAKIS N. A Queueing Model of Maritime Traffic in Bosporus Straits[J]. Simulation Modelling Practice and Theory, 2008, 16(3): 315-328.

[39] 陈伟炯, 蔡存强. 船舶碰撞责任的计算机辅助判析技术研究[J]. 中国航海, 2000, 23(2): 62-69.

[40] PIETRZYKOWSKI Z, GUCMA L. Application of the Probabilistic-fuzzy Method for Assessment of a Dangerous Situation of a Ship Manoeuvring in a Restricted Area [J]. Annual of Navigation, 2002(4): 59-70.

[41] ZHU X, XU H, LIN J. Domain and Its Model Based on Neural Networks[J]. The Journal of Navigation, 2001, 54(1): 97-103.

[42] WANG Y, ZHANG J, CHEN X, et al. A Spatial-temporal Forensic Analysis for Inland-water Ship Collisions Using AIS Data[J]. Safety Science, 2013(57): 187-

202.

[43] KANEKO F. An Improvement on a Method for Estimating Number of Collision Candidates between Ships [C]//The 6th International Conference on Collision and Grounding of Ships and Offshore Structures, June 17 - 19, 2013, Trondheim. 2013: 27-37.

[44] MONTEWKA J, HINZ T, KUJALA P, et al. Probability Modeling of Vessel Collision[J]. Reliability Engineering & System Safety, 2010, 95(5): 573-589.

[45] ZHANG J, YAN X, CHEN X, et al. A Novel Approach for Assistance with Anti-collision Decision Making Based on the International Regulations for Preventing Collisions at Sea[J]. Part M, Journal of Engineering for the Marine Environment, 2012, 226(3): 250-259.

[46] GOERLANDT F, KUJALA P. Traffic Simulation Based Ship Collision Probability Modeling[J]. Reliability Engineering & System Safety, 2011, 96(1): 91-107.

[47] CURTIS R. A Ship Collision Model for Overtaking[J]. Journal of the Operational Research Society, 1986, 37(4): 397-406.

[48] QU X, MENG Q, LI S Y. Ship Collision Risk Assessment for the Singapore Strait [J]. Accident Analysis & Prevention, 2011, 43(6): 2030-2036.

[49] CHAI T, WENG J, XIONG D Q. Development of a Quantitative Risk Assessment Model for Ship Collisions in Fairways[J]. Safety Science, 2017(91): 71-83.

[50] KARL G. Modeling and Analysis of Ship Traffic by Observation and Numerical Simulation[D]. Norwegian University of Science and Technology, 2011.

[51] 陈涛. 船舶尺度与碰撞事故的关系研究[D]. 大连海事大学, 2004.

[52] 刘正江. 船舶避碰过程中的人的可靠性分析[D]. 大连海事大学, 2004.

[53] 李珊珊. 基于 Petri 网的海上交通事故致因分析[D]. 大连海事大学, 2009.

[54] CHIN H C, DEBNATH A K. Modeling Perceived Collision Risk in Port Water Navigation[J]. Safety Science, 2009, 47(10): 1410-1416.

[55] 郑中义, 李红喜, 陈涛. 船舶吨位与碰撞事故关系[J]. 大连海事大学学报, 2007, 33(S2): 158-161.

[56] 孙俊君. 基于贝叶斯网的船舶碰撞致因分析[D]. 大连海事大学, 2013.

[57] 于佳佳. 基于聚类分析的船舶碰撞结果分析[D]. 大连海事大学, 2013.

[58] 董文峰. 基于事故调查报告的船舶碰撞事故脆性分析[D]. 大连海事大学, 2012.

[59] 张笛, 严新平, 刘敬贤, 等. 基于网格技术的长江干线碰撞风险评价方法研究

[J]. 中国航海, 2011, 34(1): 44-47.
[60] 文元桥, 张恒, 万品, 等. 基于序次 Probit 模型的航道船舶碰撞危险度研究[J]. 中国安全科学学报, 2012, 22(2): 134-139.
[61] 蒋夕良. 长江江苏段近五年船舶碰撞事故的统计与分析[J]. 中国水运, 2010, 10(9): 52-54.
[62] 闫化然, 董文海, 赵亚冰, 等. 台州沿海商渔船碰撞网格化风险分析[J]. 航海, 2012(3): 54-57.
[63] 杨田学. 船舶碰撞风险分析研究[D]. 大连海事大学, 2011.
[64] 范耀天, 李海蛟. 网格化港口水域船舶碰撞风险预测研究[J]. 船海工程, 2008, 37(4): 85-87.
[65] ULUSÇU Ö S, ÖZBAŞ B, ALTIOK T, et al. Risk Analysis of Transit Vessel Traffic in the Strait of Istanbul[J]. Risk Analysis, 2008, 29(10): 1454-1472.
[66] COWI. Risk Analysis of Sea Traffic in the Area around Bornholm[R]. Technical Report, Kongens Lyngby, 2008.
[67] HANNINEN S, NYMAN T, RYTKONEN J, et al. Preliminary Study of Risk Factor in the Gulf of Finland Marine Traffic[R]. BVAL34-021198, VTT Tuotteet Ja Tuotanto, 2002.
[68] ROSQVIST T, NYMAN T, SONNINEN S, et al. The Implementation of the VTMIS System for the Gulf of Finland - A FSA study[C]//RINA International Conference on Formal Safety Assessment, September 18-19, 2002, London. 2002: 1-14.
[69] NIKULA P, TYNKKYNEN V P. Risks in Oil Transportation in the Gulf of Finland: "Not a Question of If-But When"[R]. Aleksanteri Institute, University of Helsinki & Nordregio, 2007. https://pdfs. semanticscholar. org/c301/620b0e299374bcb1d48806645c55d07d163e. pdf.
[70] YLITALO J. Ship-ship Collision Probability of the Crossing Area between Helsinki and Tallinn[R]. Helsinki University of Technology, 2009. http://salserver. org. aalto. fi/vanhat_sivut/Opinnot/Mat-2. 4108/pdf-files/eyli09. pdf.
[71] 郑中义, 吴兆麟. 以 BP 神经网络计算船舶碰撞危险度[J]. 世界海运, 2000, 23(2): 5-7.
[72] 陈建华. 基于模糊神经网络的船舶避碰研究[D]. 江苏科技大学, 2008.
[73] 张忠海, 赵颖磊. 客船航行安全隐患风险等级评估[J]. 大连海事大学学报, 2009, 35(2): 134-136.
[74] 朱正中, 吴晞, 施平安. 基于 TOPSIS 的舰船避碰行动评价[C]//中国航海学

会. 中国航海学会海洋船舶驾驶专业委员会 2005 海洋船舶避碰研讨会. 北京, 2005: 129-133.

[75] 黄纯, 王垒, 杨春, 等. 基于 Openlayers3 和 Cassandra 的船舶碰撞风险识别系统[J]. 计算机应用与软件, 2017, 34(9): 9-13.

[76] PARK J H, KIM J W. Predictive Evaluation of Ship Collision Risk Using the Concept of Probability Flow[J]. IEEE Journal of Oceanic Engineering, 2017, 42(4): 836-845.

[77] ZHEN R, RIVEIRO M, JIN Y X. A Novel Analytic Framework of Real-time Multi-vessel Collision Risk Assessment for Maritime Traffic Surveillance[J]. Ocean Engineering, 2017(145): 492-501.

[78] CHEN P F, HUANG Y M, MOU J M. Probabilistic Risk Analysis for Ship-ship Collision: State-of-the-art[J]. Safety Science, 2019(117): 108-122.

[79] WANG X, LIU Z J, CAI Y. The Ship Maneuverability Based Collision Avoidance Dynamic Support System in Close-quarters Situation[J]. Ocean Engineering, 2017(146): 486-497.

[80] 王欣. 基于船舶操纵性的船舶海上航行安全研究[D]. 大连海事大学, 2017.

[81] 王君杰. 汕头海湾大桥船撞安全评估与对策研究[R]. 同济大学, 2008.

[82] 钱烨. 桥梁船舶碰撞的简化分析[D]. 同济大学, 2003.

[83] 林铁良. 船舶撞击桥梁风险评价[D]. 同济大学, 2006.

[84] 耿波. 桥梁船撞安全评估[D]. 同济大学, 2007.

[85] 耿波, 王君杰, 汪宏, 等. 桥梁船撞风险评估系统总体研究[J]. 土木工程学报, 2007, 40(5): 34-40.

[86] 林铁良, 王君杰, 陈艾荣. 基于事故记录的船撞桥故障树建立[J]. 同济大学学报, 2006, 21(3): 467-471.

[87] 钟军, 刘明俊, 罗晨, 等. 基于组合权重模糊物元模型的船桥碰撞风险评价[J]. 安全与环境学报, 2018, 18(2): 423-428.

[88] 刘厚庆. 杭州湾跨海大桥船舶碰撞风险分析[J]. 中国海事, 2011(9):48-51.

[89] 戴彤宇. 船撞桥及其风险分析[D]. 哈尔滨工程大学, 2002.

[90] 欧阳涛, 陈海波. 模糊综合评价法在船撞桥风险评估中的应用[J]. 中国水运, 2009, 9(1): 50-51.

[91] 刘明俊, 方建华. 苏通大桥防船撞预控技术研究[M]. 武汉理工大学出版社, 2009.

[92] 高靖. 多桥梁河段水上交通安全风险评价研究[D]. 武汉理工大学, 2010.

[93] 王龙. 船舶触碰码头风险评估[D]. 大连海事大学, 2009.
[94] 国际桥梁与结构工程协会. 交通船只与桥梁结构的相互影响(综述与指南)[D]. 顾翔, 鲍卫刚, 译. 上海: 同济大学桥梁工程系, 1991.
[95] AASHTO. LRFD Bridge Design Specification and Commentary American Association of State Highway and Transportation Officials[M]. Washington D. C. , 1994.
[96] LARSEN O D. Ship Collision with Bridges: The Interaction between Vessel Traffic and Bridge Structures (Structural Engineering Documents)[M]. International Association for Bridge and Structural Engineering, 1993.
[97] KUNZ C U. Ship Bridge Collision in River Traffic Analysis and Design Practice [C]//Proceedings of the International Symposium on Advances in Ship Collision Analysis, May 10-13, 1998, Copenhagen. 1998: 13-21.
[98] BIEHL F, LEHMANN E. Collisions of Ships with Offshore Wind Turbines: Calculation and Risk Evaluation[C]//The 25th International Conference on Offshore Mechanics and Arctic Engineering, June 4-9, 2006, Hamburg. 2006: 663-670.
[99] 黄平明, 张征文. 直航路上船舶碰撞桥墩概率分析[C]//中国土木工程学会. 中国土木工程学会桥梁及结构工程学会第十四届年会论文集. 南京, 2000: 594-598.
[100] 王君杰, 耿波. 桥梁船撞概率风险评估与措施[M]. 北京: 人民交通出版社, 2010.
[101] 罗伟林, 邹早建. 船撞桥最小二乘支持向量机预测方法[J]. 交通运输工程学报, 2007, 7(4): 30-33.
[102] 金玉娟. 船桥碰撞风险评估与防撞设施研究[D]. 武汉理工大学, 2011.
[103] 陈婷婷, 施朝健, 雷琴. 基于灰色模糊集理论的船舶搁浅概率分析[J]. 安全与环境学报, 2015, 15(4): 21-24.
[104] MAZAHERI A, MONTEWKA J, KUJALA P. Towards an Evidence-based Probabilistic Risk Model for Ship-grounding Accidents[J]. Safety Science, 2016(86): 195-210.
[105] ABAEI M M, ARZAGHI E, ABBASSI R. Dynamic Reliability Assessment of Ship Grounding Using Bayesian Inference[J]. Ocean Engineering, 2018(159): 47-55.
[106] YOUSSEF S A M, PAIK J K. Hazard Identification and Scenario Selection of Ship Grounding Accidents[J]. Ocean Engineering, 2018(153): 242-255.
[107] LIN S, POWELL H L, PATRIKALAKIS N M. Physical Risk Analysis of Ship

Grounding[R]. (1998-09-21). [1998-09-21]. http://deslab. mit. edu/DesignLab/mitlm. ps.

[108] 陈刚，张圣坤. 船舶结构碰撞与搁浅风险分析研究综述[J]. 船舶工程，2000，22(6)：57-61.

[109] 许臣峰. 船舶航行搁浅海事的预防[D]. 大连海事大学，2000.

[110] 张圣坤，白勇，唐文勇. 船舶与海洋工程风险评估[M]. 长沙：国防工业大学出版社，2003.

[111] 胡中凯，尹群，刘海燕. 基于贝叶斯网络方法对船舶搁浅概率的研究[J]. 舰船科学技术，2010，32(2)：23-26.

[112] 朱怀伟. 基于事变树原理的新的海事致因分析模型[D]. 大连海事大学，2009.

[113] 金辉. 基于 FTA 的大辽河水域船舶搁浅事故分析及对策研究[D]. 大连海事大学，2009.

[114] 于鹏. 搁浅船舶危险度定量研究[D]. 大连海事大学，2011.

[115] 陈刚，张圣坤. 船舶搁浅概率的模糊事件树分析[J]. 上海交通大学学报，2002，36(1)：112-116.

[116] 李典庆，唐文勇，张圣坤. 船舶驾驶失效搁浅概率的混合事件树分析[J]. 上海交通大学学报，2003，37(8)：1146-1150.

[117] 胡中凯，尹群，张健，等. 基于模糊综合评判的近海航道船舶搁浅定量风险研究[J]. 船海工程，2010，39(3)：159-165.

[118] 左晓强. 搁浅船舶安全性综合评判[D]. 大连海事大学，2000.

[119] 张笛. 基于网格单元的通航水域搁浅风险评价方法研究[J]. 中国水运，2007，5(8)：19-20.

[120] 张笛. 天津港水域通航环境风险评价和风险预测研究[D]. 武汉理工大学，2008.

[121] 杜训柏. 内河航道船舶碰撞与搁浅风险概率研究[J]. 江苏船舶，2012，29(3)：8-11.

[122] YOU J, CHUNG Y J. Study on the Ship Fire Analysis According to Explosion Hazard[J]. Fire Science and Engineering, 2015, 29(1): 80-86.

[123] GUAN Y F, ZHAO J, SHI T F, et al. Fault Tree Analysis of Fire and Explosion Accidents for Dual Fuel (Diesel/Natural Gas) Ship Engine Rooms[J]. Journal of Marine Science and Application, 2016, 15(3): 331-335.

[124] BAALISAMPANG T, ABBASSI R, GARANIYA V. Review and Analysis of Fire

and Explosion Accidents in Maritime Transportation[J]. Ocean Engineering, 2018(158): 350-366.

[125] UGURLU O. Analysis of Fire and Explosion Accidents Occurring in Tankers Transporting Hazardous Cargoes[J]. International Journal of Industrial Ergonomics, 2016(55): 1-11.

[126] 陈晓林. 船舶火灾的防护与自救(上)[J]. 劳动保护, 2011(8): 102-103.

[127] 陈晓林. 船舶火灾的防护与自救(下)[J]. 劳动保护, 2011(9): 102-103.

[128] 程磊. 船舶火灾特性及其防护对策[J]. 武警学院学报, 2011, 27(8): 52-53.

[129] 樊冰, 徐建红. 船舶火灾的"防"与"消"[J]. 世界海运, 2011, 34(7): 44-45.

[130] 包建新. 船舶火灾的防护与施救分析:以"OCEANCHIWAN"轮为例[J]. 浙江交通职业技术学院学报, 2007(1): 28-30.

[131] 赵诗华, 王怀亮, 任松发. 船舶火灾原因及其调查方法[J]. 武警学院学报, 2002, 18(4): 23-26.

[132] 邵建章. 船舶火灾的扑救及救援[J]. 消防技术与产品信息, 2002(8): 44-48.

[133] 卜程. 大连海域消防力量部署方案研究[D]. 大连海事大学, 2011.

[134] 王国正. 船舶火灾事故人为因素的分析与评价[J]. 天津航海, 2009(4): 50-52.

[135] 朱小俊, 杨志青, 王东涛, 等. 船舶火灾研究综述[J]. 消防科学与技术, 2008, 27(3): 159-162.

[136] 葛贝贝, 梁静国, 李一倬, 等. 船舶火灾应急管理仿真系统[J]. 黑龙江科技信息, 2008(26): 28-33.

[137] 王科伦, 朱全英. 船舶火灾蔓延模型的研究[C]//中国自动化学会. 2008 系统仿真技术及其应用学术会议论文集. 北京, 2008: 125-127.

[138] 傅跃强. 应急系统响应可靠性理论及在火灾应急中的应用研究[D]. 南昌大学, 2008.

[139] 赵振德. 滚装客船火灾事故的原因及管理对策[J]. 世界海运, 2014, 37(8): 51-54.

[140] 刘新建, 杨鹃鹏, 程向新, 等. 基于 ETA 的客滚船车辆舱火灾原因和控制分析[J]. 航海技术, 2008(1): 24-26.

[141] 王鹏, 杨鹃鹏, 潘新祥, 等. 事故树法在机舱火灾安全评估中的应用[J]. 中

国水运，2007，7(7)：19-20.
[142] 卢悦. 船舶火灾危险性综合评估指标体系的构建[C]//中国航海学会. 海洋船舶安全理论与实践论文集. 北京，2008：283-288.
[143] 刘红，夏东进. 基于模糊综合评判的客船火灾人员应急疏散评价体系研究[J]. 中国水运，2013，13(12)：112-115.
[144] 高路. 渤海湾客滚船火灾安全评价的研究[D]. 大连海事大学，2009.
[145] 李祥茂. 基于风险的舰船火灾爆炸评估方法研究[D]. 上海交通大学，2008.
[146] 张笛，梁峥，范存龙，等. 基于贝叶斯网络的船舶自沉事故后果预测[J]. 中国航海，2018，41(1)，53-59.
[147] 曹俊，孙涛. 船舶自沉事故诱因分析与探讨[J]. 中国水运，2014，14(1)：10-11.
[148] 韩俊松，吴宛青，杜嘉立，等. 中国沿海固体散货运输船自沉事故分析与对策[J]. 中国航海，2014，37(1)：82-86.
[149] 费岳军，徐丽丽，郑晓琴，等. 基于 AHP 层次分析法的沉船风险评估模型研究[J]. 海洋预报，2013，30(6)：67-72.
[150] 张笛，万程鹏，严新平. 基于事故特征分析的长江碍航风险研究[J]. 中国航海，2013，36(2)：94-99.
[151] 邢辉，周尊山，吕安勤，等. 基于模糊综合评判方法的沉船风险预警[J]. 中国安全科学学报，2011，21(4)：115-120.

第5章 海上交通安全风险评价方法

根据海上交通系统的组成，国内外学者从人、船和环境的因素三个方面分别对海上交通安全风险进行分析和评价。通常对海上交通进行安全评价时，评价的是它的安全性或危险性。所谓安全，可理解成没有伤害、损伤、危害或危险，其对立面是危险和潜在危险[1]。通过安全和危险的界定来描述风险。因此，大部分国内外学者通常用风险衡量危险来研究海上交通安全。

前面章节已分别从船舶类型、交通环境、事故类型三个方面对海上交通安全风险研究进行了综述。从研究的方法看，对海上交通风险的分析可分为定性、半定量（定性与定量相结合）和定量分析三种。本章从海上交通安全风险评价的方法上进行分析，主要基于概率与数理统计理论，计算机模拟和仿真，灰色理论、模糊集理论、粗糙集理论和云理论等不确定理论，人工智能，数据挖掘等对涉及海上交通风险的定量评价方法进行综述。

5.1 基于概率与数理统计的海上交通安全风险评价方法

许多学者用概率与数理统计的方法，在大量历史数据的基础上，对水上交通安全的风险进行了评估[2-6]。概率风险评价法是一种定量的评价方法，它采用各种系统安全分析方法综合分析造成系统不安全的事件以及各种不安全后果并定量化，综合反映系统的安全性。

叶子良用回归分析模型分析事故数据集，结果发现碰撞事故类型是该港口水域的主要事故类型，并辨识统计意义上的事故影响因子，减少港口事故的危险水平，为水上交通管理提供统计意义上的依据[7]。阿卡特等人用概率和数理统计学方法分析事故产生的原因、趋势和结果[8-11]。也有学者对人的因素如人的个性、行为等进行统计分析研究[12-14]。蒙特卡等将先进的统计学方法和智能优化算法引入到船舶碰撞风险的评估中，提出 MDTC 的概念，即两艘船舶同时转向可以避免碰撞的最小距离，一旦小于这个距离，则认为碰撞事件发生，不过该模型并未遵循国际海上避碰规则的相关要求[15]。由于在全部海难事故中碰撞事故占总数比例较大[7, 16-17]，近年来也有学者用贝叶斯网络和最小二乘法研究碰撞事故的致因分析，并用于研究天津港的海上安全碰撞风险，结果表明：船长、船舶类型和引航是影响天津港水域最重要的风险因素，同时能见度不良条件下的碰撞风险已得到有效控制，但是大风浪仍然是很高的风险因子[18]。普遍用于评估碰撞风险的船舶领域模型[19-23]就是基于概率与数理统计方法提出的。还有学者将概率风险评估方法应用于分析船桥碰撞风险、桥梁船撞设计和碰撞与搁浅概率[24-31]。此外，基于概率推理的贝叶斯网络也被广泛应用在事故致因分析、事故概率和风险预测以及沿海水域船舶轨迹的异常检测等[32-47]。近年来不少学者基于 AIS 数据研究船舶避碰模型，多船会遇情形下的实时碰撞风险和新的研究框架，以及避碰决策支持系统等，为改善船舶交通系统的安全和海事监管部门提供有效的决策支持[48-53]。

一直以来，海上交通安全状况采用事故件数、死亡人数、沉船艘数和直接经济损失这四项事故绝对指标来表征，多数情况下未考虑海上交通运输量或船舶活动量这一背景数据，而仅采用事故绝对指标进行安全评价并不能客观反映全国和辖区水域及港口水域安全监管效益的变化特点，也无法科学比较不同辖区水域的安全效益水平。因此，国内学者方祥麟等运用历史数据，从宏观安全管理的角度出发，提出安全指数法，即采用一个港口或水域在规定期限内(季度、年度等)所发生的船舶交通事故数与船舶活动量的比值大小，来表示该港口或水域在该时期的船舶交通安全状况[54]，并在此基础上提出改进的综合安全指数法应用在长江干线和沿海辖区[55-56]。由于海上交通历史事故数据量通常都比较少，用已有的数理统计等分析方法应用在海上安全事故数据分析上不是很适用，并且有的即使建立了海量海上交通历史数据的数据库，但由于历史数据的时间周期太长，有些数据已过时，不太适合短期的安全评估，德纳斯等提出了一种代理安全分析方法(Surrogate Analysis Approach，SAA)，用来定量评估港口航道风险[57]。它实际上是对短期大量的船舶之间的冲突数据进行分析。

可见，概率与数理统计风险评价方法都是基于大量的历史数据开展的，该方法有助于对复杂系统的特性进行全面深刻的了解，找出系统的薄弱环节，提高系统的安全性，并在系统意义上区分各种不同因素对系统风险影响的重要程度，为风险决策提供有价值的定量信息，为实施安全措施提供可靠的依据。所以概率与数理统计风险评价方法是评价复杂海上交通系统安全性的一种有效方法，但是，由于这种风险评价方法实施起来相对困难,加之海上交通涉及面广,系统安全知识和数据严重不足,因此实际应用起来有一定的难度,需要投入较多的人力、物力和时间。

5.2 基于计算机模拟和仿真的海上交通安全风险评价方法

20 世纪 90 年代随着计算机辅助评价技术的不断成熟和发展,许多学者对航运安全评价转向计算机模拟评价的方向发展,对船舶操纵安全和航行环境等通过建立系统模型代替系统本身,对评价对象的多个部件在各个阶段可能引起的不安全的情况进行模拟仿真,通过多次实验,统计成功和失败的数据,得到所需要的多种故障和安全的有关指标,进行计算机模拟评价[58-61]。计算机模拟通常可分为对离散事件系统的模拟和连续系统的模拟。船舶交通模拟是以船舶运动为研究基础,按其运动方式分为微观模拟、宏观模拟和宏微观结合模拟。宏观模拟是对整个交通系统进行仿真或模拟,通常是对基于历史数据的分析,建立船舶属性、到达规律和风险量化模型等,对船舶交通各要素的基本性质或其关键性问题进行描述,忽视其细节。

通过对操船环境和海上交通环境的微观模拟,定量评价影响船舶航行的自然环境风险、特定水域内航行的潜在风险和航行环境安全[62-64]。

微观与宏观相结合的模拟通常是对船舶运动采用微观模拟,对航道、码头等进行宏观模拟[65-67]。海斯等通过模拟模型来评价港口特征,保证了对港口投资策略的最佳性[68]。盖尔特等对连接河流与码头、船闸进入比利时的安特卫普港的海上交通流进行研究。由于在港口外的河上建造集装箱码头会阻碍水上交通,因此,建立一个计算机仿真模型,根据当时的实测交通流数据以及对海上交通的预测进行模拟实验[69]。伊尔汗等通过模拟实验分析了不同情境下各种类型的水上交通事故影响因子[70]。巴萨通过模拟在各种交通条件下的土耳其海峡海上交通状况,识别出危险区域,仿真结果揭示出交通流与等待船舶数和等待时间的关系[71]。梅里克等针对有些水域港口的事故数量少,而一旦发生造成的后果却很严重的非频繁事故,显然用统计分析的方法来分析这样的事故数据集已不适用,因此通过建立事故概率模型来模拟海上运输的动态环境等,展现可能出现的事故导致的严重后果,对船舶动态航行进行风险评估,以减少船舶航行危险,提高航行效率[72]。也有学者将概率模型和计算机模拟结合,分析不同水域的海上交通风险[73]。

由此可见,计算机宏观模拟对模拟结果只要求能反映船舶交通流的主要特性,目的为研究交通效率或交通安全。计算机微观模拟是对船舶交通系统的各要素及其相互关系进行详尽的描述,反映船舶交通动态系统的细节。微观与宏观相结合的计算机模拟和仿真则既有宏观模拟的特征,又可对重点关注的因素进行微观细节描述。

5.3 基于不确定理论的海上交通安全风险评价方法

由于海上交通安全是一个大型的复杂的不确定性系统，在很多情况下很难建立精确的数学模型，所以不少专家和学者采用灰色系统理论和模糊理论对港口船舶事故、海损事故、船舶溢油扩散、海上搜救等进行安全评价[74-83]。

灰色评价是指基于灰色系统的理论和方法，针对预定的目标，对评价专家的分散信息进行处理成为不同灰类程度的权向量，然后将其单值化处理，得出评价对象的评价值。在灰色评价中，评价过程可以循环进行，前一过程的评价结果可以作为后一过程评价的输入数据。徐红明等利用灰色理论构建船员适任性多层灰色评价模型，定量地判定船员的实际适任能力以及各个评价指标所属的灰度[84]。王凤武等利用灰色关联分析法，通过关联矩阵，分析大风浪海损事故的原因[85]。熊锡龙运用灰色系统理论的动态建模和灰色关联方法，分析了船舶碰撞事故的关联因素[86]。肖景坤构建了灰色预测模型来分析船舶溢油趋势，在考虑船舶溢油过程中船舶自身的因素、环境因素以及人为因素的影响，将多层次灰色评价用于船舶的溢油扩散分析中[87]。近年来，陈昌源等利用灰色理论在已有的二阶弱化算子研究的基础上，设计了一种改进的灰色预测模型，利用近 10 年的海上交通事故数据，通过弱化序列算子，对其进行灰色预测，并与传统的灰色预测模型、二阶弱化预测模型对比分析，结果表明该改进的模型预测的精度较高，预测结果具有一定的可靠性和实用性[88-89]。

模糊综合评价法是一种基于模糊数学的综合评价方法，应用模糊关系合成的原理，将一些边界不清、不易定量的因素定量化，进行综合评价。模糊综合评价法较好地解决了定性指标难以定量化的问题，并且评价结果是以一个模糊集合来表示的。目前，这种方法也是海上交通安全风险评价经常应用的方法。

黄燕品等运用模糊评判和模糊聚类的方法对水上交通安全事故的等级划分建立了数学模型[90]。邵哲平等利用模糊推理系统建立了包括能见度、风、浪、流等影响因子的操船环境危险度评价通用模型，并得出操船环境危险度评价值的精确的定量数值[91]。应荣熔等在分析大风浪中船舶航行风险因素的基础上，运用基于 FSA 的模糊综合评价理论，建立了船舶航行风险评价模型，分别评估了船舶倾覆、失控船损、机损进水等五种船舶风浪航行子风险，从而确立大风浪天气下船舶航行风险等级[143]。刘宇宏等利用模糊决策表提出一个决定避让时机的决策模型，该模型综合考虑了避让时机的多个影响因素，并基于模糊产生式规则匹配的算法查询决策表，方便描述船舶避让行动的不同阶段[92]。曾华岚等在已确立的评价指标的基础上，用模糊综合评价模型对影响水上交通安全的人的因素——船员总体安全水平进行了评价[93]。车军采用模糊综合评价方法建立了船舶避碰人为因素综合分析评价模型，并实例验证了模型的有效性[94]。潘家财等在建立搜救系统适任性的评价指标体系的基础上，运用模糊推理以及模糊综合评价方法，分析水上交通搜救系统的运行情况，定量评价了海上的搜寻与救助系统[95]。

不少学者采用模糊综合评价方法，用层次分析法确定指标权重，应用到评估海上交通船舶的碰撞、搁浅和沉船等风险，建立评估模型，给出评估等级[96-104]。还有学者把模糊理论引入船舶领域，研究碰撞风险[105-107]。近年来，有学者将模糊层次分析法用于评估港口的影响因子和安全等级，白智勇等采用FAHP的方法对收集到的21位具有10年以上独立操纵船舶经验的船长提供的数据进行处理，对韩国6个港口的安全进行了评价，得到了影响港口安全最重要的指标，并进行了排序[108]。FAHP与传统的AHP相比克服了要经过若干次调整、检验、再调整、再检验才能使判断矩阵具有一致性的缺点，而且FAHP在检验模糊矩阵是否具有一致性的标准（$CR<0.1$）上，比AHP通过计算判断矩阵的最大特征根及其对应特征向量检验判断矩阵是否具有一致性更科学、准确和简便[109]。

然而由于传统模糊集合的不彻底性，一旦模糊集用一个精确的隶属函数来描述，模糊概念就又被强行纳入到精确数学中。所以，近年来有人引入粗糙集和云理论评估海上交通风险。

粗糙集理论是由波兰学者帕拉克在20世纪70年代在研究信息系统逻辑特性时提出的。粗糙集的主要思想是利用已知的知识库，将不精确或不确定的知识用已知的知识库中的知识来近似刻画。该理论与其他处理不确定和不精确问题理论的最显著的区别是它无须提供问题所需的数据集合之外的任何先验信息，所以对问题的不确定性的描述或处理相对较为客观。由于该理论未能包含处理不精确或不确定原始数据的机制，所以该理论与概率论、模糊数学和证据理论等其他方法有很强的互补性。云理论是20世纪90年代由中科院院士李德仁及其领导的研究小组所提出的一种全新的理论。云模型是从不确定知识表示的数学基础入手，是一种定性定量的转换模型。它是在概率理论和模糊集合理论的基础上，重点考虑随机性和模糊性的关联性而发展起来的新型定性定量转换模型，主要用于解决现实系统定性概念与定量数值之间的不确定性转换问题。

有学者运用粗糙集理论离散化数据，约简决策表，分析船员适任性评价体系各指标与海难事故发生的关系，对海事调查报告进行数据挖掘并计算规则可信度和粗隶属度研究[110-112]。也有学者通过实际测量与问卷调查来获得数据，利用粗糙集理论进行数据挖掘，最终得出各耐波性指标与其影响渤海湾客滚船大风浪中航行安全的关系[113]。张晓辉提出了基于云理论的海上交通安全综合评价方法，通过云模型表示定性定量评价指标，然后利用X-条件云、Y-条件云和逆向云构造规则发生器进行不确定性推理，激活相应规则的后件，通过逆向云发生器，最后得出该事物的基于云模型的综合评价结果[114]。基于云模型的综合评判可以兼顾事物属性的随机性和模糊性，在评估过程中最大限度地保留固有的不确定性，它根据因素集中元素概念的不同和最后综合评语的不同，用不同个数或不同种类的评价语言来描述，最后所得的评价结果是个直观、易于理解的云图。胡甚平等将云模型引入海上交通蒙特卡罗仿真，研究海上交通系统中呈现风险事件的宏观特征，特别是离散风险事件空间分布，更好地解决了不完备信息下系统风险数据处理问题，仿真结果更加稳定，还原云滴更加接近样本数据[115]。龚慧佳等将灰云理论应用到海上交通系统风险的定量分析中，构建灰云模型应用流程，推理出任意风险组成因素的可能性及其影响程度，然后借助云模型的代数运算和升云计算，得出海上交通系统风险，并将此推理方法应用到某港口水域的船舶交通风险水平[116]。

一般而言，粗糙集理论能有效地处理不确定或者不精确知识的表达，经验学习并从经验中获取知识，不一致信息的分析，根据不确定、不完整的知识进行推理，在保留信息的前提下进行数据化简，近似模式分类，识别并评估数据之间的依赖关系等问题。云模型理论对不确定信息的处理具有一定的优势，最大限度地保留了整个评价过程固有的不确定性，更好地解决了不完备信息下系统风险数据处理问题，从而解决了海上交通安全风险数据中随机性和模糊性信息定量化问题。但该方法仍有一定的不足之处，即最后的评估和仿真结果的准确度取决于云模型的精确度，因为云模型映射的参数取决于专家的实践经验以及对定性指标的理解度和认同度，需多次试验才能确定。

5.4 基于人工智能的海上交通安全风险评价方法

人工智能等方法为处理复杂的安全评价问题提供了又一强有力的工具。有学者将遗传算法、神经网络、支持向量机等人工智能技术用于海上交通安全风险评价。

川口等提出一种基于群的船舶航行智能导航支持系统，用于主动预防水上交通事故的发生。该模型将海上交通分散的船舶组成的群看成一个松散的聚类船舶的运动，能获取聚类船舶的航行运动情况，为船舶智能导航系统的发展提供了有助于航行规划的建议，预见了水上船舶交通的风险，也为分道通航的评估和拥挤水域的港口规划提供了可能[117]。斯拉普钦斯基提出一种新的度量水上交通安全碰撞事故的风险分析方法，将遗传算法用于决策两船的航向，来替代传统的考虑最小会遇距离的方法，该方法灵活性强，可以应用到任何给定船舶领域[118]；同时，他还运用演化算法研究了能见度不良天气下船舶安全航行规划问题[142]。由于神经网络评价方法主要根据提供的数据，通过学习和训练，找出输入与输出之间的内在联系，从而求取评价结果，而不是依据问题的经验知识和规则，因而具有自适应功能，这对于弱化确定权重和隶属度函数等过程中人为因素的影响是十分有益的。由于神经网络具有较强的学习功能，不少人将神经网络机器学习方法应用到碰撞危险和航行安全评价中[119-123]。利索夫斯基等将人工神经网络应用到船舶避碰系统中来分析大洋航行安全，在决策船舶领域的过程中，利用一个具有丰富航行经验的海员的知识训练神经网络分类器，评估海上航行状况[124]。桑塔利亚等用反向传播学习算法，通过图像处理和前馈神经网络对船舶进行分类并通过图形用户接口对船型的分类结果进行模拟[125]。有些学者将神经网络和模糊理论结合应用到船舶碰撞风险和客滚船安全评价中[126-134]。如路其军首先确定了客滚船大风浪航行安全评价指标体系，随后建立了客滚船大风浪航行安全评价 BP 神经网络模型，并将该网络应用于实船安全评价[132]；王勇同样将 BP 神经网络应用于客滚船安全评价，提出了基于 BP 神经网络的客滚船营运风险评价方法[133]。

总之，基于人工智能的海上交通风险评价方法能较好地解决其他评价中存在的受主观因素影响的问题，但评价结果比较单一。

5.5 基于数据挖掘的海上交通安全风险评价方法

数据挖掘出现于 20 世纪 80 年代后期，自 90 年代至今得到了突飞猛进的发展。数据挖掘是一个新兴的交叉学科领域，集成了数据库技术、概率论和统计学、人工智能、机器学习、模式识别等，受多个学科的影响。近些年，数据挖掘技术也被广泛应用到海上交通领域。

刘正江等根据水上交通碰撞事故的调查报告的来源、质量和可靠性等，获取有关导致碰撞事故类型的人的因素的相关数据，对其分析预处理，进行关联规则挖掘，发现操船人员的人为失误与其影响因素的关系，并建议改进事故报告的质量[135]。牟军敏等通过数据挖掘技术分析了水上交通事故，提出用数据挖掘技术来分析预测内河交通事故的思想，并通过关联分析和聚类分析，分别分析长江河段江苏段的碰撞事故和对水上交通事故类别的划分[136]。于卫红等建立了雪花型海难数据仓库，用改进后的关联规则（Apriori）算法实现澳大利亚的海难数据库的频繁模式挖掘和关联分析，对分析我国的水上交通安全有一定的借鉴意义[137]。朱飞祥将数据挖掘技术应用到远洋航线船舶调度领域，将一艘远洋船舶货物运输看成货物在一个港口到不同港口的一个时空转移的过程，提出基于粗糙集等价类的多维关联规则挖掘算法，用以分析船舶航线、船型、货物和时间维的关系，得到航线船型分布以及航线货物流向等船务公司感兴趣的规则；并利用改进的计算正域的算法确定船舶运营过程中耗油的主要因素，获得有意义的决策规则，为船舶营运制定合理的节能措施提供理论依据[138]。郑滨等使用了开源的数据挖掘工具怀卡托智能分析环境平台（Waikato Environment for Knowledge Analysis，WEKA）对我国的某海上航道的交通流数据进行图形化属性分析和聚类分析；利用图形化属性分析一维属性的统计和二维属性的关联信息，聚类分析得出了四维属性的分析结果，得出了船舶吨位、船型、时间段和船舶交通流量之间的关系，对海上交通的监管部门制定有效的通航方案、保障航道交通的畅通和安全起到了积极的作用[139]。陈兴伟等用数据挖掘技术分析了港口水域的海事安全风险，构建了我国某港口水域的船舶海损事故雪花型数据库，通过搜寻事故诱因与结果的频繁项集和规则表达式来发现事故原因的潜在规律，并对该港口水域的海事安全风险各原因与结果的关系用依赖关系网络选项页可视化显示，结果更加直观明了[140]。郑中义等应用聚类分析法研究船舶吨位与碰撞事故的关系，建立了船舶吨位与船舶碰撞事故数之间的数学模型[141]。荣珍等运用空间聚类方法检测到多船会遇的不同簇类，并建立每类簇的多船会遇碰撞风险指数模型，用于监测该水域的海上交通安全水平[49]。

综上所述，我们可以认为，将基于概率与数理统计风险分析方法应用于大型的复杂的水上交通系统的安全性评价虽然是一种有效方法，但是，由于这种风险评价方法实施起来相对复杂，加之海上交通涉及面广，系统安全和数据严重不足，因此实际应用起来有一定的难度。而基于计算机模拟和仿真评价方法具有模拟速度快、可控性强的特点，可以克服实船试验费用巨大和不方便等缺陷；可对人为因素进行较可靠的评价，解决了在其他评价方式中难以对人为因素进行评价或对人为因素的评价误差大的缺陷，且其评价的结果对相同或相似环境下的安全评价具有指导意义。但由于计算机模拟评价受模拟环境的限制，其结果的应用具有一定的局限性。由于计算机模拟实验是建立在对事件机理深入研究和对所评价对象运行状态正确模拟的基础上的，所以计算机模拟的精确度依赖于对事件机理认识的深入程度和模拟模型的准确性。基于不确定理论的评价方法，如灰色评价法、模糊综合评价法适用于包括定性和定量指标的多指标多层次系统的安全评价，但其评价过程中如权重或评价矩阵的确定会受到人工的干预。而粗糙集理论和云模型理论能够有效地解决风险的模糊性和随机性信息的转化和量化问题。基于人工智能的评价方法，如人工神经网络和遗传算法等能较好地解决其他评价中存在的受主观因素影响的问题，评价过程处于黑箱之中，但评价结果比较单一。在实际应用中，由于上述方法各有利弊，通常是两种或两种以上方法相互结合、相互补充，特别是历史数据法和模糊综合评价法由于能较为准确地定量和定性分析风险，因此具有广泛的适用性，在海上交通安全风险的研究中获得了较为丰富而有效的成果。

总之，不同的评价法都有其自身的特点和优势，亦有其本身的局限性，我们应该依据不同的评价对象、评价条件和评价角度等，依情况而确定不同的评价方法、工具和手段。

结合对海上交通安全风险评价理论、方法及应用的分析，本书拟针对管辖水域、具有典型特征的水域（水道），或特殊天气条件下的海上交通安全风险提出一套适用的评价方法，各种方法各有侧重，相互补充。

首先，从宏观条件出发，以我国海域（或某海事局辖区水域）多年的统计数据，包括水上交通事故件数、死亡失踪人数、沉船艘数和直接经济损失等“四项指标”为依据，对“四项指标”进行相对化、标准化、归一化处理，提出基于历史数据的海上交通综合安全指数法。

其次，从具有典型特征的水域（水道）的自然、交通条件入手，综合考虑影响海上交通安全的各项因素数据获取的可行性、有效性和可操作性，建立海上交通安全风险评价指标体系，采用模糊层次分析法确定评价指标权重，提出基于模糊层次分析法的海上交通安全风险评价方法。

最后，利用模糊综合评价方法建立恶劣天气下三种海上交通风险动态预评估模型，运用气象预报信息数据处理技术、交通流密度预测理论和船舶自动识别系统信息平台，构建具有可视化、智能化预警监控等复杂决策功能的三种海上交通风险动态预评估系统，最终实现了对恶劣天气下海上交通风险的动态评估。

参考文献

[1] 张景林. 安全学[M]. 北京：化学工业出版社，2009.

[2] 余建星，苏春华. 操作风险的定量分析及其在远洋运输中的应用[J]. 复旦学报(自然科学版)，2006，45(5)：671-673.

[3] 吴兆麟. 海损事故统计分析与船舶安全综合评判[J]. 大连海运学院学报，1991，17(3)：240-246.

[4] KUJALA P, HANNINEN M, AROLA T, et al. Analysis of the Marine Traffic Safety in the Gulf of Finland[J]. Reliability Engineering & System Safety, 2009, 94(8): 1349-1357.

[5] FUJII Y, YAMANOUCHI H, MIZUKI N. Some Factors Affecting the Frequency of Accidents in Marine Traffic. Ⅱ-The Probability of Stranding and Ⅲ-The Effect of Darkness on the Probability of Collision and Stranding[J]. The Journal of Navigation, 1974, 27(2): 239-247.

[6] KANEKO F. Methods for Probabilistic Safety Assessments of Ships[J]. The Journal of Marine Science and Technology, 2002, 7(1):1-26.

[7] YIP T L. Port Traffic Risks-A Study of Accidents in Hong Kong Waters[J]. Transportation Research Part E Logistics & Transportation Review, 2008, 44(5): 921-931.

[8] AKTEN, NECMETTIN. Analysis of Shipping Casualties in the Bosphorus[J]. The Journal of Navigation, 2004, 57(3): 345-356.

[9] GOOSSENS L H J, GLANSDORP C C. Operational Benefits and Risk Reduction of Marine Accidents[J]. The Journal of Navigation, 1998, 51(3): 368-381.

[10] CHIN H C, DEBNATH A K. Statistical Analysis of Conflict Involvements in Port Water Navigation[C]//Proceedings of the MARTECH 2008, Singapore Maritime Academy, Singapore, 2008.

[11] DARBRA, R. M, CASAL. Historical Analysis of Accidents in Seaports[J]. Safety

Science, 2004, 42(2): 85-98.
[12] 孙立成, 王逢辰, 夏国忠, 等. 驾驶员避碰行为的统计研究[J]. 大连海事大学学报, 1996, 22(1): 1-6.
[13] 孙立成, 王逢辰, 夏国忠. 人的个性与避碰行为关系的统计分析[J]. 大连海事大学学报, 1997, 23(1): 41-45.
[14] 刘正江, 吴兆麟, 严立. 船舶避碰过程中人的可靠性分析[J]. 大连海事大学学报, 2003, 29(3): 43-47, 56.
[15] MONTEWKA J, HINZ T, KUJALA P, et al. Probability Modelling of Vessel Collisions[J]. Reliability Engineering & System Safety, 2010, 95(5): 573-589.
[16] LIU C P, LIANG G S, Su Y, et al. Navigation Safety Analysis in Taiwanese Ports [J]. The Journal of Navigation, 2006, 59(2): 201-211.
[17] LIU Q, PEDERSEN E, OKAZAKI T, et al. Direct Perception Interface for Ship-ship Collision Avoidance[C]//Proceedings of the IEEE 2006 International Conference on Systems, Man and Cybernetics, Taipei, Taiwan, 2006: 808-813.
[18] ZHANG J, TEIXEIRA Â P, SOARES C G, et al. Quantitative Assessment of Collision Risk Influence Factors in the Tianjin Port [J]. Safety Science, 2018, 110 (3): 363-371.
[19] 藤井弥平. 海上交通工程学[M]. 东京: 海文堂, 昭和50年.
[20] FUJII Y, YAMANOUCHI H, MIZUKI N. On the Fundamental of Marine Traffic Control. Part Ⅰ: Probability of Collision and Evasive Action[J]. Electronic Navigation Research Institute, 1970, 2(1): 1-16.
[21] 吴兆麟, 郑中义. 船舶最佳避碰行动时机决策模型[J]. 大连海事大学学报, 2000, 26(4): 1-4.
[22] 孙立成. 船舶避碰决策数学模型的研究[D]. 大连海事大学, 2000.
[23] 毕修颖, 贾传荧, 吴兆麟, 等. 船舶避碰行动领域模型的研究[J]. 大连海事大学学报, 2003, 29(1): 9-12.
[24] American Association of State Highway and Transportation Officials (AASHTO). Bridge Design Specification(8th.)[M]. Washington D. C.: The American Association of State Highway and Transportation Officials, 2017.
[25] LARSEN O D. Ship Collision with Bridges: The Interaction between Vessel Traffic and Bridge Structures (Structural Engineering Documents)[M]. Zurich Switzerland: International Association for Bridge and Structural Engineering, 1993.
[26] LIM J H, PARK W, KIM H J, et al. Simulation Based Probability Model of Impact

Load Due to Ship-bridge Collision[C]//IABSE Symposium Report. Seoul, South Korea, International Association for Bridge and Structural Engineering, 2012: 19-26.

[27] 王君杰，耿波. 桥梁船撞概率风险评估与措施[M]. 北京：人民交通出版社，2010.

[28] 罗伟林，邹早建. 船撞桥最小二乘支持向量机预测方法[J]. 交通运输工程学报，2007，7(4)：30-33.

[29] 金玉娟. 船桥碰撞风险评估与防撞设施研究[D]. 武汉理工大学，2011.

[30] SU Y, PING S G, ZHUO W D, et al. Correction Model of Ship Bridge Collision in Navigable Waterways of Fujian Province[J]. Advanced Materials Research, 2011, 255-260(5): 1687-1691.

[31] 杜训柏. 内河航道船舶碰撞与搁浅风险概率研究[J]. 江苏船舶，2012，29(3)，8-11.

[32] 胡甚平，方泉根，蔡存强. 基于贝叶斯网络推理的船舶航行风险评价[C]//中国航海学会海洋船舶驾驶专业委员会. 2007年船舶航泊安全的新经验新技术研讨会. 广州，2007:82-89.

[33] 曲峰德. 木材船大风浪航行的安全评估[D]. 大连海事大学，2012.

[34] 尚云龙. 基于贝叶斯网络的船舶碰撞事故致因分析[D]. 大连海事大学，2009.

[35] 孙书钢. 船舶碰撞事故致因链分析[D]. 大连海事大学，2010.

[36] 薛伟. 大连港及其附近水域船舶碰撞事故风险分析[D]. 大连海事大学，2013.

[37] LEHIKOINEN A, HANNINEN M, STORGARD J, et al. A Bayesian Network for Assessing the Collision Induced Risk of an Oil Accident in the Gulf of Finland[J]. Environmental Science and Technology, 2015, 49(9): 5301-5309.

[38] 汤旭红，刘红太，蔡存强. 贝叶斯网络在海上船舶碰撞研究中的应用[J]. 中国航海，2009，32(2)：58-61.

[39] MAZAHERI A, MONTEWKA J, KUJALA P. Towards an Evidence-Based Probabilistic Risk Model for Ship-Grounding Accidents[J]. Safety Science, 2016, 86(3): 195-210.

[40] DONG Y, FRANGOPOL D M. Probabilistic Ship Collision Risk and Sustainability Assessment Considering Risk Attitudes[J]. Structural Safety, 2015, 53(3): 75-84.

[41] LIN S, POWELL H L, PATRIKALAKIS N M. Physical Risk Analysis of Ship Grounding[M]. Boston: Massachusetts Institute of Technology, 1998.
[42] 陈刚, 张圣坤. 船舶结构碰撞与搁浅风险分析研究综述[J]. 船舶工程, 2000, 6(12): 57-61.
[43] 许臣峰. 船舶航行搁浅海事的预防[D]. 大连海事大学, 2000.
[44] 张圣坤, 白勇, 唐文勇. 船舶与海洋工程风险评估[M]. 北京:国防工业大学出版社, 2003.
[45] 胡中凯, 尹群, 刘海燕. 基于贝叶斯网络方法对船舶搁浅概率的研究[J]. 舰船科学技术, 2010, 32(2): 23-26,31.
[46] 张笛, 万程鹏, 严新平. 基于事故特征分析的长江碍航风险研究[J]. 中国航海, 2013, 36(2): 94-99.
[47] ZHEN R, JIN Y, HU Q, et al. Maritime Anomaly Detection within Coastal Waters Based on Vessel Trajectory Clustering and Naïve Bayes Classifier[J]. The Journal of Navigation, 2017, 70(3): 648-670.
[48] ZAMAN M B, KOBAYASHI E, WAKABAYASHI N, et al. Development of Risk Based Collision (RBC) Model for Tanker Ship Using AIS Data in the Malacca Straits[J]. Procedia Earth & Planetary Science, 2015, 14(1): 128-135.
[49] RONG Zhen, MARIA R, JIN Y. A Novel Analytic Framework of Real-Time Multi-Vessel Collision Risk Assessment for Maritime Traffic Surveillance[J]. Ocean Engineering, 2017, 145(16): 492-501.
[50] ZHANG W, GOERLANDT F, MONTEWKA J, et al. A Method for Detecting Possible Near Miss Ship Collisions from AIS Data[J]. Ocean Engineering, 2015, 107(15): 60-69.
[51] ZHANG W, GOERLANDT F, KUJALA P, et al. An Advanced Method for Detecting Possible Near Miss Ship Collisions from AIS Data[J]. Ocean Engineering, 2016, 124(14): 141-156.
[52] ZHANG J, ZHANG D, YAN X, et al. A Distributed Anti-Collision Decision Support Formulation in Multi-Ship Encounter Situations Under COLREGs[J]. Ocean Engineering, 2015, 105(13): 336-348.
[53] CHWN D, DAI C, WAN X, et al. A Research on AIS-based Embedded System for Ship Collision Avoidance[C]//2015 International Conference on Transportation Information and Safety (ICTIS), Wuhan, China, IEEE, 2015: 512-517.
[54] 方祥麟, 王逢辰, 吴兆麟. 船舶交通安全评价方法:安全指数法[J]. 大连海运

学院学报，1992，18(4)：337-341.

[55] 吴华林，邱建华. 长江水上交通安全状况综合评价模型研究[J]. 航海技术，2000，22(5)：3-7.

[56] 周涂强，吴超仲，张笛，等. 基于改进综合安全指数的水上交通安全评价[J]. 中国航海，2015，38(2)：69-73.

[57] DABNATH A K，CHIN H C. Navigational Traffic Conflict Technique：A Proactive Approach to Quantitative Measurement of Collision Risks in Port Waters[J]. The Journal of Navigation，2010，63(1)：137-152.

[58] KOSE E，BASAR E，DEMIRCI E，et al. Simulation of Marine Traffic in Istanbul Strait[J]. Simulation Modelling Practice and Theory，2003，11(7-8)：597-608.

[59] 高岩松. 台湾海峡船舶交通流的调查与分析[J]. 中国航海，2005，28(3)：37-41，61.

[60] 陈沈阳，邵哲平，方祥麟，等. 港口航道交通流仿真模型的研究[J]. 大连海事大学学报，2001，27(1)：34-38.

[61] 吴发林，方祥麟. 基于 OD 船舶交通模拟的研究[J]. 大连海事大学学报，1998，24(4)：10-13.

[62] 新井康夫. 航行安全评价中的自然环境条件的影响[C]//日本交通工学研究会. 日本海上交通工学特集. 东京，1992：145-152.

[63] 井上欣三. 操船负担的定量评价[C]//日本交通工学研究会. 日本海上交通工学特集. 东京，1992：135-136.

[64] 小林宏明. 船舶操纵特性对航行环境安全评价的影响[C]//日本航海学会. 日本航海学会论文集. 东京，1994：8-12.

[65] DAVIS P V，DOVE M J，STOCKEL C T. A Computer Simulation of Marine Traffic Using Domains and Arenas[J]. The Journal of Navigation，1980，33(2)：215-222.

[66] 赵艺声，方祥麟，杨守仁. 海上交通网络模型微—宏观模拟[J]. 大连海运学院学报，1989，15(3)：20-21.

[67] 冯宏祥，孔凡邨，肖英杰，等. 基于 AIS 的航道移动瓶颈元胞自动机模型[J]. 中国航海，2014，37(1)：87-93.

[68] HAYUTH Y，POLLATSCHEK M A，ROLLl Y. Building a Port Simulator[J]. Simulation，1994，63(3)：179-189.

[69] THIERS G F，JANSSENS G K. A Port Simulation Model as a Permanent Decision Instrument[J]. Simulation，1998，71(2)：117-125.

[70] ILHAN, KAHRAMAN I. A Simulation Study of the Accident Risk in the Istanbul Channel[J]. International Journal of Emergency Management, 2002, 1(2): 110-124.
[71] BASAR E. Investigation into Marine Traffic and Risky Area in the Turkish Straits System: Canakkale Strait[J]. Transport, 2010, 25(1): 5-10.
[72] MERRICK J R W, RENE W D, MAZZUCHI T A, et al. Modelling Risk in the Dynamic Environment of Maritime Transportation[C]//Proceedings of the 33th Conference on Winter Simulation, Arlington, VA, USA, IEEE Computer Society, 2001: 1090-1098.
[73] ULUSCU Ö S, ÖZBAS B, ALTIOK T, et al. Risk Analysis of Transit Vessel Traffic in the Strait of Istanbul[M]. New Jersey: Blackwell Publishing Inc, 2009.
[74] 于家根, 刘琦. 海上事故与海域的灰色关联分析[J]. 大连海事大学学报, 2008, 34(6): 20-22.
[75] 徐红明. 海船船员适任性多层次灰色综合评价[D]. 大连海事大学, 2007.
[76] KECECI T, BAYRAKTAR D, ARSLAN O. A Ship Officer Performance Evaluation Model Using Fuzzy-AHP[J]. Journal of Shipping and Ocean Engineering, 2015, 5(1): 26-43.
[77] 潘家财. 基于模糊综合和模糊推理的搜救系统适应性评价[D]. 大连海事大学, 2004.
[78] 郑中义, 吴兆麟, 杨丹. 港口船舶事故致因的灰色关联分析模型[J]. 大连海事大学学报, 1997, 23(2): 61-64.
[79] 张欣欣, 轩少永, 席永涛, 等. 基于 HFACS 的海上交通事故原因系统分析[J]. 上海海事大学学报, 2012, 33(4): 15-19.
[80] 郑中义, 吴兆麟. 港口船舶航行环境危险度的灰色评估数学模型[C]//中国国际贸易促进委员会大连分会、大连船舶工业公司集团、辽宁省造船工程学会、中国船舶工业行业协会. 1998 大连国际海事技术交流会论文集(第一卷). 大连:辽宁省造船工程学会, 1998: 324-327.
[81] 刘伟. 船舶溢油风险评估研究[D]. 大连海事大学, 2008.
[82] 许志远. 国家海上搜救能力评价及其对策研究[D]. 大连海事大学, 2007.
[83] 裴建锋. 青岛海上搜救应急管理能力研究[D]. 大连海事大学, 2014.
[84] 徐红明, 任福安. 船员适任性多层次灰色综合评价研究[J]. 中国航海, 2007, 30(2): 44-47.
[85] 王风武, 吴兆麟, 郑中义. 大风浪海损事故的灰色关联分析[J]. 大连海事大

学学报，2003，29(4)：31-34.
[86] 熊锡龙. 灰色数据挖掘及其在船舶避碰中的应用[J]. 武汉理工大学学报(交通科学与工程版)，2002，26(6)：758-760.
[87] 肖景坤. 船舶溢油风险评价模式与应用研究[D]. 大连海事大学，2001.
[88] 陈昌源，戴冉，牛佳伟,等. 改进灰色理论在海上交通事故预测中的应用[J]. 船海工程，2016，45(6)：67-71.
[89] 陈昌源，戴冉，冯纪军，等. 改进灰色模型在海上交通综合安全指数预测应用[J]. 大连海事大学学报，2017，40(1)：58-63.
[90] 黄燕品，郑中义，吴兆麟. 船舶交通事故等级模糊划分的数学模型[J]. 大连海事大学学报，1997，23(4)：29-33.
[91] 邵哲平，吴兆麟，方祥麟，等. 基于模糊推理系统的操船环境危险度的评价方法[J]. 大连海事大学学报，1999，25(4)：16-20.
[92] 刘宇宏，王辉，郝燕玲. 基于模糊决策表的舰船避让时机决策模型[J]. 哈尔滨工程大学学报，1998，19(6)：42-48.
[93] 曾华岚，吴兆麟. 船员总体安全水平的模糊综合评价[J]. 大连海事大学学报，2001，27(1)：14-18.
[94] 车军. 船舶避碰人为因素分析与评价[D]. 大连理工大学，2010.
[95] 潘家财，邵哲平. 基于模糊综合和模糊推理的适应性评价[J]. 集美大学学报(自然科学版)，2007，12(2)：141-143.
[96] 刘炜，石爱国，应荣熔，等. 船舶航行碰撞风险评估方法分析[C]//2009 航海技术理论研究论文集. 中国航海学会. 北京，2009：91-95.
[97] 胡中凯. 基于模糊综合评判的近海航道船舶搁浅定量风险研究[J]. 船海工程，2010，39(3)：159-165.
[98] 费岳军. 基于 AHP 层次分析法的沉船风险评估模型研究[J]. 海洋预报，2013，30(6)：67-72.
[99] 邢辉. 基于模糊综合评判方法的沉船风险预警[J]. 中国安全科学学报，2011，21(4)：115-120.
[100] 赵默洋. 基于 AHP 的船舶安全风险模糊评判方法研究[J]. 交通与运输，2010，12(6)：120-123.
[101] 陈飞. 基于 AHP 的模糊综合评判对上海内河水域船舶航行安全的风险评估[J]. 港口科技，2012，24(2)：33-38.
[102] 吴行行. 三峡库区滚装船运输安全人为因素指标体系研究[D]. 武汉理工大学，2011.

[103] 高路. 渤海湾客滚船火灾安全评价的研究[D]. 大连海事大学，2009.

[104] 余建星，苏春华. 操作风险的定量分析及其在远洋运输中的应用[J]. 复旦学报(自然科学版)，2006，45(5)：671-673.

[105] ZHAO J，WU Z，WANG F. Comments of Ship Domains[J]. The Journal of Navigation，1993，46(3)：422-436.

[106] ZHU X，XU H，LIN J. Domain and Its Model Based on Neural Networks[J]. The Journal of Navigation，2001，54(1)：97-103.

[107] KANEKO F. An Improvement on a Method for Estimating Number of Collision Candidates between Ships [J]. 6th International Conference on Collision and Grounding of Ships and Offshore Structures. CRC Press/Taylor and Francis Group，London，2013：27-38.

[108] PAK J Y，YEO G T，OH S W，et al. Port Safety Evaluation from a Captain's Perspective：The Korean Experience[J]. Safety Science. 2015，72(9)：172-181.

[109] 张吉军. 模糊层次分析法[J]. 模糊系统与数字，2000，14(2)：80-88.

[110] 徐东华，吴兆麟. 粗糙集理论在海事中的应用研究[J]. 中国航海，2009，32(3)：46-49.

[111] 吕跃进. 基于模糊一致矩阵的模糊层次分析法的排序[J]. 模糊系统与数学，2002，16(2)：79-85.

[112] XU D，WU Z. Rough Set Based Study of the Competency for Chinese Seafarers [C]//2008 International Conference on Intelligent Computation Technology and Automation (ICICTA)，Hunan，Changsha，China，IEEE，2008：806-810.

[113] 齐壮. 渤海湾客滚船大风浪中航行的耐波性综合评估[D]. 大连海事大学，2010.

[114] 张晓辉. 数据挖掘和云模型在水上安全分析中的应用[D]. 大连海事大学，2011.

[115] 胡甚平，黄常海，张浩. 基于云模型的海上交通系统风险蒙特卡罗仿真[J]. 中国安全科学学报，2012，22(4)：20-26.

[116] 龚佳慧，轩少永，胡甚平，等. 基于灰云模型的海上交通系统风险推理方法[J]. 中国航海，2016，39(2)：87-91.

[117] KAWAGUCHI A，INAISHI M，KONDO H，et al. Towards the Development of Intelligent Navigation Support Systems for Group Shipping and Global Marine Traffic Control[J]. IET Intelligent Transport System，2009，3(3)：257-267.

[118] SZLAPCZYNSKI R. A Unified Measure of Collision Risk Derived From the Concept of a Ship Domain[J]. The Journal of Navigation, 2006, 59(3): 477-490.

[119] 王则胜，施朝健. 基于改进的神经网络的船舶碰撞危险度的模型[J]. 中国航海，2007，30(1)：68-70.

[120] PERERA L P, FERRARI V, Santos F P, et al. Experimental Evaluations on Ship Autonomous Navigation and Collision Avoidance by Intelligent Guidance[J]. Ocean Engineering, 2015, 40(2): 374-387.

[121] 姚杰，方祥麟，吴兆麟. 用神经网络评价船舶碰撞危险的研究[J]. 大连水产学院学报，1998，13(3)：32-36.

[122] 姚杰，吴兆麟，方祥麟. 船舶碰撞危险的自适应神经网络-模糊推理评价方法[J]. 中国航海，1999，22(1)：14-19.

[123] 朱晓琳，许汉珍. 基于神经网络的船舶碰撞危险度模型[J]. 华中理工大学学报，2000，28(10)：52-54.

[124] LISOWSKI J, RAK A, CZECHOWICZ W. Neural Network Classifier for Ship Domain Assessment[J]. Mathematics and Computers in Simulation, 2000, 51(3-4): 399-406.

[125] SANTHALIA G K, SINGH S, SINGH S K. Safer Navigation of Ships by Image Processing & Neural Network[C]//2008 Second Asia International Conference on Modelling & Simulation (AMS), Malaysia, IEEE Computer Society, 2008: 660-665.

[126] 姚杰，方祥麟，吴兆麟. 船舶碰撞危险综合评价系统的比较研究[J]. 大连水产学院学报. 1999，14(1)：37-42.

[127] 郑中义，吴兆麟. 以 BP 神经网络计算船舶碰撞危险度[J]. 世界海运，2000，22(2)：5-7.

[128] 童飞. 基于 BP 神经网络的水上交通事故预测及 MATLAB 实现[D]. 武汉理工大学，2005.

[129] 唐秋生，杜营营. 基于 BP 神经网络的交通事故预测模型及仿真[C]//海峡两岸智能运输系统学术研讨会. 第十一届海峡两岸智能运输系统学术研讨会. 武汉：交通信息与安全，2011：68-70.

[130] BACKALOV I, BULIAN G, CICHOWICZ J, et al. Ship Stability, Dynamics and Safety: Status and Perspectives from a Review of Recent STAB Conferences and ISSW Events[J]. Ocean Engineering, 2016, 116(1): 312-349.

[131] WANG J Y. Application of AIS in Ship Collision Prevention[J]. Advanced Mate-

rials Research. Trans Tech Publications, 2004, 912-914: 577-580.

[132] 路其军. 基于 BP 网络的客滚船大风浪航行安全评估[D]. 大连海事大学, 2010.

[133] 王勇. 客滚船营运风险的 BP 神经网络评估[J]. 青岛远洋船员职业学院学报, 2010, 31(2): 67-70.

[134] 罗伟林, 邹早建. 船撞桥最小二乘支持向量机预测方法[J]. 交通运输工程学报, 2007, 7(4): 30-33.

[135] 刘正江, 吴兆麟. 基于船舶碰撞事故调查报告的人为因素的数据挖掘[J]. 中国航海, 2004, 27(2):1-6,14.

[136] 牟军敏, 邹早建, 齐传新. 数据挖掘技术在内河交通事故分析和预防中的应用[J]. 中国航海, 2004, 27(2): 27-29,33.

[137] 于卫红, 贾传荧. 海难事故的数据挖掘[J]. 计算机工程, 2007, 33(11): 34-36.

[138] 朱飞祥. 远洋船舶调度数据挖掘技术研究与应用[D]. 大连海事大学, 2008.

[139] 郑滨, 陈锦标, 夏少生, 等. 基于数据挖掘的海上交通流数据特征分析[J]. 中国航海, 2009, 32(1): 60-63, 90.

[140] 陈兴伟, 王志明. 港口水域海事安全风险分析法[J]. 中国航海, 2009, 32(1): 68-71.

[141] 郑中义, 李红喜, 陈涛. 船舶吨位与碰撞事故关系[J]. 大连海事大学学报, 2007, 33(32): 158-161.

[142] SZLAPCZYNSKI R. Evolutionary Planning of Safe Ship Tracks in Restricted Visibility[J]. The Journal of Navigation, 2015, 68(1): 39-51.

[143] 应荣熔, 石爱国, 蔡烽, 等. 船舶大风浪航行风险等级评估[J]. 中国航海, 2009, 32(4): 49-52.

第 6 章 基于历史数据的海上交通安全风险评价

为了预防和减少海上交通事故的发生，实现安全、高效的海上运输，人们对主要由"人-船-环境-管理"四个要素组成的海上交通系统进行了多方面的研究。第 5 章将海上交通安全风险评价方法分为基于概率与数理统计风险分析方法、计算机模拟和仿真方法等五类方法。值得注意的是，不同的评价理论与技术都有其自身的特点和优势，但也有其自身的局限性。

长期以来，我国水上交通安全主管部门在服务与监管水上交通安全的同时，也积累了大量的交通事故统计数据。本章在对前人研究成果总结、归纳、分析的基础上，从定量评价海上交通安全风险的角度，综合考虑评价方法的科学合理性和可操作性；并从历年交通事故统计数据的角度，即采用历史数据对海上交通安全风险进行评价，提出"基于历史数据的海上交通综合安全指数评价法"。

6.1 基于历史数据的海上交通综合安全指数评价法概述

根据我国交通运输部颁发的《水上交通事故统计办法》和我国安全生产监督管理局颁发的《生产安全事故统计报表制度》，辖区水域交通事故一般使用"水上交通事故件数""死亡失踪人数""沉船艘数""直接经济损失"四项绝对指标作为统计数据。上述四项统计数据能表示辖区水域交通事故发生的数量(水上交通事故件数)和事故后果的严重程度(死亡和失踪人数、沉船艘数和直接经济损失),可以较为准确地反映辖区水域交通事故的规模。

上述四项统计数据为主管机关及时掌握事故情况,分析研究事故规律,总结经验教训,采取有效措施预防事故的发生起到了良好的作用。但应用在实际的海事监管工作中,这四项统计数据也存在一定的局限性。本章所提出的方法主要是在历年四项统计数据的基础上,对它们依次进行“相对化”“标准化”“归一化”,最后将上述四项统计数据综合为一项指标用于表征综合安全状况。

6.1.1 水上交通事故统计方法演变

我国水上交通安全主管部门对船舶交通事故的统计分析历来都十分重视。中华人民共和国成立以来,设立了相应的机构并制定了《船舶海损事故统计、报告规定》等规章制度,使这项工作从无到有,逐步走向正规,为主管机关及时掌握海损事故情况,分析研究事故发生的原因和规律,总结经验教训,采取有效措施,防止事故发生起到了良好的作用[1]。

1986 年 1 月 1 日,交通部重新颁发了《船舶海损事故统计、报告规定》[2],对原规定做了较大修改,主要有:明确了海损事故分级标准,将船舶吨位(及马力)级别由原规定的四个等级改为六个等级,将原来确定事故等级的直接经济损失金额标准大约提高了50%;对船舶海损事故报表进行了修改;对船舶海损事故重新进行了分类,将海损事故分为碰撞、搁浅、触礁、触损、浪损、风灾、火灾及其他等八个类别;对沉船、直接经济损失、工程船等概念进行了规定;明确了各类海损事故的统计方法等。

1990 年 6 月 16 日,交通部第 16 号令发布《船舶交通事故统计规则》[3],与 1986 年的《船舶海损事故统计、报告规定》比较,主要做了以下修改:将船舶吨位(及马力)级别由原规定的六个等级改为十一个等级;进一步明确了各类海损事故的统计方法;强调了事故报告制度等。

2002 年 10 月 1 日,交通部颁布了《水上交通事故统计办法》[4]。该办法在继承了以往船舶交通事故统计规则的同时,摒弃了其中不适应发展的规定,是比较完善的。该办法主要简化了水上交通事故分级标准表,将船舶吨位(及马力)级别由原规定的十一个等级改为三个等级,取消了以船舶沉没或全损作为确定分级标准的做法;将事故等级由原来的四个等级改为五个等级,分别是小事故、一般事故、大事故、重大事故、特大事故;将以往八个事故类别分为九类;规定了各类事故统计的计算方法,使统计工作更具实操性。

2014 年 9 月 18 日交通运输部通过《水上交通事故统计办法》[5],以交通运输部令 2014 年第 15 号公布。《水上交通事故统计办法》共 29 条,自 2015 年 1 月 1 日起施行。

2002 年发布的《水上交通事故统计办法》予以废止。

6.1.2 水上交通事故统计方法的局限性

交通运输部每年都在门户网站发布《交通运输行业发展统计公报》[6]，在“生产安全”部分公布全国水域范围内的“水上交通事故件数”“死亡失踪人数”“沉船艘数”“直接经济损失”四项统计数据，用于表征水上交通事故的件数和严重程度；在“运输装备”部分发布每年的“水上运输船舶拥有量”，用于表征在航运经济发展的大背景下每年全国拥有船舶的数量。2014 年水上运输船舶拥有量（按航行区域分）如表 6-1 所示，其他各年采用相同的方式发布。

表 6-1　2014 年水上运输船舶拥有量（按航行区域分）

指标	计量单位	实绩	比上年增长（%）
内河运输船舶：			
运输船舶数量	万艘	15.83	-0.5
净载重量	万 t	11 274.71	10.4
平均净载重量	t/艘	712	10.9
载客量	万客位	80.77	-1.1
集装箱箱位	万 TEU	25.78	5.4
船舶功率	万 kW	3 150.45	4.6
沿海运输船舶：			
运输船舶数量	万艘	11 048	0.2
净载重量	万 t	6 920.93	1.5
平均净载重量	t/艘	6 264	1.3
载客量	万客位	19.88	1.6
集装箱箱位	万 TEU	47.22	68.5
船舶功率	万 kW	1 893.61	9.0
远洋运输船舶：			
运输船舶数量	万艘	2 603	5.9
净载重量	万 t	7 589.59	3.0
平均净载重量	t/艘	29 157	-2.8
载客量	万客位	2.58	26.4
集装箱箱位	万 TEU	158.87	35.0
船舶功率	万 kW	2 015.78	16.1

“水上交通事故件数”“死亡失踪人数”“沉船艘数”“直接经济损失”四项统计数据能将水上交通事故现象具体化和定量化，可操作性强，使从事水上安全监管的工作人员能够根据统计数据对水上交通事故进行汇总，从而反映在一定时间、地点和条件下水上交通事故的变化规律。作为海上交通安全的整体形势描述，上述四项统计数据沿用多年，有一定的合理性，但也存在一定的局限性：

(1)绝对化的四项统计数据对于评价水上交通安全形势具有重要的作用，统计数据的大小可以用来表征事故频度和某水域事故密度，但单独使用统计数据评价存在一定的缺陷。随着中国航运经济的快速发展，港口吞吐量、进出港船舶数量、人员数量增长显著，以往在研究水上交通安全时，多数情况下未考虑运输量这一背景数据，而仅采用事故绝对数据进行安全评价并不能客观反映辖区水域安全监管效益的变化特点[7]。

(2)同一时期两个或多个水域之间的安全状况也无法比较。不同水域的基本条件不同，如航道条件、泊位数量、气象条件、通航环境、通航秩序等，而且不同水域的船舶活动量差异较大，仅凭上述四项统计数据对不同水域安全状况进行比较，有些缺乏合理性[8]。

(3)对于各个水域不同时期来说，上述四项统计数据的变化并不同步，无法对某一水域不同时期的安全状况进行科学比较[8]。比如，今年事故数比去年增加，而死亡人数比去年减少，就无法确定今年的安全状况与去年比较哪年更好。由于没有考虑各项统计数据的升降幅度，如四项统计数据中“其中两项统计数据上升、两项统计数据下降”或“其中一项统计数据上升、三项统计数据下降”式的定性描述，无法反映出总体安全形势的变化情况以及变化的幅度，因而目前的这种表述方法还不能反映安全状况的实质。

针对目前水上交通事故统计方法的局限性，一些专家和学者也提出了一些改进建议和措施。方祥麟等提出采用“安全指数法”评价船舶交通安全。安全指数法的核心思想是采用一个港口或水域在规定期限内(季度、年度等)所发生的船舶交通事故数与船舶活动量的比值大小，来表示该港口或水域在该时期的船舶交通安全状况[9]。安全指数法主要应用了“相对化”的概念。吴华林等对“安全指数法”提出了改进建议，将决定安全状况好坏的关键指标确定为事故总数、碰撞事故数、特大事故数、死亡人数、沉船艘数和直接经济损失六项指标，并为六项指标赋予不同的权重系数来反映各项事故指标对整体安全状况影响的重要程度[8]。该方法主要是在安全指数法的基础上增加了表征安全状况的指标，在指标处理过程中，将各项指标进行了“归一化”处理。陈厚忠等将决定安全状况好坏的关键指标确定为事故绝对指标和相对指标两大类，然后将两大类指标通过安全综合指数测算模型将绝对安全综合指数和相对安全综合指数利用权值矩阵加权测算，最后通过综合指数测算模型进行加权平均，并进行“归一化”处理得到水上交通安全综合指数[7]。

针对目前水上交通事故统计方法的局限性，本章提出的改进方法主要考虑了以下三个方面:①从科学合理性和可操作性方面综合考虑,选取的表征安全状况的指标和进行相对化的指标不但具有权威性,且数据容易获得,在实践中可操作性强。②扩展方法的适用范围,确保提出的方法既可适用于全国水域,又可适用于港口水域和通道水域,且可以进行不同港口之间综合安全状况的横向比较和港口历年综合安全状况的纵向比较。③增加安全状况预测功能,所建立的预测模型能根据历年水上交通事故统计数据预测下一年安全状况,可为水上安全监管工作提供参考和指导。

6.1.3 基于历史数据的海上交通综合安全指数评价法概述

为了解决以上问题,在对前人研究成果总结、归纳、分析的基础上,本书提出"相对化—标准化—归一化"的解决方法,将"水上交通事故件数""死亡失踪人数""沉船艘数""直接经济损失"四项统计数据合并为一项指标用于表征海上交通安全综合状况,具体步骤如下:

(1)相对化:将绝对化的四项统计数据与水上运输船舶拥有量(或船舶交通流流量、船舶进出港艘次)的比值作为相对化的指标,以体现四项统计数据受水上运输船舶拥有量(或船舶交通流流量、船舶进出港艘次)的影响[9]。

(2)标准化:由于评价指标具有不同的量纲和数量级,需要对各特性指标进行标准化,标准化方法采用极差变换:

$$P_{j,i} = \frac{\max x_i - x_{j,i}}{\max x_i - \min x_i} \tag{6-1}$$

其中:$P_{j,i}$ 为第 j 个海事辖区(港口)水域中第 i 项评价指标相对化后的数值;$x_{j,i}$ 为第 j 个海事辖区(港口)水域中第 i 项评价指标值;$\max x_i$ 为所有海事辖区(港口)水域中第 i 项评价指标最大值;$\min x_i$ 为所有海事辖区(港口)水域中第 i 项评价指标最小值。

(3)归一化:根据采用 FAHP 对专家调查数据进行处理的结果,分别赋予四项统计数据不同的权重,四项统计数据的权重总和为 1,使四项统计数据归一化为一项指标。

在四项统计数据相对化的过程中,由于针对全国水域、港口水域和通道水域所采用比值的分母不同,因此需要分别对全国水域、港口水域和通道水域三类水域开展基于历史数据法的海上交通安全评价,整个方法可以概括为"三类三化"。另外,基于历史数据法的海上交通安全评价也可进行辖区水域的海上交通安全评价,辖区水域是辖区管辖范围内的港口和通道的有机结合,得到辖区内港口和通道的安全水平便可间接评价辖区水域的海上交通安全。

1. 针对全国水域的海上交通综合安全指数评价法

针对全国水域的海上交通综合安全指数评价法中,四项统计数据来源于交通运输部发布的《交通运输行业发展统计公报》,根据四项统计数据的不同属性采用不同的分母进行相对化。综合考虑方法的科学性和可操作性，在进行相对化的过程中可统一采用“水上运输船舶拥有量”作为分母进行相对化。在进行“标准化”的过程中，将四项统计数据中历年同项数据采用极差变换进行无量纲化，并将数值换算到[0,1]内。最后对根据采用 FAHP 对专家调查数据进行处理计算出的四项统计数据权重进行归一化。具体的基于历史数据的全国水域的海上交通综合安全指数评价法如表 6-2 所示。

表 6-2 基于历史数据的海上交通综合安全指数评价法(全国水域)

步骤	指标	备注
第一步 相对化	$A_1:\dfrac{\text{水上交通事故件数}}{\text{水上运输船舶拥有量}}$	根据《交通运输行业发展统计公报》获得分子和分母数值；
	$B_1:\dfrac{\text{死亡失踪人数}}{\text{船员总数+载客量}}$	分母可使用“水上运输船舶拥有量”代替；
	$C_1:\dfrac{\text{沉船艘数}}{\text{水上运输船舶拥有量}}$	同 A_1；
	$D_1:\dfrac{\text{直接经济损失}}{\text{水上运输船舶拥有量}}$	水上运输船舶生产总值无官方发布数据，采用“水上运输船舶拥有量”代替
第二步 标准化	$A_2: A_1 \xrightarrow{\text{极差变换}} A_2$ $B_2: B_1 \xrightarrow{\text{极差变换}} B_2$ $C_2: C_1 \xrightarrow{\text{极差变换}} C_2$ $D_2: D_1 \xrightarrow{\text{极差变换}} D_2$	通过将 A_1, B_1, C_1, D_1 进行极差变换使得 A_2, B_2, C_2, D_2 的数值为[0, 1]，以便于进行第三步的归一化
第三步 归一化	$A_3: A_3=f_A\times A_2$ $B_3: B_3=f_B\times B_2$ $C_3: C_3=f_C\times C_2$ $D_3: D_3=f_D\times D_2$	通过采用 FAHP 处理专家调查数据，分别计算得到各指标权重 f_A，f_B，f_C，f_D 的值，且 $f_A+f_B+f_C+f_D=1$，使得 $A_3+B_3+C_3+D_3$ 的数值在[0, 1]内完成最后的归一化

2. 针对港口水域的海上交通综合安全指数评价法

不同港口水域的基本条件不同，如航道条件、泊位数量、气象条件、通航环境、通航秩序等，且不同水域的船舶活动量差异较大，因此在对不同港口进行海上交通安全评价时，综合考虑方法的科学性和可操作性，在进行相对化的过程中统一采用“船舶进出港艘次”作为分母进行相对化。四项统计数据来源于主管海事局的《海上交通事故统计表》。在进行“标准化”的过程中，将同一港口的历年四项统计数据或不同港口的四项统计数据采用极差变换进行无量纲化，并将数值换算到[0,1]。最后对根据采用 FAHP 对专家调查数据进行处理计算出的四项统计数据权重归一化。具体的基于历史数据的港口水域的海上交通综合安全指数评价法如表 6-3 所示。

表 6-3　基于历史数据的海上交通综合安全指数评价法(港口水域)

步骤	指标	备注
第一步　相对化	A_1: $\frac{\text{水上交通事故件数}}{\text{船舶进出港艘次}}$ B_1: $\frac{\text{死亡失踪人数}}{\text{船舶进出港艘次}}$ C_1: $\frac{\text{沉船艘数}}{\text{船舶进出港艘次}}$ D_1: $\frac{\text{直接经济损失}}{\text{船舶进出港艘次}}$	从科学合理性和数据可获取性的角度综合考虑,不同港口的四项统计数据、船舶进出港艘次可通过海事主管机关获得。另外,船舶进出港艘次也可采用船舶交通量代替,船舶交通量可通过 AIS 门线获得
第二步　标准化	A_2: $A_1 \xrightarrow{\text{极差变换}} A_2$ B_2: $B_1 \xrightarrow{\text{极差变换}} B_2$ C_2: $C_1 \xrightarrow{\text{极差变换}} C_2$ D_2: $D_1 \xrightarrow{\text{极差变换}} D_2$	通过将 A_1, B_1, C_1, D_1 进行极差变换使得 A_2, B_2, C_2, D_2 的数值为[0, 1],以便于进行第三步的归一化
第三步　归一化	A_3: $A_3 = f_A \times A_2$ B_3: $B_3 = f_B \times B_2$ C_3: $C_3 = f_C \times C_2$ D_3: $D_3 = f_D \times D_2$	通过采用 FAHP 处理专家调查数据,分别计算得到各指标权重 f_A, f_B, f_C, f_D 的值,且 $f_A + f_B + f_C + f_D = 1$,使得 $A_3 + B_3 + C_3 + D_3$ 的数值在[0, 1]内完成最后的归一化

3. 针对通道水域的海上交通综合安全指数评价法

针对通道水域,四项统计数据来源于海事主管机关的《海上交通事故统计表》,并采用四项统计数据与 AIS 门线统计交通量的比值进行相对化。在进行“标准化”的过程中,将同一通道水域的历年四项统计数据或不同通道的四项统计数据采用极差变换进行无量纲化,并将数值换算到[0,1]。最后对根据采用 FAHP 对专家调查数据进行处理计算出的各项统计数据权重归一化。具体的基于历史数据的通道水域的海上交通综合安全指数评价法如表 6-4 所示。

表 6-4　基于历史数据的海上交通综合安全指数评价法(通道水域)

步骤	指标	备注
第一步　相对化	A_1: $\frac{\text{水上交通事故件数}}{\text{AIS 门线统计交通量}}$ B_1: $\frac{\text{死亡失踪人数}}{\text{AIS 门线统计交通量}}$ C_1: $\frac{\text{沉船艘数}}{\text{AIS 门线统计交通量}}$ D_1: $\frac{\text{直接经济损失}}{\text{AIS 门线统计交通量}}$	从科学合理性和数据可获取性的角度综合考虑,通道水域的四项统计数据可通过海事主管机关获得,AIS 门线统计交通量可通过 VTS 部门获得

续表

步骤	指标	备注
第二步 标准化	$A_2: A_1 \xrightarrow{极差变换} A_2$ $B_2: B_1 \xrightarrow{极差变换} B_2$ $C_2: C_1 \xrightarrow{极差变换} C_2$ $D_2: D_1 \xrightarrow{极差变换} D_2$	通过将A_1，B_1，C_1，D_1进行极差变换使得A_2，B_2，C_2，D_2的数值为[0, 1]，以便于进行第三步的归一化
第三步 归一化	$A_3: A_3 = f_A \times A_2$ $B_3: B_3 = f_B \times B_2$ $C_3: C_3 = f_C \times C_2$ $D_3: D_3 = f_D \times D_2$	通过采用FAHP处理专家调查数据，分别计算得到各指标权重f_A，f_B，f_C，f_D的值，且$f_A + f_B + f_C + f_D = 1$，使得$A_3 + B_3 + C_3 + D_3$的数值在[0, 1]内完成最后的归一化

6.2 基于历史数据的海上交通综合安全指数评价

在本节中，采用交通运输部发布的《交通运输行业发展统计公报》以及从海事主管机关获得的数据，对本章提出的方法进行实例验证。

6.2.1 针对全国水域的海上交通综合安全指数评价

2014年《交通运输行业发展统计公报》发布的统计数据如下："2014年，全国共发生运输船舶水上交通事故260件，死亡失踪247人，沉船141艘，直接经济损失2.59亿元，比上年分别下降0.6%、6.8%、0.7%和32.5%。全国各级海上搜救中心全年共组织、协调搜救行动2 014次，出动、协调各类船艇7 477艘次、飞机297架次；在我国搜救责任区遇险船舶1 842艘，获救船舶1 484艘，遇险人员15 926名，成功搜救15 387名，搜救成功率96.6%。"其他各年数据可依此逐年获得，2004—2014年11年间的四项统计数据及水上运输船舶拥有量数据详见表6-5。

表 6-5　2004—2014 年四项统计数据及水上运输船舶拥有量一览表

年份	水上交通事故/件	死亡失踪/人	沉船/艘	直接经济损失/亿元	船舶拥有量/万艘
2004	562	489	330	3.69	21.1
2005	532	479	306	4.95	20.8
2006	440	376	250	4.43	19.4
2007	420	372	248	4.02	19.2
2008	342	351	213	5.19	18.4
2009	358	336	199	3.47	17.7
2010	331	329	195	3.24	17.8
2011	298	291	175	3.90	17.9
2012	270	277	165	4.66	17.9
2013	262	265	142	3.84	17.3
2014	260	247	141	2.59	17.2

根据表 6-5 所示，可得 11 年四项统计数据矩阵 $\boldsymbol{S}$：

$$\boldsymbol{S} = \begin{bmatrix} 562 & 489 & 330 & 3.69 \\ 532 & 479 & 306 & 4.95 \\ 440 & 376 & 250 & 4.43 \\ 420 & 372 & 248 & 4.02 \\ 342 & 351 & 213 & 5.19 \\ 358 & 336 & 199 & 3.47 \\ 331 & 329 & 195 & 3.24 \\ 298 & 291 & 175 & 3.90 \\ 270 & 277 & 165 & 4.66 \\ 262 & 265 & 142 & 3.84 \\ 260 & 247 & 141 & 2.59 \end{bmatrix}$$

水上运输船舶拥有量矩阵 $\boldsymbol{C}$：

$$
C=\begin{bmatrix}
\frac{1}{21.1} & 0 & 0 & 0 & 0 & 0 & 0 & 0 & 0 & 0 & 0\\
0 & \frac{1}{20.8} & 0 & 0 & 0 & 0 & 0 & 0 & 0 & 0 & 0\\
0 & 0 & \frac{1}{19.4} & 0 & 0 & 0 & 0 & 0 & 0 & 0 & 0\\
0 & 0 & 0 & \frac{1}{19.2} & 0 & 0 & 0 & 0 & 0 & 0 & 0\\
0 & 0 & 0 & 0 & \frac{1}{18.4} & 0 & 0 & 0 & 0 & 0 & 0\\
0 & 0 & 0 & 0 & 0 & \frac{1}{17.7} & 0 & 0 & 0 & 0 & 0\\
0 & 0 & 0 & 0 & 0 & 0 & \frac{1}{17.8} & 0 & 0 & 0 & 0\\
0 & 0 & 0 & 0 & 0 & 0 & 0 & \frac{1}{17.9} & 0 & 0 & 0\\
0 & 0 & 0 & 0 & 0 & 0 & 0 & 0 & \frac{1}{17.9} & 0 & 0\\
0 & 0 & 0 & 0 & 0 & 0 & 0 & 0 & 0 & \frac{1}{17.3} & 0\\
0 & 0 & 0 & 0 & 0 & 0 & 0 & 0 & 0 & 0 & \frac{1}{17.2}
\end{bmatrix}
$$

进行相对化：

$$Sr = C \times S \tag{6-2}$$

可得2004—2014年11年间相对化的四项统计数据，如表6-6所示。

表6-6 2004—2014年四项统计数据相对化值

年份	水上交通事故/船舶拥有量/(件/万艘)	死亡失踪/船舶拥有量/(人/万艘)	沉船/船舶拥有量/(艘/万艘)	直接经济损失//船舶拥有量/(亿元/万艘)
2004	26.635 071 09	23.175 355 45	15.639 810 43	0.174 881 517
2005	25.576 923 08	23.028 846 15	14.711 538 46	0.237 980 769
2006	22.680 412 37	19.381 443 30	12.886 597 94	0.228 350 515
2007	21.875 000 00	19.375 000 00	12.916 666 67	0.209 375 000
2008	18.586 956 52	19.076 086 96	11.576 086 96	0.282 065 217
2009	20.225 988 70	18.983 050 85	11.242 937 85	0.196 045 198
2010	18.595 505 62	18.483 146 07	10.955 056 18	0.182 022 472
2011	16.648 044 69	16.256 983 24	9.776 536 313	0.217 877 095
2012	15.083 798 88	15.474 860 34	9.217 877 095	0.260 335 196
2013	15.144 508 67	15.317 919 08	8.208 092 486	0.221 965 318
2014	15.116 279 07	14.360 465 12	8.197 674 419	0.150 581 395

进行标准化可得 2004—2014 年四项统计数据标准化值，如表 6-7 所示。

表 6-7 2004—2014 年四项统计数据标准化值

年份	水上交通事故/船舶拥有量	死亡失踪/船舶拥有量	沉船/船舶拥有量	直接经济损失/船舶拥有量
2004	0.000 000	0.000 000	0.000 000	0.815 184
2005	0.091 604	0.016 621	0.124 732	0.335 284
2006	0.342 357	0.430 398	0.369 949	0.408 526
2007	0.412 082	0.431 129	0.365 909	0.552 844
2008	0.696 730	0.465 039	0.546 043	0.000 000
2009	0.554 838	0.475 593	0.590 808	0.654 224
2010	0.695 990	0.532 305	0.629 490	0.760 874
2011	0.864 583	0.784 851	0.787 848	0.488 182
2012	1.000 000	0.873 578	0.862 915	0.165 267
2013	0.994 745	0.891 382	0.998 600	0.457 089
2014	0.997 188	1.000 000	1.000 000	0.999 999

随后，将标准化值进行归一化。为获得四项统计数据每一项对综合安全指数的影响权重，请专家填写权重调查表（见表 6-8）。对表 6-8 中纵、横栏所列的各个因素逐一进行两两比较，将其相对的重要程度按下列要求填入表中对应栏内。如当两个因素“同等重要”时，填“0.5”。当横栏因素比纵栏因素“较重要”时，填“0.6”；“明显重要”时，填“0.7”；“很重要”时，填“0.8”；“极端重要”时，填“0.9”。当横栏与纵栏的因素比较的结果是后者比前者重要时，则填写 1 与上述数值之差，例如，横栏因素比纵栏因素“较不重要”，则填“0.4”。

填写时只在空白的格内填写，例如，在四项统计数据中如果专家认为死亡失踪人数（横栏）比水上交通事故件数（纵栏）较不重要（0.4），沉船艘数（横栏）比水上交通事故件数（纵栏）明显不重要（0.3），沉船艘数（横栏）比死亡失踪人数（纵栏）较不重要（0.4）。

表 6-8 四项统计数据权重调查表（范例）

	水上交通事故件数	死亡失踪人数	沉船艘数	直接经济损失
水上交通事故件数	0.5	0.4	0.3	
死亡失踪人数		0.5	0.4	
沉船艘数			0.5	
直接经济损失				0.5

为确定权重，发放权重调查表共计 258 份，收回 234 份，其中有效问卷 214 份。通过采用 FAHP 处理专家调查数据，分别获得 f_A，f_B，f_C，f_D 的值，且 $f_A+f_B+f_C+f_D=1$，使得

$A_3+B_3+C_3+D_3$ 的数值在[0, 1]完成最后的归一化。最后得到的权重为:

$$Q=[0.247\ 778 \quad 0.244\ 444 \quad 0.252\ 222 \quad 0.255\ 556]$$

通过计算的权重来看,四项统计数据的权重近乎一致,都在四分之一附近波动。2004—2014 年四项统计数据归一化值,如表 6-9 所示。

表 6-9 2004—2014 年四项统计数据归一化值

年份	四项统计数据归一化值
2004	0.208 324 829
2005	0.143 904 107
2006	0.387 747 479
2007	0.441 064 682
2008	0.424 034 419
2009	0.569 938 148
2010	0.655 786 771
2011	0.729 547 131
2012	0.721 200 515
2013	0.833 049 751
2014	0.999 302 940

采用"相对化—标准化—归一化"对四项统计数据进行处理后,得到综合安全指数的折线如图 6-1 所示。另外,对船舶交通安全评价,在某种意义上讲,实际上也就是对交通危险的评价[9],即将(1-综合安全指数)的数值定义为"综合危险指数"。

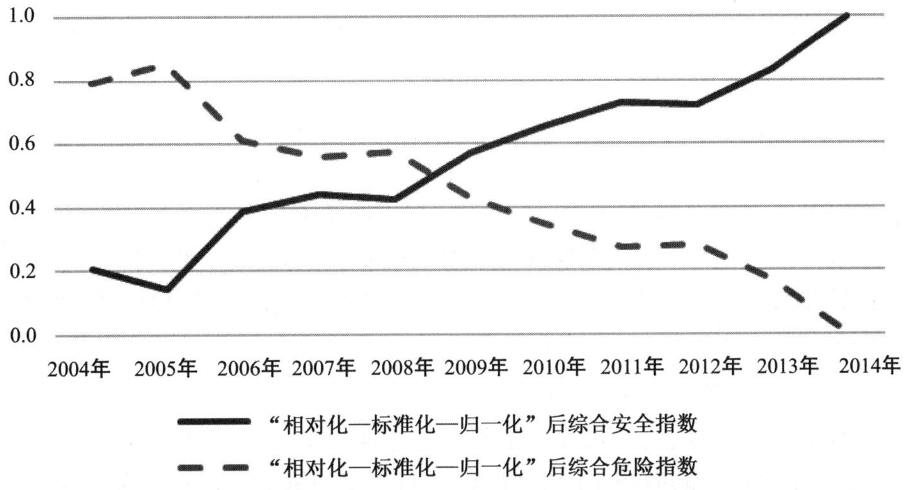

图 6-1 综合安全指数与综合危险指数折线图

目前,国家水上安全的工作方针更加重视以人为本,四项统计数据中"死亡失踪人数"的权重应该较高些,但通过用 FAHP 处理调查问卷得到的结果无法体现对水上安全工作方针的贯彻落实。另外,四项统计数据中"直接经济损失"一项已经包括了事故发生后碰撞、沉船等带来的经济损失,此项数据的权重也应当高一些。根据研讨调研,本书建议将这两项数据的权重适当增加,将权重依次设置为[0.1,0.4,0.1,0.4],最后求得"相对化—标准化—归一化"的综合安全指数如图 6-2 所示。

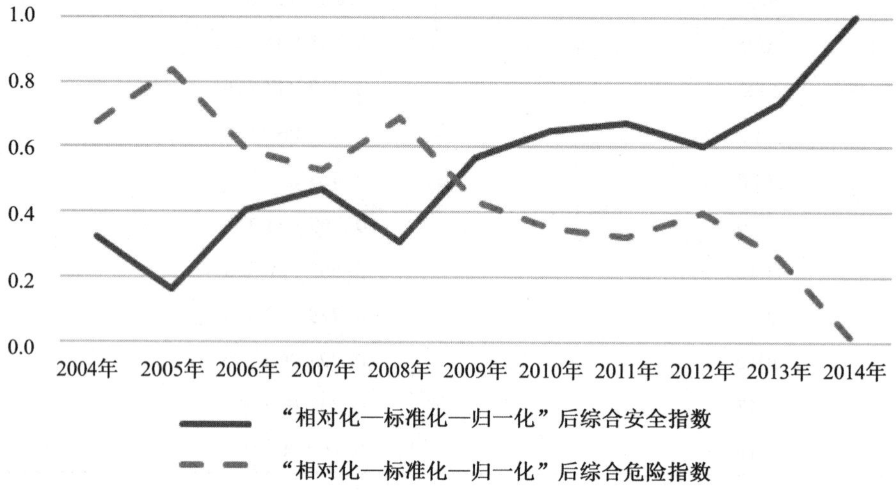

图 6-2　权重变化后综合安全指数与综合危险指数折线图

通过对比图 6-1 和图 6-2 可以看出,更改权重后的综合安全指数变化趋势与更改权重前的安全指数变化趋势一致,但在变化的差值上略微有些变化,例如:在更改权重前,2008 年安全指数较 2007 年安全指数降低的幅度相对小;但在更改权重后,2008 年安全指数较 2007 年安全指数降低的幅度大,但变化的趋势都是降低。

6.2.2　针对港口水域的海上交通综合安全指数评价

针对港口水域的交通安全评价方法与针对全国水域的交通安全评价方法类似,具体的方法已在 6.1.2 节的表 6-3 中详述。需要指出的是,针对某一港口的交通安全评价,可把历年的四项统计数据作为时间序列来分析,在进行相对化的过程中,既可以采用四项统计数据与船舶进出港艘次的比值,也可采用四项统计数据与船舶交通量的比值,两者各有优缺点,可根据港口的实际情况采用不同的分母。对于一般的港口而言,船舶的进出港艘次和船舶交通量差别不大,且船舶进出港艘次是根据签证数据统计获得的,数据精确;但对于某些过境船舶较多的港口而言,例如深圳港、上海港,船舶进出港艘次和船舶交通量的差别较大,因此采用船舶交通量数据更能客观反映整体交通状况,缺点是要通过设置门线统计,设置门线的位置因水域而异,且不同门线的船舶交通量可能差异较大。

下面以深圳港为例采用历史数据法对港口水域的交通安全进行评价。

表 6-10 2010—2014 年深圳港四项统计数据(含小事故)及船舶交通量一览表

年份	水上交通事故/件	死亡失踪/人	沉船/艘	直接经济损失/亿元	船舶交通量/万艘
2010	13	2	1	0.075	48
2011	11	5	3	0.026	49.4
2012	10	0	1	0.012	51
2013	7	1	2	0.056	58
2014	2	1	0	0.006	55

基于以上分析,由于深圳港过境船居多,因此在相对化的过程中采用四项统计数据和船舶交通量的比值。将 2010—2014 年的四项统计数据进行相对化,结果如表 6-11 所示。

表 6-11 2010—2014 年深圳港四项统计数据相对化值

年份	水上交通事故/船舶交通量/(件/交通流量)	死亡失踪/船舶交通量/(人/交通流量)	沉船/船舶交通量/(艘/交通流量)	直接经济损失/船舶交通量/(亿元/交通流量)
2010	0.270 833 333	0.041 666 667	0.020 833 333	0.001 562 500
2011	0.222 672 065	0.101 214 575	0.060 728 745	0.000 526 316
2012	0.196 078 431	0.000 000 000	0.019 607 843	0.000 235 294
2013	0.120 689 655	0.017 241 379	0.034 482 759	0.000 965 517
2014	0.109 090 909	0.018 181 818	0.036 363 636	0.000 236 364

将 2010—2014 年深圳港四项统计数据相对化值进行标准化,结果如表 6-12 所示;接着将标准化值进行归一化,结果如表 6-13 所示。最终,采用“相对化—标准化—归一化”对 2010—2014 年四项统计数据进行处理后,得到的折线图如图 6-3 所示。

表 6-12 2010—2014 年深圳港四项统计数据标准化值

年份	水上交通事故/船舶交通量	死亡失踪/船舶交通量	沉船/船舶交通量	直接经济损失/船舶交通量
2010	0.000 00	0.588 34	0.970 20	0.000 00
2011	0.297 76	0.000 00	0.000 01	0.780 73
2012	0.462 18	1.000 00	1.000 00	1.000 00
2013	0.928 29	0.829 66	0.638 27	0.449 80
2014	1.000 00	0.820 36	0.592 53	0.999 19

表 6-13　2010—2014 年深圳港四项指标数据归一化值

年份	归一化四项指标数值
2010	0. 388 521 171
2011	0. 273 300 741
2012	0. 866 742 092
2013	0. 708 749 659
2014	0. 853 109 880

虽然深圳港的“水上交通事故件数”逐年下降,但四项统计数据的其他三项都有较大波动,因此无法通过四项统计数据简单判断深圳港近 5 年的交通安全状况。采用“相对化—标准化—归一化”对四项统计数据进行处理后,通过综合指数折线图可以看出近 5 年的整体交通安全状况:2011 年由于有 5 人死亡失踪,对该年的整体安全状况影响较大,所以是近 5 年中安全状态最差的一年;虽然 2012 年不是交通事故件数最少的一年,但是该年无人死亡失踪,且沉船艘数和直接经济损失是近 5 年最少的,在折线图中可以看出,该年是整体安全状况最好的一年。

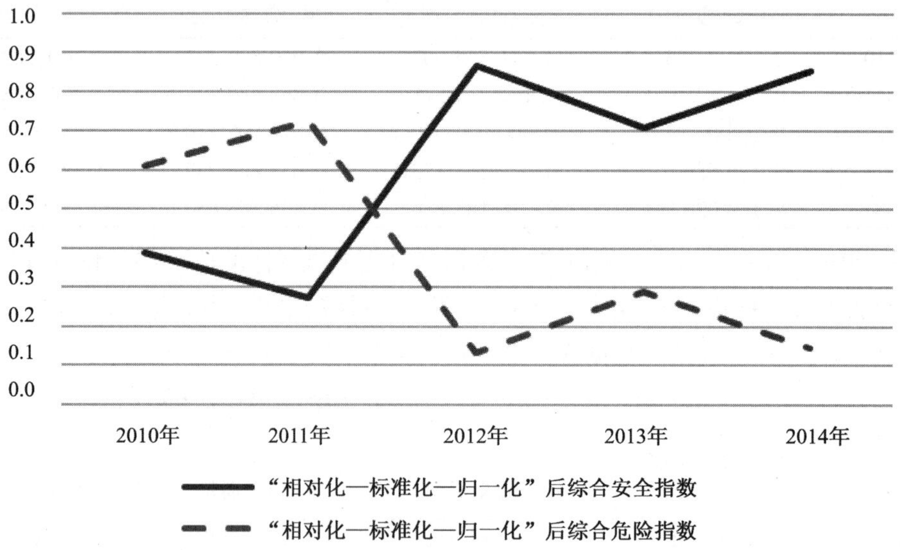

图 6-3　深圳港综合安全指数与综合危险指数折线图

6.2.3　不同港口水域的海上交通综合安全指数的对比分析

针对不同港口水域的交通安全对比分析方法与针对同一港口的历年交通安全评价方法类似。例如,可以把同一年份不同港口的四项统计数据、船舶进出港艘次数据或船舶交通量数据当作一个时间序列,依次进行“相对化—标准化—归一化”,得到的最后结果与针对同一港口历年的交通安全评价类似,只是时间横轴换成了不同的港口。虽然不同的港口所处地理位置、水文环境等因素各不相同,但从数理统计的角度可为我国沿海的宏观交通安全状况分析提供支持。以下以 2014 年大连港、天津港、青岛港、深圳港、厦门港五个港口四项统计数据及船舶进出港艘次数据为例,开展港口间的交通安全状况对比分析,详细数据见表 6-14。

表 6-14 2014 年五个港口四项统计数据及船舶进出港艘次

港口	水上交通事故/件	死亡失踪/人	沉船/艘	直接经济损失/亿元	船舶进出港艘次/万艘
大连	5	0	1	0.083 100	17.980 9
天津	8	6	2	0.347 900	36.176 0
青岛	5	1	2	0.104 400	20.070 0
深圳	2	1	0	0.006 584	37.011 6
厦门	5	2	1	0.046 800	23.696 8

若采用四项统计数据和船舶交通量的比值进行相对化,由于各个港口门线设置位置的可选择性较大,数据波动性可能较大,因此在相对化时采用海事机关公布的船舶进出港艘次作为参考。将 2014 年大连港、天津港、青岛港、深圳港、厦门港五个港口的四项统计数据进行相对化,结果如表 6-15 所示;接着进行标准化,结果如表 6-16 所示;再将标准化值进行归一化,结果如表 6-17 所示。

表 6-15 2014 年五个港口四项统计数据相对化值

港口	水上交通事故/船舶进出港艘次/(件/艘)	死亡失踪/船舶进出港艘次/(人/艘)	沉船/船舶进出港艘次/(艘/艘)	直接经济损失/船舶进出港艘次/(亿元/艘)
大连	0.278 072 844	0.000 000 000	0.055 614 569	0.004 621 571
天津	0.221 141 088	0.165 855 816	0.055 285 272	0.009 616 873
青岛	0.249 128 052	0.049 825 610	0.099 651 221	0.005 201 794
深圳	0.054 037 113	0.027 018 556	0.000 000 000	0.000 177 890
厦门	0.210 998 953	0.084 399 581	0.042 199 791	0.001 974 950

表 6-16　2014 年五个港口四项统计数据标准化值

港口	水上交通事故/船舶进出港艘次	死亡失踪/船舶进出港艘次	沉船/船舶进出港艘次	直接经济损失/船舶进出港艘次
大连	0.000 00	1.000 00	0.441 91	0.529 22
天津	0.254 12	0.000 00	0.445 21	0.000 00
青岛	0.129 20	0.699 58	0.000 00	0.467 75
深圳	1.000 00	0.837 10	1.000 00	1.000 00
厦门	0.299 39	0.491 13	0.576 53	0.809 61

表 6-17　2014 年五个港口四项统计数据归一化值

港口	四项统计数据归一化值
大连	0.491 148 625
天津	0.175 257 496
青岛	0.322 557 789
深圳	0.960 179 047
厦门	0.546 548 747

采用“相对化—标准化—归一化”对 2014 年大连港、天津港、青岛港、深圳港、厦门港五个港口的四项统计数据进行处理后，得到柱状图如图 6-4 所示。通过图 6-4 可以看出，由于天津港 2014 年水上交通事故件数、死亡失踪人数和直接经济损失都是最高，因此安全指数最低；而深圳港水上交通事故件数、沉船艘数和直接经济损失都最低，且船舶进出港艘次最高，因此安全指数最高。大连港、青岛港和厦门港的水上交通事故件数一样，在沉船艘数、死亡失踪人数和直接经济损失方面各有高低，难以直接比较三个港口的安全形势，但经过“相对化—标准化—归一化”处理后就可以直观地比较各个港口的综合安全指数。

6.3　基于历史数据的海上交通综合安全指数预测

6.3.1　预测方法与模型

1. 灰色预测

灰色预测是一种对含有不确定因素的系统进行预测的方法。灰色预测通过鉴别系统因素之间发展趋势的相异程度，即进行关联分析，并对原始数据进行处理来寻找系统

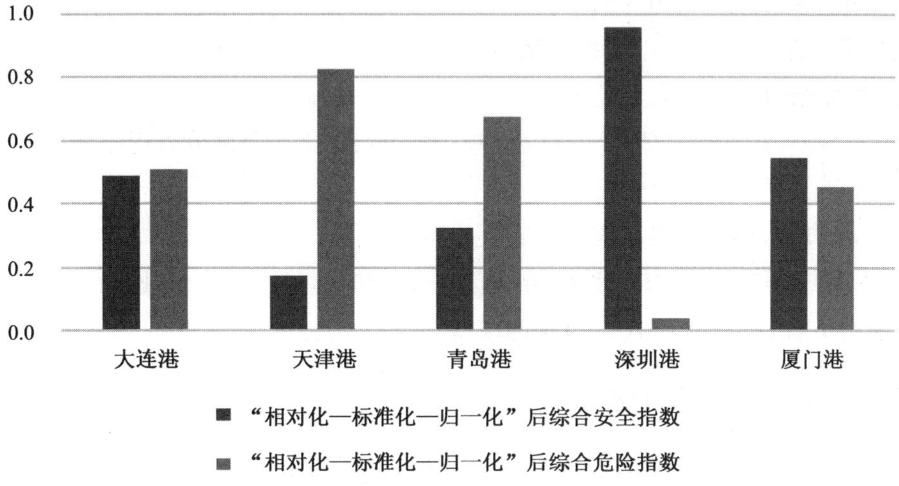

图 6-4 五个港口综合安全指数与综合危险指数柱状图

变动的规律,生成有较强规律性的数据序列,然后建立相应的微分方程模型,从而预测事物未来发展趋势的状况。它主要用等时间等距离观测到的反映预测对象特征的一系列数量值构造灰色预测模型,预测未来某一时刻的特征量,或达到某一特征量的时间[10-11]。

灰色预测的四种常见类型:

(1)灰色时间序列预测:用观察到的反映预测对象特征的时间序列来构造灰色预测模型,预测未来某一时刻的特征量,或达到某一特征量的时间。

(2)畸变预测:即通过灰色模型预测异常值出现的时刻,预测异常值什么时候出现在特定时间区间内。

(3)系统预测:通过对系统行为特征指标建立一组相互关联的灰色预测模型,预测系统中众多变量间的相互协调关系的变化。

(4)拓扑预测:将原始数据作曲线,在曲线上按定值寻找该定值发生的所有时点,并以该定值为框架构成时点数列,然后建立模型预测该定值所发生的时点。

灰色理论认为系统的行为现象尽管是朦胧的,数据是复杂的,但它毕竟是有序的,是有整体功能的。灰数的生成就是从杂乱中寻找出规律。同时,灰色理论建立的是生成数据模型,不是原始数据模型,因此,灰色预测是一种对含有不确定因素的系统进行预测的方法。数据生成的常用方式有累加生成、累减生成和加权累加生成。

2. 灰色模型

灰色系统理论是基于关联空间、光滑离散函数等概念定义灰导数与灰微分方程,进而用离散数据列建立微分方程形式的动态模型,即灰色模型是利用离散随机数经过生成变为随机性被显著削弱而且较有规律的生成数,建立起的微分方程形式的模型,这样便于对其变化过程进行研究和描述[12]。

灰色模型即 GM(1,1)的建模步骤为:

(1)把原始数据加工成生成数;

(2)对残差(模型计算值与实际值之差)修订后,建立差分微分方程模型;

(3)基于关联度收敛的分析;

(4)GM(1,1)模型所得数据经过逆生成还原;

(5)采用五步建模(系统定性分析、因素分析、初步量化、动态量化、优化)法,建立一种差分微分方程模型,即 GM(1,1)预测模型。

6.3.2 预测模型可行性分析

为了验证利用灰色模型 GM(1,1)预测交通安全形势的可行性,按照灰色模型的建模步骤,采用 MATLAB 软件对 GM(1,1)模型进行实现。以五年为间隔预测下一年的数据,并与实际值进行对比。例如,采用 2004—2008 年的水上交通事故件数预测 2009 年的交通事故件数并与 2009 年实际的交通事故件数进行对比,然后采用 2005—2009 年的水上交通事故件数预测 2010 年的交通事故件数并与 2010 年实际的交通事故件数进行对比,以此类推。其他三项统计数据及水上运输船舶拥有量也采用类似的方法进行预测和对比分析,数据如表 6-18 所示。

表 6-18 2004—2014 年四项统计数据及水上运输船舶拥有量实际值与预测值

年份	水上交通事故/件（实际值）	水上交通事故/件（预测值）	死亡失踪/人（实际值）	死亡失踪/人（预测值）	沉船/艘（实际值）	沉船/艘（预测值）	直接经济损失/亿元（实际值）	直接经济损失/亿元（预测值）	船舶拥有量/万艘（实际值）	船舶拥有量/万艘（预测值）
2004	562	—	489	—	330	—	3.69	—	21.1	—
2005	532	—	479	—	306	—	4.95	—	20.8	—
2006	440	—	376	—	250	—	4.43	—	19.4	—
2007	420	—	372	—	248	—	4.02	—	19.2	—
2008	342	—	351	—	213	—	5.19	—	18.4	—
2009	358	304	336	303	199	190	3.47	4.73	17.7	17.7
2010	331	314	329	325	195	185	3.24	3.89	17.8	17.3
2011	298	303	291	312	175	173	3.90	3.12	17.9	17.0
2012	270	295	277	283	165	168	4.66	2.91	17.9	17.6
2013	262	247	265	258	142	155	3.84	5.05	17.3	18.0
2014	260	235	247	242	141	131	2.59	4.54	17.2	17.3

为了更加清晰地展示 2004—2014 年四项统计数据及水上运输船舶拥有量的实际值与预测值的对比,将这五项数据分别作图进行更加直观的对比分析,如图 6-5~6-9 所示。

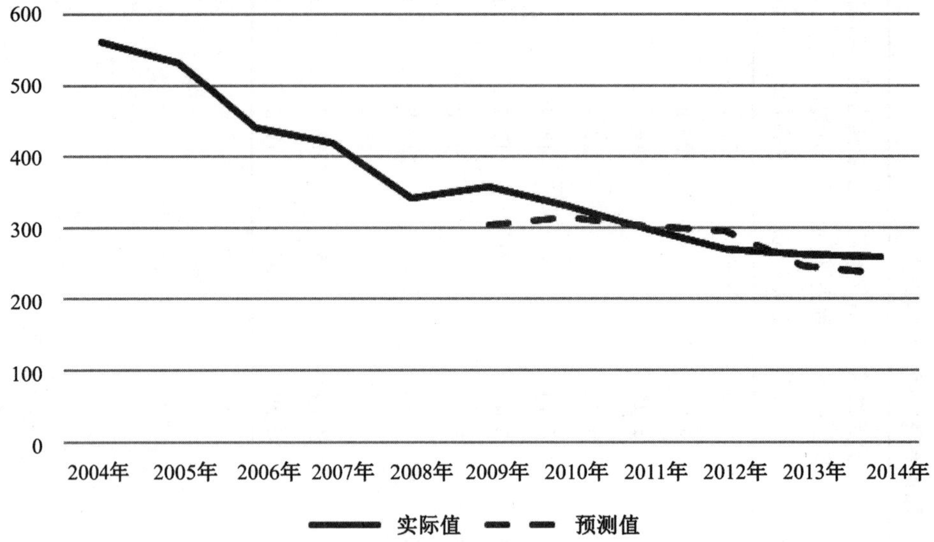

图 6-5　水上交通事故件数实际值与预测值对比

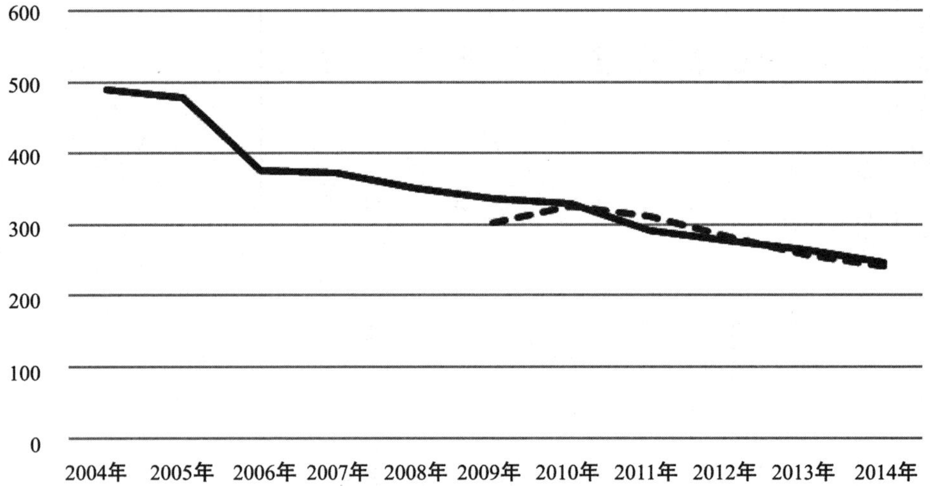

图 6-6　死亡失踪人数实际值与预测值对比

基于 2009—2014 年四项统计数据和水上运输船舶拥有量的预测值,并结合 2004—2008 年的四项统计数据和水上运输船舶拥有量的实际值依次进行“相对化—标准化—归一化”,得到最后的综合安全指数如图 6-10 所示。

然后,采用协方差算得基于实际值求取的综合安全指数与基于预测值求取的综合安

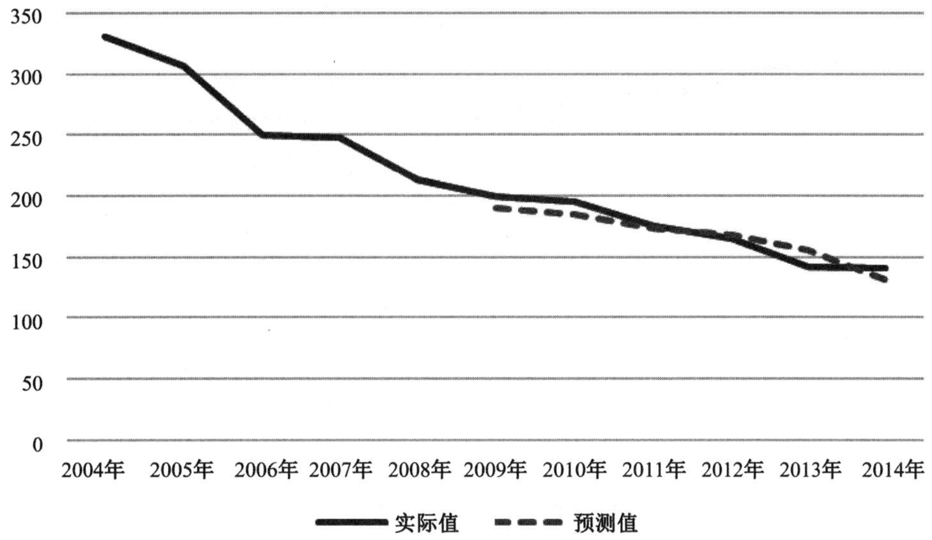

图 6-7 沉船艘数实际值与预测值对比

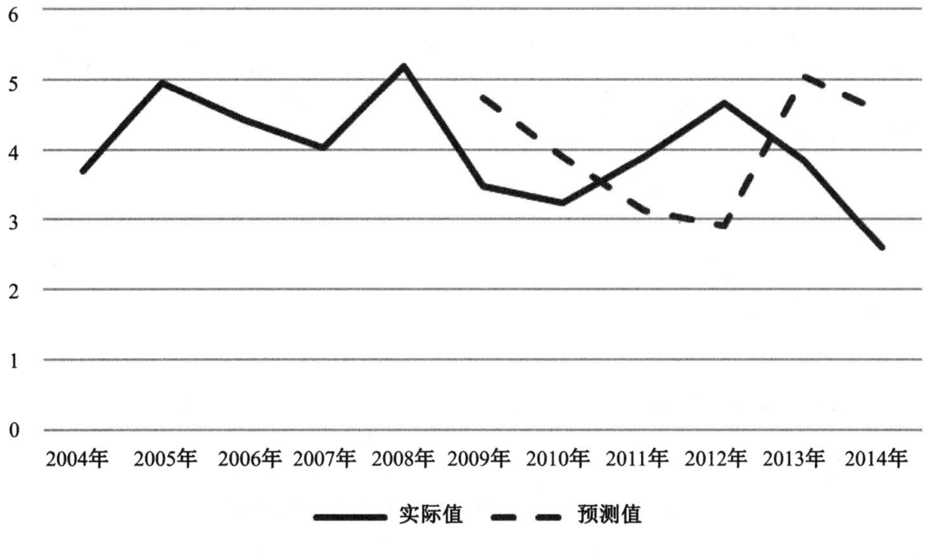

图 6-8 直接经济损失实际值与预测值对比

全指数之间的相关系数。协方差分析是建立在方差分析和回归分析基础之上的一种统计分析方法。期望值分别为 $E[X]$ 与 $E[Y]$ 的两个随机变量 X 与 Y 之间的协方差 $Cov(X, Y)$ 定义为：

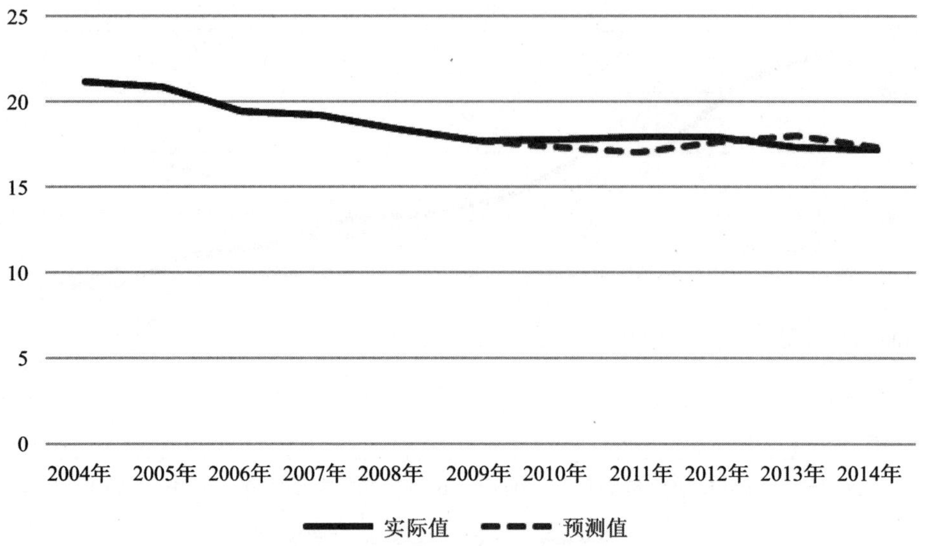

图 6-9　水上运输船舶拥有量实际值与预测值对比

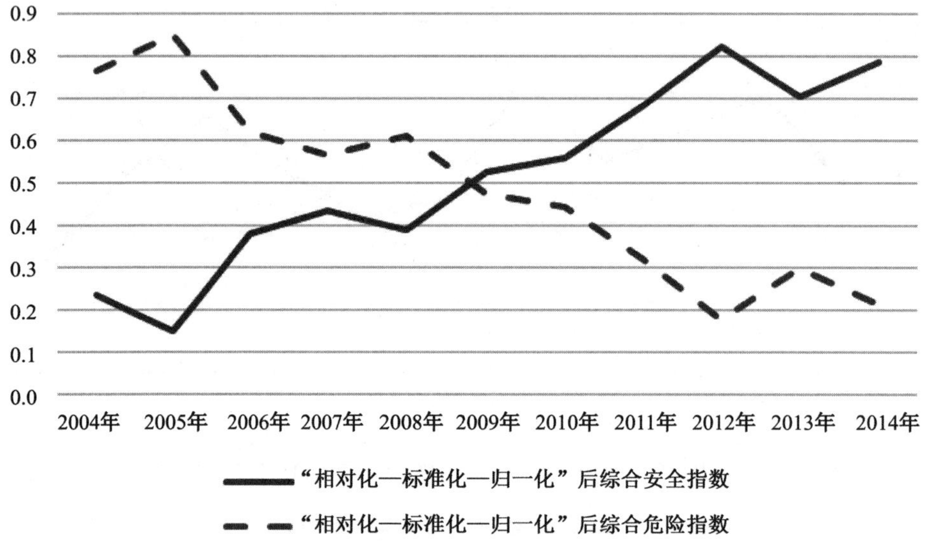

图 6-10　采用预测值计算求得的综合安全指数和综合危险指数折线图

$$\begin{aligned} Cov(X,Y) &= E[(X-E[X])(Y-E[Y])] \\ &= E[XY]-2E[Y]E[X]+E[Y]E[X] \\ &= E[XY]-E[Y]E[X] \end{aligned} \tag{6-3}$$

设

$$\rho_{XY}=\frac{Cov(X,Y)}{\sqrt{D(X)}\sqrt{D(Y)}} \tag{6-4}$$

为随机变量 X 和 Y 的相关系数。采用该方法以实际值求取的综合安全指数与以预测值求取的综合安全指数的相关系数为 0.955 4，可见两条曲线的拟合度较高。

通过观测 2004—2014 年四项统计数据及水上运输船舶拥有量的实际值与预测值，以及采用预测值进行"相对化—标准化—归一化"后得到的综合指数折线图，可以看出利用灰色模型 GM(1,1)预测的预测值折线与实际值折线基本吻合，折线走向趋势一致，说明可以利用灰色模型 GM(1,1)进行交通安全形势的预测。

6.3.3 针对全国水域的海上交通综合安全指数预测

本小节利用灰色模型 GM(1,1)针对全国水域的海上交通综合安全指数进行预测。所需的输入参数为已知的历年数据和所需预测数据的年份，输出结果为所需预测年份的数据。例如，输入 2004—2014 年的交通事故件数，输入需要预测的年份为 2015 年，即可得到 2015 年的交通事故件数。依次输入 2004—2014 年的交通事故件数、死亡失踪人数、沉船艘数、直接经济损失和水上运输船舶拥有量，则预测出 2015 年的各项指标值(见表 6-19)。利用该值进行"相对化"，即用四项统计数据的预测值除以水上运输船舶拥有量预测值，结果如表 6-20 所示。再将 2015 年四项统计预测数据相对化值，以及 2004—2014 年四项统计数据相对化值采用式(6-3)进行标准化处理，结果如表 6-21 所示。

表 6-19　2015 年四项统计数据及水上运输船舶拥有量预测值

指标内容	预测值
水上交通事故/件	215.835 3
死亡失踪/人	227.024 6
沉船/艘	123.625 6
直接经济损失/亿元	3.227
水上运输船舶拥有量/万艘	16.561 8

表 6-20　2015 年四项统计预测数据相对化值

指标内容	相对化后预测值
水上交通事故/船舶拥有量/(件/万艘)	13.032 116 070
死亡失踪/船舶拥有量/(人/万艘)	13.707 725 010
沉船/船舶拥有量/(艘/万艘)	7.464 502 651
直接经济损失/船舶拥有量/(亿元/万艘)	0.194 845 971

表 6-21　2004—2015 年四项统计数据(2015 年为预测值)标准化值

年份	水上交通事故/船舶拥有量	死亡失踪/船舶拥有量	沉船/船舶拥有量	直接经济损失/船舶拥有量
2004	0.000 000	0.000 000	0.000 000	0.815 184
2005	0.077 788	0.015 475	0.113 546	0.335 284
2006	0.290 720	0.400 725	0.336 772	0.408 526
2007	0.349 929	0.401 405	0.333 094	0.552 844
2008	0.591 644	0.432 977	0.497 073	0.000 000
2009	0.471 154	0.442 804	0.537 823	0.654 224
2010	0.591 016	0.495 605	0.573037	0.760 874
2011	0.734 180	0.730 740	0.717 193	0.488 182
2012	0.849 173	0.813 350	0.785 528	0.165 267
2013	0.844 710	0.829 926	0.909 044	0.457 089
2014	0.846 786	0.931 056	0.910 319	0.999 999
2015	1.000 000	1.00 0000	1.000 000	0.663 345

最后,对以上数据进行归一化:通过请专家填写权重调查表的方式,获得四项统计数据中每一项对综合安全指数的影响权重,进行归一化,归一化后的结果如表 6-22 所示。最终,采用“相对化—标准化—归一化”对 2004—2015 年四项统计数据(2015 年为预测值)进行处理后,得到折线图如图 6-11 所示。

表 6-22　2004—2015 年四项统计数据(2015 年为预测值)归一化值

年份	归一化四项指标数值
2004	0.208 324 832
2005	0.137 379 215
2006	0.359 331 442
2007	0.410 121 989
2008	0.377 807 964
2009	0.527 823 963
2010	0.606 566 78
2011	0.666 188 409
2012	0.649 587 714
2013	0.758 264 172
2014	0.922 563 822
2015	0.913 965 783

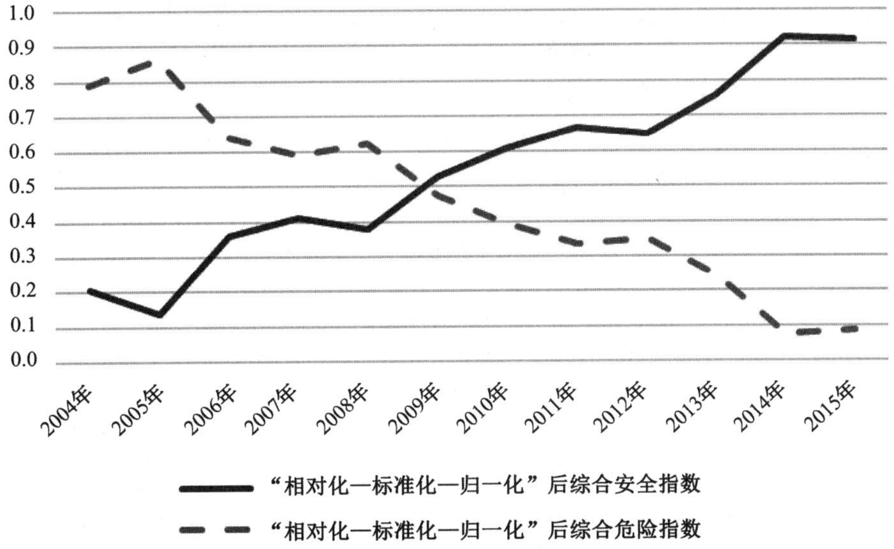

图 6-11 “相对化—标准化—归一化”后综合安全指数与综合危险指数折线图(2004—2015 年)

通过“相对化—标准化—归一化”后综合安全指数折线图可以看出,2004—2015 年综合安全指数在波动中逐年上升,特别是在 2008—2014 年的 7 年间,除了 2012 年较 2011 年综合安全指数稍微降低外,连续 7 年综合安全指数逐年上升。需要特别注意的是,根据 GM(1,1)模型的预测结果,2015 年的综合安全指数比 2014 年的综合安全指数低,这也符合“东方之星”客船事故发生的既定事实。

6.3.4 针对港口水域的海上交通综合安全指数预测

与针对全国水域的交通安全预测一样,针对港口水域的海上交通综合安全指数预测也可采用 GM(1,1)模型。所需的输入参数为该港口已知的历年数据和所需预测数据的年份,输出结果为所需预测年份的数据。例如,输入 2010—2014 年深圳港的交通事故件数和需要预测的年份——2015 年,即可得到 2015 年深圳港的水上交通事故件数。

依次输入 2010—2014 年深圳港的水上交通事故件数、死亡失踪人数、沉船艘数、直接经济损失和船舶进出港艘次,2015 年的各项统计数据预测值详见表 6-23。对 2015 年深圳港的预测值进行“相对化”,即用四项统计数据预测值除以船舶交通量预测值,结果见表 6-24。将 2015 年的四项统计预测数据相对化值以及 2010—2014 年四项统计数据相对化值,采用式(6-3)进行标准化处理,结果如表 6-25 所示。最后将标准化值进行归一化,结果如表 6-26 所示。

表 6-23　2015 年深圳港四项统计数据及船舶交通量预测值

指标内容	预测值
水上交通事故/件	4.892 000
死亡失踪/人	0.051 421
沉船/艘	1.451 000
直接经济损失/亿元	0.027 768
船舶交通量/万艘	59.447 900

表 6-24　2015 年深圳港四项统计预测数据相对化值

指标内容	相对化后预测值
水上交通事故/船舶交通量/(件/万艘)	0.082 290 543
死亡失踪/船舶交通量/(人/万艘)	0.000 864 976
沉船/船舶交通量/(艘/万艘)	0.024 407 927
直接经济损失/船舶交通量/(亿元/万艘)	0.000 467 098

表 6-25　2010—2015 年深圳港四项统计数据(2015 年为预测值)标准化值

年份	水上交通事故/船舶交通量	死亡失踪/船舶交通量	沉船/船舶交通量	直接经济损失/船舶交通量
2010	0.000 00	0.588 34	0.970 20	0.000 00
2011	0.255 44	0.000 00	0.000 01	0.780 73
2012	0.396 49	1.000 00	1.000 00	1.000 00
2013	0.796 34	0.829 66	0.638 27	0.449 80
2014	0.857 85	0.820 36	0.592 53	0.999 19
2015	1.000 00	0.991 45	0.883 27	0.825 34

表 6-26　2010—2015 年深圳港四项统计数据(2015 年为预测值)归一化值

年份	归一化四项指标数值
2010	0.388 521 244
2011	0.262 813 238
2012	0.850 463 571
2013	0.676 054 512
2014	0.817 888 995
2015	0.923 835 207

采用“相对化—标准化—归一化”对 2010—2015 年四项指标数据(2015 年为预测值)进行处理后,得到折线图如图 6-12 所示。从图 6-12 可以看出,根据 GM(1,1)模型的预测结果,2015 年的综合安全指数较 2013 年和 2014 年的综合安全指数逐年升高,预测安全状况良好。

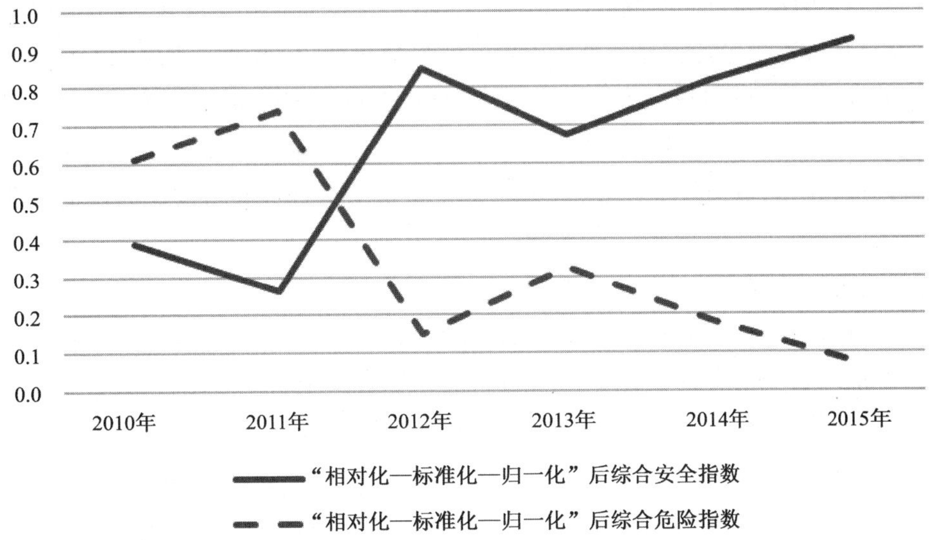

图 6-12 “相对化—标准化—归一化”后综合安全指数和综合危险指数折线图(2010—2015 年)

6.4 基于历史数据的海上交通安全风险评价分析

《交通运输行业发展统计公报》每年都会公布全国水上安全形势统计数据,即“水上交通事故件数”“死亡失踪人数”“沉船艘数”“直接经济损失”四项统计数据。四项统计数据沿用多年,有一定的合理性,但也存在一定的缺陷。例如,随着中国航运经济的快速发展,港口吞吐量、进出港船舶数量增长显著,上述四项统计数据未考虑经济环境的变化;另外,不同水域的通航环境、水文气象等基本条件不同,且不同水域的船舶活动量差异较大,仅凭上述四项统计数据对不同水域安全状况进行比较,显然有些欠合理。为了解决以上问题,在对前人研究成果总结、归纳、分析的基础上,本章提出“相对化—标准化—归一化”的解决方法,简称“历史数据法”,并采用该方法开展了全国水域的交通安全评价与预测,以及港口水域的交通安全评价、预测和对比分析。

针对全国水域而言,将四项统计数据进行“相对化—标准化—归一化”后可以直观明了地看出历年安全指数的高低及变化趋势,同时“相对化—标准化—归一化”后得到的安全指数考虑了水上运输船舶拥有量的变化,在进行历年的对比分析时更加科学合理。

针对港口而言,与全国水域类似,将四项统计数据进行“相对化—标准化—归一化”

后可以直观明了地看出港口历年安全指数的高低及变化规律。需要指出的是,在“相对化”的过程中,相对化的分母可以采用船舶进出港艘次或船舶交通量。对于过境船舶较多的港口而言,采用船舶交通量更加合理。另外,将港口四项统计数据进行“相对化—标准化—归一化”后还可以进行不同港口之间的横向比较。

研究结果表明,将全国范围的四项统计数据进行“相对化—标准化—归一化”后得到的综合安全指数可以更加方便地进行历年安全形势的对比;将港口水域的四项统计数据进行“相对化—标准化—归一化”后得到的综合安全指数可以进行港口历年安全状况和不同港口之间安全状况的对比分析。提出的方法与简单基于四项统计数据绝对数值的风险评价方法相比,更为科学合理,可为海事主管机关掌握和评价安全状况时提供重要参考。

考虑到现行的四项统计数据从不同角度反映了水域的安全状况,建议今后在海上交通安全综合评价及发布《交通运输行业发展统计公报》时,在充分利用现有四项统计数据基础上,增加综合安全指数一项,以方便进行历年综合安全状况的比较、观察变化趋势和变化幅度。因此,本章提出的海上交通安全风险评价方法是在原有四项统计数据的基础上,对相关数据项进行综合分析和调整,优化原有四项统计数据,增加综合安全指数一项。

参考文献

[1] 吴兆麟，王逢辰，赵劲松．海损事故统计分析与船舶安全综合评判[J]．大连海运学院学报，1991，17(3)：240-246.

[2] 交通部．船舶海损事故统计、报告规定[R]．1986.

[3] 交通部．船舶交通事故统计规则[R]．1990.

[4] 交通部．水上交通事故统计办法[R]．2002.

[5] 交通运输部．水上交通事故统计办法[R]．2014.

[6] 交通运输部．2014 年交通运输行业发展统计公报-政府信息公开[EB/OL]．(2014-04-30)[2015/11/27]．http://www. moc. gov. cn/zfxxgk/bnssj/zhghs/201504/t20150430_1810598. html.

[7] 陈厚忠，杨立波，王世伟，等．中国沿海海事高风险水域辨识及评价[J]．大连海事大学学报，2010，36(2)：42-46.

[8] 吴华林，邱健华．长江水上交通安全状况综合评价模型研究[J]．航海技术，2000(5)：3-7.

[9] 方祥麟，王逢辰，吴兆麟．船舶交通安全评价方法:安全指数法[J]．大连海运学院学报，1992，18(4)：337-341.

[10] 崔立志．灰色预测技术及其应用研究[D]．南京航空航天大学，2010.

[11] 曾波．灰色预测建模技术研究[D]．南京航空航天大学，2012.

[12] 郑斌，刘金霞，杨华龙．灰色预测 GM(1,1)模型的改进及应用[J]．数学的实践与认识，2011，41(23)：39-46.

第7章

基于FAHP的海上交通安全风险评价

用于海上交通安全风险评价的方法主要包括:基于灰色理论的灰色评价、灰色关联分析,基于模糊理论和AHP的模糊综合评价,基于贝叶斯网络的安全评价,基于云理论的海上交通安全评价方法等。通过对比各种评价方法,笔者认为模糊综合评价能够较好地解决定性指标的定量化问题,适用于定性指标的定量评价,并且模糊综合评价的结果是一个集合,评价结果对评价对象具有唯一性。根据目前海上交通安全风险研究现状可以看出,模糊综合评价方法比较多地用于海上交通安全风险评价,适用性和实践性较好。FAHP与传统的AHP相比解决了要经过若干次调整、检验、再调整、再检验才能使判断矩阵具有一致性的问题,使模糊矩阵的一致性检验更容易、科学、准确和简便。

综合考虑FAHP的优势和模糊综合评价在安全评价领域的广泛应用,本章采用基于FAHP的风险评价模型对海上交通安全风险进行评价。海上交通安全风险评价的步骤包括:指标体系建立、指标评价标准确定、数学模型构建、风险综合评价、评价结果分析。

7.1 海上交通安全风险评价指标体系的建立

要评价一个对象,就要考虑影响评价对象的各种因素,进而建立评价指标体系。指标体系是指由若干个相互联系的统计指标所组成的指标集。指标体系的建立是进行评价和预警的基础,它是将抽象的研究对象按照其本质属性和特征的某一方面的标识分解成为具有行为化、可操作化结构的过程。所以,指标体系的构建不仅要明确指标体系的构成要素,而且要明确指标间的层级关系[1]。

不同类型、不同范围的水域的海上交通安全风险是不一样的,所受的影响因素也各不相同。按照第 3 章关于交通环境航行水域的分类方法,其可分为港口水域、通道水域和沿海重点水域三种类型。考虑到数据的限制,本章仅对港口水域和通道水域两种类型水域的海上交通风险分别建立指标体系,并进行评价。

7.1.1 指标体系建立原则

要想使风险评价结果科学、合理、可行、有效,就要正确地选择评价因素。不同的研究人员选用的研究方式不同、研究侧重点不同,因此选择的评价因素也就有所不同。影响海上交通安全的因素有许多,如何选择合适的影响因素对于准确评估海上交通安全具有至关重要的作用,本书在确定海上交通安全风险评价指标体系时主要遵循以下原则:

1. 因素的完备性

完备性是指评价指标体系要尽可能完整地、全面地反映和度量被评估的对象,当体系中所有因素的值确定以后,评估结果不会随其他变量改变。

2. 因素的独立性

在设计评估因素体系时,有些因素之间往往具有一定程度的相关性,因而要采用科学的方法处理因素体系中彼此相关程度大的因素,使每一因素在体系中只出现一次,避免重复,让因素体系能够科学、准确地反映评估对象的实际情况。

3. 因素的代表性

在具体对某一对象进行评估时,既要全面分析其相关因素,又要抓住主要矛盾,选择最能反映评估对象水平的因素,使评估因素具有代表性。

4. 因素的可操作性

要根据不同的评估要求设计因素体系,使之简明扼要,并且所需数据能够获取,易于操作和测量,以便于评估的实施。

5. 因素体系的简练性

因素体系要力求简练,次要的因素可以略去,建立的数学模型要易于实际操作。

6. 定性与定量相结合原则

定性研究可以把握系统的发展规律,定量研究可以让系统更加清晰明了,采用定性与定量相结合的原则就是要把系统的所有影响因素都能够体现出来。

7.1.2 港口水域海上交通安全风险评价指标体系

港口水域作为水上运输的起点,对海上交通运输安全有着重要的影响。本书所定义的港口水域是指港界线以内的水域,主要包括码头前水域、进出港航道、回旋水域、制动水域以及港内锚地等,其能满足船舶安全地进出和靠离码头。对于港口水域海上交通安全风险这一评价对象而言,笔者通过查阅大量资料和文献发现,不同专家学者对于影响要素的分析都可以归结为“人-机-环境-管理”这一系统,但更加细化的下一级别要素的分析不尽相同,例如有些文献侧重于全面分析自然环境要素,有些文献侧重于分析船舶自身要素,有些文献重点分析人的要素。本书力求兼顾所要研究对象的完整性及全面性,在选取评价指标时尽可能全面分析真实情况中所能考虑到的各项主要要素,尽可能在选择分析过程中相对全面且不冗杂混乱,使得最后的评价达到更加贴近现实且客观可行的目的。

船舶在港口航道航行中,其所处环境较为复杂,港口环境要素对港口水域交通安全影响重大,由于航行环境有不确定性、突发性等特点,所以需要对环境因素全面考量。港口通航中各环境要素相互联系、相互影响,片面地研究某一要素对于港口整体安全综合分析作用不大。为了使研究更加符合现实,需要全方位考虑船舶在港口水域航行的所有环境因素,挖掘出可能影响航行安全的各种潜在风险,对影响港口通航安全的各项环境因素进行深入分析,找到各因素之间的关联性和影响度,以便为后续的综合评价提供科学可靠的依据。下面将详细分析影响港口水域通航安全的各主要因素。

1. 人为因素

人为因素是指人在完成某一特定任务时,人的行为对这一系统的正确功能或成功性能的不良影响。人为因素涉及心理学、行为科学、管理学、人机工程学等广泛领域。从狭义上说,人为因素就是指航运人员的因素。从广义上讲,人为因素是指促成水上交通事故原因中除自然因素之外的其他有关人员的一切因素,也就是指直接或间接导致事故发生的人为方面的错误,即错误地或不适时地对某个刺激做出反应,从而做出违背设计、操作规程等不良做法,人为地使系统发生故障或发生技能不良的事件[2]。本书采用的是人为因素的狭义定义,即船员因素,船员是船舶运输系统中最能动的因素。IMO 在《国际船舶安全营运和防止污染管理规则》(International Safety Management Code,ISM Code)中指出,由船上人员和岸上人员造成的事故约占海上事故总数的 80%,因此,船员的专业技能、学历水平、生理状态直接关系到能否安全、高效地完成运输任务。在海事领域,人为因素的特点及特性决定人为因素的性质。人为因素具有如下特点:人为因素与人的责任心、精神状态、健康程度和知识能力素质相关;人为因素与其他相关因素具有相互协调的关系[2]。根据人为因素的特点,人为因素可以分为四类,即身体因素、精神因素、智力因素、能力因素[3]。本书结合海上交通安全的实际情况,采用适任性、责任心和疲劳程度三个指标评价海上交通安全风险中人为因素的影响。

(1)适任性

适任性是人的能力因素、智力因素和身体因素的综合体现。船上人员的适任性不仅仅体现为其持有有效的适任证书,而更应体现为其专业技术水平的高低,包括理论水平和实际工作经验。专业技术水平高、基础好、应变能力强,危急时便能化险为夷;专业技术水平低、基础差、应变能力弱,就容易产生判断失误和操作失误,造成手足无措的危险局面,就有可能导致无法恰当应对船舶航行期间的突发事件。专业技术水平的高低主要取决于学历和工作经验。

持有适任证书担任高级职务的船员,均接受了本科、大专或中专的航海学历教育。统计数据表明,学历越高,在实际操作中失误的可能性就越小,导致海上事故的可能性也就越小。

船上工作经验是船员在长期的航行实践中通过自己的感官接触客观事物而获得的知识,再经过反思总结继而上升为特殊的航海知识和技能,因此海龄是船员在船上工作经验的反映。统计表明,海龄越长(法定工作年龄之内),在实际操作中失误的可能性越小,导致海上事故的可能性也就越小。

(2)责任心

责任心是指一个人对其所属群体的共同活动、行为规范以及他所承担的任务的自觉态度,涉及责任认知、责任感及责任行为。责任心是船员素质的重要组成部分[4]。

有关海上事故的统计数据表明:海上交通事故中80%是人为因素造成的,在所有人为因素事故中,因责任心不足造成的又占了80%[5]。1989年“埃克森·瓦尔迪兹”号油船触礁溢油污染,主要原因是船长醉酒,将对航行技术不熟悉的三副留在驾驶台,最终导致船舶偏航而触礁。这起事故载入了“20世纪百大灾难”,其根本原因在于船长玩忽职守,安全意识淡薄[6]。

船员的工作责任心是船舶安全的“防火墙”。营运中的船舶随时都可能遇到某些意想不到的情况,所以船员在任何时候都必须保持高度的工作责任心,随时发现和处理所面临的不利局面[7]。

(3)疲劳程度

疲劳可以分为身体疲劳和精神疲劳两种[8],是人的身体素质和精神素质的体现。船员在长时间的工作过程中,由于压力过大、休息不足等方面的原因很有可能造成疲劳过度。驾驶人员的大脑疲劳在生理上表现为感觉迟钝、动作不准确且灵敏性降低,在心理上表现为注意力不集中、思维迟缓、反应慢、心情烦躁等,往往易导致交通事故的发生。因此疲劳是降低人的工作水平,使身体和头脑的反应迟钝,并削弱做出合理判断能力的一种状态,其结果必然导致不安全行为增加、船舶操纵质量下降、避碰反应速度变慢,从而导致事故增加。根据统计,2006 年挪威海域共发生 88 起船舶搁浅事故,大部分与驾驶员的疲劳因素相关,其中 8 起事故的直接原因是驾驶员在值班期间睡觉[8]。

2. 船舶因素

(1)通航船型

一个海域或港区内通航船舶的类型与该区域的交通风险是存在一定关系的,因此选取通航船型作为评价海上交通安全的船舶因素的一个二级指标。

①高风险船规模

根据港口国监督检查(Port State Control,PSC)中对于高风险船的定义(东京备忘录新检查机制)[9],参考我国交通运输部根据当前水上交通运输和安全监管的新形势、新变化、新要求,结合事故发生概率、安全风险情况和安全监管难度等因素确定的“四类重点船舶”,将客船、危险品船舶的规模(占船舶交通量的比重)作为评价海上交通安全的通航船型的一个指标。客船一旦发生事故,导致重大的人员伤亡,将会造成较大的社会影响;而危险品船舶发生事故,可能会导致巨大的海洋环境污染,产生重大的社会影响和经济财产损失。因此,将港口区域内(进出港)客船(客滚船)和危险品船舶的数量(进出港船舶艘数)占进出港船舶总量的比重作为评价指标,评价港口的海上交通安全。

②砂石船影响

砂石船是事故多发的船型,事故类型主要为砂石船在大风浪中自沉等。根据统计,2010—2014 年辽宁海事局辖区砂石船(运砂船)事故占事故总数的 8.24%,个别年份甚至可达到近 20%。通过研究及调研表明:砂石船事故往往与其数量有密切关系,而砂石船的数量又与周边海域的港口建设、填海造地等涉水工程建设相关[10],遇有大规模的港口开发建设时,往往砂石船的数量会大幅激增,砂石船事故也会明显增加;大规模的港口开发建设结束后,该区域内砂石船的数量会快速减少,相应的砂石船事故的数量也会随之减少。由于地域不同、时间不同,砂石船对海上交通安全的影响也是不一样的,因此,选取“砂石船影响”作为通航船型的一个指标,通过当地海事专家评价的方式,确定其对海上交通安全的影响。

(2)船舶吨位

船舶吨位的大小是影响船舶自身安全的一项重要因素,尤其在港口水域航行时,由于港口航道的自然情况较为复杂,且远不如开阔水域空间充足,船舶的各项操纵性能会有不同程度的限制。相关统计与研究表明,船舶吨位与水上交通事故有着较大的关联,船舶吨位(尺度)越大,发生水上交通事故的可能性越大。根据 IMO 统计,港口水域中发生的船舶事故概率与船长的 3/2 次方成正比,且船舶碰撞率与船舶总吨位的关系可以表示为:

$$船舶碰撞率=0.001\ 4GT+0.000\ 9$$

其中,GT 为船舶总吨。可见,船舶吨位越大,船舶发生碰撞的风险值越大。通过对国内相关数据统计分析发现,1990—2010 年,3 000 总吨以上的船舶发生碰撞的事故总数为 3 000 总吨以下船舶的近 5 倍,可见船舶尺度因素在船舶事故致因中占据一定比重,加之港口水域航行环境复杂,大型船舶在其中航行的风险值骤然增加,对整个港口的安全会造成一定的影响。考虑到碰撞事故是沿海及港口附近水域发生最多的事故,因此,可以参照碰撞事故与船舶吨位的关系对船舶吨位进行划分。

(3)船龄

船龄是指船舶自建造完工之日起至现今的年限。船龄是一个对船舶安全影响很大的因素,因为随着船龄的增长,船舶设备技术状况下降,船体结构强度下降,尤其是船龄 15 年以上的船舶,一般进入损耗失效期,由于老化、疲劳、蚀耗等原因,机械、机电设备发生偶然失效的概率会增加而导致水上交通事故发生的概率加大,故障会逐年增多[11]。几种主要船型不同船龄的灭失率见表 7-1。

表 7-1 主要船型不同船龄的灭失率

船龄区段	0~4 年	5~9 年	10~14 年	15~19 年	20~24 年	25 年以上
油船	0. 17	0. 14	0. 31	0. 87	1. 34	0. 55
散货船与兼用船	0. 12	0. 17	0. 29	0. 86	1. 19	0. 42
其他船	0. 09	0. 18	0. 33	0. 67	1. 29	1. 04
总计	0. 13	0. 16	0. 31	0. 78	1. 29	0. 87

根据相关研究,船舶的船龄每增加一年,船舶发生重大事故的概率便增加 0. 35%;当船舶的船龄超过 35 年时,发生重大事故的概率激增至 12%[12];船龄≥6 年的 60 000 DWT 以上的油船发生碰撞、触碰、搁浅、火灾、爆炸事故的比例是在逐年增加的[13]。

(4)适航状态

一般而言,船舶适航是指载货船舶各个方面能够满足航程中的一般安全,克服合同约定的、航次中通常出现的或可预见的风险,并妥善配备船员、装备船舶和配备供应品以及适于装载约定货物并将其妥善安全运至目的港,完成预定航次的运输任务,即船舶具备抗风险能力、航行能力和适货能力[14]。而海上交通事故往往与船舶的不适航相关。交通事故统计显示:主机、舵机、副机、供电失灵是船舶失控造成碰撞的主要原因,船体破损、导航设备故障、主机或舵机故障是搁浅/触礁海损事故的主要原因。众多的船舶船体破损及机械故障等因素导致的海损事故给生命财产带来了巨大的损失,给环境带来灾难性的污染[15]。

对于船舶适航状态的评价中,通常采用船舶结构强度、船舶设备的平均无故障时间(Mean Time Between Failure,MTBF)[16-17]、操纵与导航系统性能[18]、航海图书资料[19]等作为评价指标，但考虑到港口区域内的船舶的上述指标数据无法获取，本书提出采用船舶安全检查数据作为船舶适航状态的评价指标。

船舶安全检查，包括港口国监督检查和船旗国检查，主要目的是限制与排除低标准船舶的航行，保证船舶安全航行和防止船舶对海洋环境造成污染。研究结果表明，船舶安全检查数据（缺陷类型和数量）与船舶安全状况、船舶交通事故有直接的关系[12, 20-21]。

采用适航状态作为船舶因素的指标评价海上交通安全，在此采用船舶安全检查数据中的船舶滞留作为船舶不适航的依据，以船舶滞留率高低作为评价港口水域内船舶适航状态的标准。

3. 环境因素

(1) 自然环境

①能见度

能见度是反映大气透明度的一个指标，是指具有正常视力的人在当时的天气条件下能够看清楚目标轮廓的最大距离。能见度与当时的天气情况密切相关，造成海上能见度不良的因素主要有雾、霾、雪、雨以及冰雹等。海雾的影响最为常见，它是船舶航行安全的主要威胁因素。当能见度较差时会出现观测困难，船舶航行、进出港需依靠雷达等助航设备协助引导航行，而借助雷达等助航设备进行瞭望远不及人眼直接观测更为直观准确；当雷达发出警告时，很可能船舶已经错过避让最佳时机，导致避让不及时或接收警告不及时而发生碰撞事故或搁浅事故。在海上交通事故中，有相当一部分是由于能见度不良造成的。据不完全统计，在能见度长期较差的水域，发生的交通事故中碰撞事故所占的比例高达50%，可见能见度不良的危害严重性。

在航海中，能见度不良的天气多见于大雾天气。船舶在雾中航行时，驾驶员和岸基观测者除使用雷达等助航仪器外，还主要依靠个人经验以及操纵指挥习惯来进行雾中船舶航行的引导。雾中避让过程较为复杂，很难量化，只能依靠值班人员个人经验和能力进行避让，这也是大雾天气船舶碰撞事故频发的一个主要因素。

有学者研究认为船舶事故数与能见距离之间的关系为：当能见距离小于4 km时，对航行安全有一定的影响；当能见距离降至1 km时，事故数急剧增大，被视为危险的能见距离[17]。

②风

风是影响船舶正常航行的重要自然环境因素，也是船舶航行中经常遇到的一种气象要素。大风会在一定程度上催生大浪，风浪常常相互伴随影响船舶。大风浪对船舶航行安全的影响程度较高，既能对船舶本身造成损坏，又能给船舶航行带来极大困难。大风浪对船舶的影响主要有以下几个方面[22]：首先，大风浪会使船舶偏离航线，由于风浪方向和大小变幻无常，船舶航向偏离的程度和方向也会有很大变化，给船舶航行带来不便；其次，大风浪会对船体结构造成破坏，出现船体变形、破损进水的情况，若船舶载有大量液体货物或易流动货物，甚至会导致船舶稳性丧失而倾覆；再次，由于风浪起伏不定，大风浪中船舶航速下降，舵效变差，船舶操纵会更加困难；最后，大风浪会导致甲板上浪严重，甲板上的货物会被波浪带入水中，造成货物损失等。

在港口水域，风浪情况相对平稳一些，因此风浪因素引起的船舶操纵困难程度降低。但船舶在港口靠、离泊或是在锚地抛锚时，风浪作用对船舶的平稳性和操纵性影响依然较大，在港口进行船舶操纵时依然需要考虑到风浪对船舶本身的影响，以降低事故发生的可能性。在港口水域航道中航行的船舶相对于开阔水域受风浪影响较弱，且港口航道相对开阔水域较为狭窄，浪一般伴随大风产生，因此将风因素作为主要考虑指标。

③海流

海流因素会影响船舶自身的受力情况，进而影响到船舶操纵性能。顺流时，航行速度是船速与流速之和；逆流时，航行速度为船速与流速之差；当流向与航向不一致时，船舶会出现一定程度的偏航。在流速较为明显的水域中，流的情况不同会带来不同的舵效，顺流时舵效较差，逆流时舵效较好。在港口水域中，海流对船舶的操纵性影响程度高于在开阔水域中的影响程度，由于船舶密集程度较高，助航设备和碍航物较多，较小的海流引起的船舶偏航也会增加船舶事故的风险。因此在港口水域，也要考虑到水流情况对港口水域安全的影响。

④海冰

海冰对我国沿海水上交通安全的影响主要是在渤海以及黄海北部海域，因此该指标仅仅在评价渤海海域、港口以及黄海北部海域（辽宁沿海）的港口时考虑。

严重的海冰会导致冰冻灾害，对海上交通安全的影响主要表现为：封锁港口及航道，堵塞船舶海底门，使锚泊船走锚，挤压损坏船舶，破坏海洋工程建筑物和各种海上设施，影响人的正常生活甚至危及生命安全[28]。

（2）交通环境

①航道条件

航道条件通常包括航道宽度、富余水深、转弯角度等指标。航道条件往往对船舶航行与操纵的空间范围有所限制，这种限制一般表现为航道及航道与泊位连接水域的宽度狭窄、水底不平、水道弯曲大、浅滩礁石等碍航物较多等。狭窄水道会出现岸推、岸吸和浪损现象，还易出现交通拥挤甚至交通阻塞现象，甚至导致船舶碰撞、触岸、搁浅等事故。水深较浅会发生浅水效应而造成船舶速度下降、舵力减小、旋回性变差等情况，水流速度越大，发生船舶交通事故的可能性越大；冰冻严重时会封闭港口与航道，堵塞甚至终止船舶交通。这些都是港口地理环境对港口交通安全的不利影响。

②助航条件

助航设施具有四项功能，即定位功能、危险警告功能、确认相对方位和距离功能以及指示交通功能。助航标志配置完备与否，对船舶航行安全有不可忽视的影响。在港口水域内设置助航标志以及雷达监控设备和通信系统，帮助过往船舶安全航行，这些设施就构成了港口的“助航条件”[19]。

“助航条件”的好坏也会影响船舶的安全航行，对港口水域船舶交通安全的影响不可忽视。良好的“助航条件”能够为船舶提供准确清晰的航道信息，使船舶驾驶员了解不熟悉的航道的航行方法，了解航道内影响航行安全的各种危险所在，采取合理的避让措施来避离这些危险，保证船舶安全航行。“助航条件”与其他因素不同，难于定量描述，只能使用语言变量描述其优劣程度。良好的“助航条件”应包括：

A. 在港口水域范围内建立完善的助航标志。这些标志包括：

a. 在航道内设置数量足够的助航标志，其数量和位置的配置合理，其形状和颜色以及灯光要容易识别和辨认。

b. 在航道中的转向点附近应当设置有显著的转向标志。

c. 在航道的轴线上要有引导标志（如叠标等）或左右侧面标。

d. 设置在港口进出口航道和主航道上的重要航标应当配有雷达信标（Radar Beacon，Racon），以便在能见度不良时供船上的雷达使用。

B. 在岸上设置雷达监测系统和通信系统，通过这两个系统实现对过往船舶的交通监控，对于航行于危险地带的船舶发出危险警告，为水域内的船舶提供各种交通咨询方面的服务。

③船舶交通量

船舶交通量对港口水域的通航安全影响较大。船舶交通量直接反映了港口航道的拥挤状况，也直接反映出船舶航行的危险情况。交通量较大，船舶密集，发生船舶碰撞的风险概率较大。据相关统计，离岸 10 n mile 发生的船舶事故中，相当一部分是由于航道船舶密集限制了船舶操纵性能而发生的。实践统计与研究表明，船舶碰撞事故率与船舶密度的 2 次方成正比[18]。由于港口水域内的船舶密度不是均匀分布的，而且具有较大的差异，因此采用进出港船舶艘次和港口码头规模、锚地容量、航道数量等综合考虑的方式作为评价指标。

④碍航物

在港口水域中，经常会存在某些沉船碎片、暗礁、浅滩和某些人为设置的物件与构造物，这些因素会影响到船舶在港区内的正常航行与锚泊，严重时会引发船舶搁浅、触礁或触碰等事故。此处所指的碍航物包括非官方建筑设施和助航设施，这些非官方设施有的是在远处肉眼可见的漂浮物或露出水面的突出物，有的是肉眼不易发觉或暗藏于水下的建筑物、沙包等沉没物，为了保证港口水域内船舶正常航行，减少不必要的船舶事故发生，需要及时对其进行相关处理或安置，以提高港口内通航安全。当碍航物位于通航水域之外，如航道两侧、船舶操纵水域附近时，也会对船舶的安全航行和操纵产生一定的影响，碍航物与通航水域的距离越近，对通航安全的影响就越大。

⑤渔船影响

随着航运业的不断发展和海洋经济的持续增长，船舶越来越多，使得水上通航密度日益增大，而一些从事捕捞作业的渔船数量的增加，给商船运输的航行安全带来极大的安全隐患。碰撞事故的发生也给渔船带来灾难性后果。根据统计，2000—2010 年，山东海事局辖区海上交通事故中，涉及渔船的事故约占船舶事故总数的 17%。

渔船作业频繁，尤其在渔汛季节，每日有近万艘渔船在近海水域内活动。渔船活动主要体现在无规则性、无方向性，成群结队、散乱迂回航行，随意穿越通航分道或航道作业，严重扰乱了海上通航秩序[23]。很多港口集商港、渔港功能于一体，渔船活动经常会妨碍商船进出港，影响商船的通航安全。

4. 管理因素

IMO 在 ISM 规则中指出，海上事故的发生约有 80%是由于人为因素引起的，而人为因素中约有 80%可以通过有效的管理加以控制，即通过强化公司的内部管理和船舶的安全管理加以控制。只有有效的管理，才能使公司的各个部门、船上各个环节和不同的个体有机地联系在一起，使各部门间动作协调，群体士气高昂，保证个体的动机与组织目标保持一致，增强整体的凝聚力和战斗力，减少海事事故的发生[24]。与港口水域的海上交通安全相关的管理因素可分为海事管理、港口管理和船公司管理。

(1)海事管理

海事管理是指海事主管部门为防止海上事故或事件包括海上保安事件的发生，或为了减轻海上事故或事件造成的后果而进行的各种管理行为的总称[25]。对于海事管理水平的衡量可以从以下几个方面进行考虑。

①船舶交通服务

随着海事的不断发展，VTS 已成为中国实施船舶交通服务和管理最重要的手段之一，其在海事管理中的地位和作用日益突出[26]。

VTS 无论在增进航行安全还是提高港口效率方面均起到了较大的作用。例如：2006 年，天津港船舶交通流量达 7.7 万艘次，是 1995 年的 3 倍以上，而全港船舶交通事故率则从 0.29%下降到 0.06%，安全保障作用显而易见。由于交通组织功能的充分发挥，单船占用主航道的时间减少 15~20 min，非交通意外船舶交通阻塞减少至 0，集装箱保班率达 98%以上，大型散货船保班率达 100%，国际国内客船保班率达 100%，全港船舶通航效率提高 30%以上[26]。VTS 在信息服务和助航管理方面对提高水上交通安全有着十分重要的作用。统计结果表明,实施并实现良好的船舶交通管理与服务,能将 VTS 覆盖水域内的水上交通事故减少 1/5~1/3[23]。

②巡航

海事巡航是我国海事主管机关工作中的重要内容之一。通过进行海事巡航,对内可以维护通航秩序,保障人命与财产安全,防止船舶造成污染,有助于应急处置工作;对外可以保护海洋权益,提升政府形象,彰显国家海上实力。例如,天津海事局在巡航工作中积极推行"重点区域重点防范、重点时段重点监控、重点对象重点跟踪"的策略,科学合理地制订巡航工作计划,扩大了巡航的范围和频度,并取得了显著效果:2013 年沉船事故同比下降了 66.7%,直接经济损失同比下降了 54.7%,救助成功率达到 100%,无运输船舶人员死亡,无重大事故发生,海上安全形势持续稳定。

我国自 20 世纪 90 年代开展海事巡航工作以来,取得了很大的进展,但是仍然存在很多问题,制约我国海事巡航能力的提升和功能的拓展[27]。

③应急反应能力

港口水域由于其独特的交通和地理环境,给当地经济和航运发展带来直接的影响。为了规范航道交通流,减少事故发生概率,港口和海事主管机关应该根据需要及时发布航行通告、遇险通告,协调救助和通信,当船舶发生危险时,能够及时派出搜救飞机和救助船舶对其进行救助。港口和海事主管机关的应急能力包括港口的应急计划、港口的应急设施、指挥能力和海事主管机关的应急指挥、调度能力等[28]。

④法规等完善程度

港口水域的海上交通安全与当地的海上交通安全法规和港口通航信息的完善程度密不可分,包括船舶进出港报告制度、海图和航海图书资料、水文气象信息等。

(2)港口管理

港口部门的管理对于海上交通安全有一定的影响,高效、有序的港口调度和高水平的引航队伍均是港口安全营运的有效保障,数量、功率配置合理的拖船也是船舶进出港安全的重要保障。从船舶进出港安全的角度,选取引航、拖船两个因素进行研究。

①引航

港口引航机构负责引领中外船舶进出港口,为船舶提供引航技术服务,是港口运行中的重要环节,是维护港口正常经营秩序、服务港口安全生产的重要保障。而港口水域的水上交通安全与引航员数量、引航设备配置、资历、安全意识、业务培训等密切相关[29-30]。

②拖船

大型船舶靠、离码头需要拖船协助,部分类型的船舶,如 LNG 船,进出港需要拖船护航,一定吨位和长度的船舶需要配备相应数量和功率的拖船协助。拖船的配置直接影响着港口的生产安全和效率。如果拖船的功率配置不当,可能导致一些大吨位的船舶不能及时安全靠、离码头,也无法适应港口未来的发展。因此,拖船的合理配置就显得相当重要。

(3)船公司管理

船公司的管理对于船舶的海上航行安全有一定的影响。通过加强安全管理来提高海上运输的安全程度,已成为整个航海界的共识。由于船舶的安全生产直接置于船公司管理之下,且船舶的安全状况与本公司的经济利益息息相关,因而船公司的安全管理具有直接性和迫切性[31]。ISM 规则自 2002 年 7 月 1 日起对所有国际航行客船和 500 总吨以上其他船舶生效。该规则的实施,旨在通过规范对船舶安全防范和防污染的管理,提高船公司的安全管理意识和对船舶的实际管理水平。ISM 规则注重提升船公司及其所属船舶的硬件配备和管理艺术,通过推行安全管理体系,加强船员培训,提高其航海技能和工作责任心,进而最大限度地降低由于人为因素引发的各类事故的概率。但是目前船公司的管理并不令人满意,2012 年的“歌诗达 · 协和”号沉没事件[32]、2014 年的“岁月”号沉没事件[33]等均与船公司管理的疏忽和漏洞存在直接的关系。

船公司的管理与公司的安全方针、联系渠道和信息管理、规章制度的品质与效能、操作规程、应急反应制度以及管理人员的素质和能力等众多因素相关[31]。

港口水域海上交通安全风险评价指标体系如图 7-1 所示。

7.1.3 通道水域海上交通安全风险评价指标体系

海上通道水域是指因特殊的地理位置,船舶通航流量非常大,而且由于地形条件、水文条件等影响,船舶的可航水域受到一定限制,导致通航环境更加复杂、海上交通风险较大的水域,例如,成山角水域、老铁山水道等。通道水域的特点包括:船舶交通量大、交通流复杂、水文气象条件恶劣、可航水域受到限制、渔船的影响较大、通常建立了船舶定线制和报告制等。海上重要通道水域(如成山角水域、老铁山水道、琼州海峡水域、长江口水域等)是海上交通安全风险研究的重点之一。

船舶在通道水域航行时,其所处环境较为复杂,环境要素对交通安全影响重大。相对于港口水域的海上交通,通道水域的船舶交通有如下特点:首先,可航水域的宽度较大,但是也会有一定的限制,而且受定线制的约束,船舶的航行行为较为规范(除警戒区水域外);其次,船舶航速通常较快,不同类型的船舶之间的速度差别较大,部分水域实施了船舶航行限速的规定;再次,在一些特殊水域内(如警戒区)往往形成航线交叉,通航环境复杂,交通风险大;另外,受地形限制,通道水域的潮流往往较大,会对船舶的安全航行产生影响。下面将详细分析影响通道水域通航安全的各主要因素。

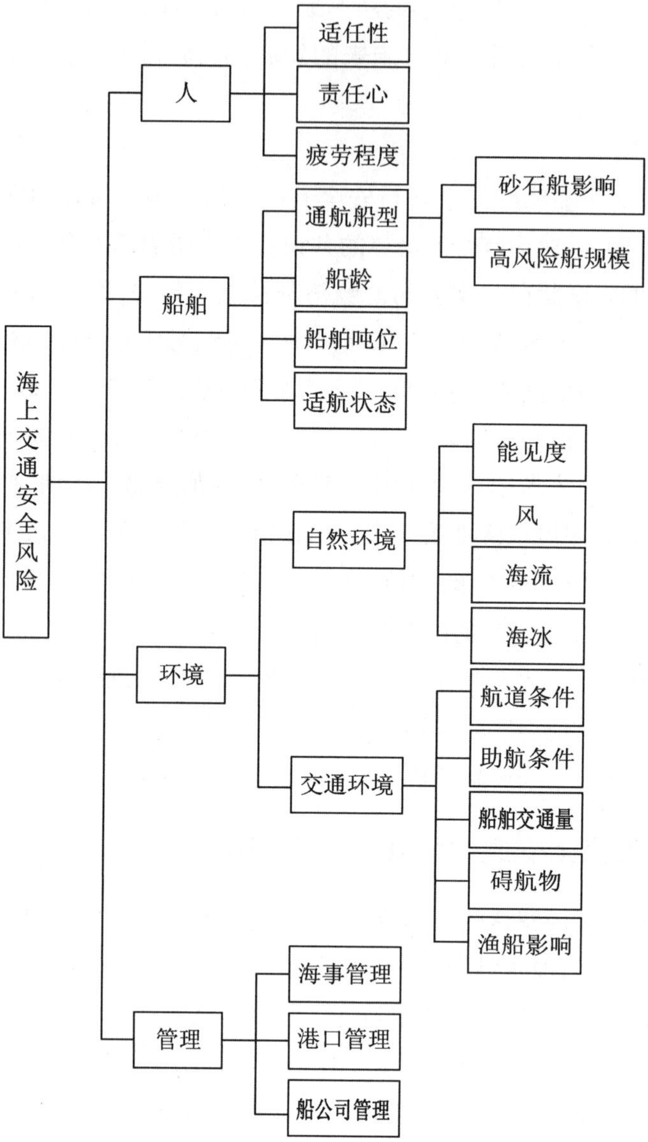

图 7-1　海上交通安全风险评价指标体系(港口水域)

1. 人为因素

结合海上交通安全的实际情况,采用适任性、责任心和疲劳程度三个指标评价海上交通安全风险中人为因素的影响。通道水域的人为因素与港口水域海上交通安全风险评价指标体系中的人为因素基本一致。

2. 船舶因素

结合海上交通安全的实际情况，采用适航状态、通航船型、船舶尺度三个指标评价海上交通安全风险中船舶因素的影响。

考虑到砂石船主要在港口水域及近岸水域航行，对通道水域的影响相对较小；同时，船龄因素对于通道内航行的船舶影响也相对较小，且难以进行统计，因此在通道水域内仅考虑适航状态、通航船型、船舶尺度三个指标。

（1）适航状态

受地理环境的影响，船舶在通道水域内航行时受风、波浪、海流等外界因素的影响相对较大。如果船舶存在缺陷或是不适航，在通道水域内航行期间发生事故的风险将会增大。由于在通道水域内航行的船舶大多为过境船舶，其整体的适航状态无法进行准确统计，但周边港口的船舶安全检查结果（PSC 和 FSC）可以在一定程度上表明船舶适航状态的整体情况。

（2）通航船型

通道水域内通航船舶的类型一般比较复杂，考虑到客船、危险品船舶一旦发生事故，将会导致巨大的人员伤亡、财产损失、环境破坏以及社会影响，以高风险船（客船、危险品船）规模作为评价通道水域海上交通安全风险的指标。

（3）船舶尺度

通道水域内通航船舶的尺度分布与海上交通安全风险存在一定的关系，一般大型船舶的数量越多，风险相应越大。船舶尺度可以采用船长、船宽和吃水等参数进行划分。

3. 环境因素

（1）自然环境

结合海上交通安全的实际情况，采用风、能见度、海流、水深及碍航物四个指标评价海上交通安全风险中自然环境因素的影响。风、能见度、海流因素与港口水域海上交通安全风险评价指标体系中自然环境因素基本一致，在此主要分析水深及碍航物对通道水域海上交通安全的影响。

一般情况下，航路水深对船舶航行安全的影响主要表现在船舶操纵性能的下降。一般用可用水深（D_w）和船舶吃水（d）的比值进行分析。当 $D_w/d=1.2$ 时，船舶调头时的旋回直径是深水时旋回直径的 2 倍；而当 $D_w/d=1.5$ 时，船舶调头的旋回直径与 $D_w/d\to\infty$ 时的船舶调头的旋回直径相差无几。因此，可以认为当富余水深超过本船吃水的 50% 时，水深的变化对船舶的操纵性能没有什么影响[23-34]。

国际航运公会（International Navigation Congress，INC）建议在狭窄航道内的船舶航行总富余水深应定为 15%左右[23]，该系数考虑了船舶的允许吃水，并加上船舶由于涌浪产生的垂直运动的幅度、因航速引起的船尾下坐量以及净富余水深和其他余量。因此可以认为当富余水深小于船舶吃水的15%时为浅水,当富余水深大于船舶吃水的15%时为深水。

通道水域内影响船舶航行安全的碍航物主要有浅滩、沉船、礁石等。碍航物的存在给通航分道附近船舶的航行带来很大的困难。碍航物的数量、碍航物与通航分道的距离以及其隐蔽性的特点是表征碍航物危险程度的三种形式。碍航物有天然和人工之分。随着时间的推移,碍航物的大小、形状会发生变化,有时会发生碍航物移动的可能[16]。

因此,水深及碍航物对通道水域内的海上交通安全具有明显的影响。

(2)交通环境

①船舶交通量

船舶交通量直接反映出通航水域的船舶交通规模和繁忙程度,并在一定程度上反映了该水域船舶交通拥挤和危险程度,能够直观地表征航道水域船舶航行的危险状况,是航道水域通航安全和效率的反映。另外,船舶交通密度也是表征一个水域船舶交通环境压力的基本量。船舶密度的大小同样可以反映水域中船舶繁忙和危险程度,表征航道水域的船舶拥挤程度,是通航水域安全评价过程中的重要指标之一[23]。

船舶在通道水域内航行,由于可航水域受到一定限制,船舶交通量大必然会导致船舶拥挤,通航风险增大。因此,船舶交通量对通道水域内的海上交通安全具有明显的影响。

②定线制及助航条件

船舶定线制作为一种先进的海事管理理念,是水上交通繁忙区域船舶航行秩序管理的有效手段。近十年来,船舶定线制在我国多个重要水域得到了推广应用,其在规范船舶交通流、减少船舶碰撞和搁浅事故方面发挥了积极作用,已为航运界所公认。但由于通航环境复杂或设计方案不够完善等原因,船舶定线制的通航分道上可能存在一些危险因素集中的区域,造成这些航段上的事故相对多发[35]。因此,交通流密集的通道水域是否建立了船舶定线制以及定线制是否完善,对于通航安全具有明显的影响。

助航条件对于通道水域海上交通安全的影响与港口水域基本一致。

③船舶会遇状况

人们将海上航行船舶相遇而须采取行动的情况称为"会遇",船舶在海上航行所遇到的会遇状况有三种:对遇、交叉相遇和追越[36]。通道水域内船舶密度大,船舶会遇率高,而且由于水域受限而没有足够的空间供船舶避让,因此往往是事故多发水域[37]。船舶的会遇状况与通道中的航路分布有关,如果通道水域设置了通航分道,则在分道通航水域内只有追越一种会遇状况,而不会产生对遇和交叉相遇的情况。但在警戒区内会遇状况会比较复杂。

根据通道水域的AIS航迹图,计算不同航路船舶航迹的交叉情况,确定主要航路的交叉点数量,分析得到通道水域的船舶会遇状况。

④渔船影响

随着航运业的不断发展和海洋经济的持续增长,船舶越来越多,使得水上通航密度日益增大,而一些从事捕捞作业的渔船数量的增加,给商船运输的航行安全带来极大的隐患。渔船活动不但影响商船的航行安全,同时,也给渔船带来灾难性后果,根据不完全统计,2011—2016年,我国沿海商渔船碰撞事故高达540起,导致92人死亡、321人失踪。

通道水域通常也是渔船航行、作业的重要水域,往往渔船活动较为密集,例如成山角水域是重要的国际通航水域,通航密度大;同时,该水域又是我国北方沿海比较重要的渔业水域之一,每当捕鱼的高峰时节到来的时候,有很多渔船在此水域内频繁从事渔业活动[38]。因此,通道水域的通航环境相对而言比较复杂,商船与渔船之间相互影响的问题更为突出。

4. 管理因素

由于交通环境复杂,通道水域的海上交通风险往往较高。有效的管理是减少海事事故、保障海上交通安全的重要措施[29]。正常运行的安全管理体系是降低人为失误的保障,严格的海事监管可以提前发现船舶的异常行为。与通道水域的海上交通安全相关的管理因素可分为海事部门的管理和船公司的管理。

(1)海事管理

在通道水域中航行的船舶多为过境船舶,只能通过雷达、AIS等进行监控,通过VHF通信等实施交通管理与服务。法规的完善程度和应急反应能力也会影响船舶在通道水域内的航行安全。因此,海事管理水平对通道水域海上交通安全的影响可以从VTS、法规的完善程度和应急反应能力三个方面进行考虑。

(2)船公司管理

船公司管理水平对通道水域海上交通安全的影响与港口水域基本一致。

通道水域的海上交通安全风险评价指标体系如图7-2所示。

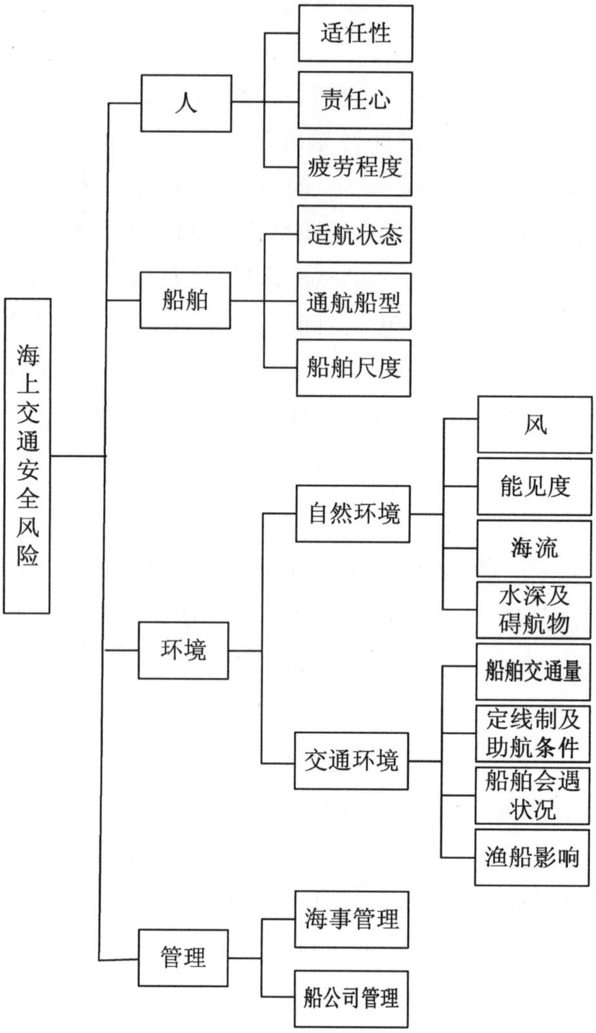

图 7-2　海上交通安全风险评价指标体系(通道水域)

7.2　海上交通安全风险评价指标体系评价标准确定

按照 7.1 节建立的海上交通安全风险评价指标体系,分别对港口水域、通道水域的指标体系评价标准进行划分、确定。

7.2.1　港口水域海上交通安全风险评价指标体系评价标准确定

根据对影响海上交通安全因素的分析,从“人-船-环境-管理”入手建立了评价指标体系。针对各个指标体系,确定科学合理的评价标准是进行风险评价的基础,因此,在借鉴相关参考文献的基础上，针对收集到的数据、资料以及专家问卷调查的结果，确定指标评价标准。

对于能够获取数据的指标，采用定量的方法进行评价；对于无法获取数据的指标，采用定性方法进行评价。对于用定性方法进行评价的指标因素，采用专家调查数据结合参考文献的方式获得评价结果。

1. 适任性

船员的适任性与船员的学历、航海经验、毕业院校、公司培训等相关，而一个区域内在船工作的船员的适任性很难用定量的数据进行描述，因此，采用定性的方法进行评价，“适任性”评价标准定义为五个级别：好、较好、一般、较差、差。

采用专家调查法获取各港口水域内船员适任性的状况。调查对象主要包括与船员接触较多、较为熟悉的海事局 VTS 值班员、PSC 检查官、港口引航员等。港口水域船员“适任性”评价标准如表 7-2 所示。

表 7-2 “适任性”评价标准（港口水域）

风险等级	风险很低	风险较低	风险一般	风险较大	风险很大
适任性（A1）	好	较好	一般	较差	差

2. 责任心

一个区域内在船工作的船员的责任心很难用定量的数据进行描述，但是可以从船员值班（航行、锚泊、港口货物作业）、进出港报告、安全检查的态度和表现中看出其对船舶安全的重视程度。因此，采用定性的方法进行评价，“责任心”评价标准定义为五个级别：好、较好、一般、较差、差。

采用专家调查法获取各港口水域内船员责任心的状况。调查对象主要包括与船员接触较多、较为熟悉的海事局 VTS 值班员、PSC 检查官、港口引航员等。港口水域船员“责任心”评价标准如表 7-3 所示。

表 7-3 “责任心”评价标准（港口水域）

风险等级	风险很低	风险较低	风险一般	风险较大	风险很大
责任心（A2）	好	较好	一般	较差	差

3. 疲劳程度

一个区域内在船工作的船员的疲劳程度很难用定量的数据进行描述，但是会在船员值班（航行、锚泊、港口货物作业）、进出港报告、安全检查的态度和表现中有所体现。因此，采用定性的方法进行评价，“疲劳程度”评价标准定义为五个级别：好、较好、一般、较差、差。

采用专家调查法获取港口水域内船员疲劳程度的状况。调查对象主要包括与船员接触较多、较为熟悉的海事局VTS值班员、PSC检查官、港口引航员等。港口水域船员“疲劳程度”评价标准如表7-4所示。

表7-4 “疲劳程度”评价标准(港口水域)

风险等级	风险很低	风险较低	风险一般	风险较大	风险很大
疲劳程度(A3)	好	较好	一般	较差	差

4. 砂石船影响

砂石船对港口附近水域的海上交通安全存在影响是公认的事实,但由于砂石船多为违章作业的“三无”船舶,监管困难,因此也难以准确掌握相关的数据。该指标在其他定量评价海上交通安全的文献中出现较少。因此,采用定性的方法进行评价,“砂石船影响”评价标准定义为五个级别:影响很小、影响较小、影响一般、影响较大、影响很大。

采用专家调查法获取港口水域内砂石船对海上交通安全和其他船舶进出港航行安全影响的状况。调查对象主要包括对船舶进出和港口通航较为熟悉的海事局VTS值班员、通航管理人员、港口引航员、班轮船员等。港口水域“砂石船影响”评价标准如表7-5所示。

表7-5 “砂石船影响”评价标准(港口水域)

风险等级	风险很低	风险较低	风险一般	风险较大	风险很大
砂石船影响(B11)	影响很小	影响较小	影响一般	影响较大	影响很大

5. 高风险船规模

通过专家调查并参考相关文献[12, 20],确定将表7-6作为“高风险船规模”的评价标准。

通过到各海事主管部门对船舶通航数据进行调研,获取客船、危险品船舶所占进出港船舶交通量的比例,确定各港口水域高风险船规模的状况。

表7-6 “高风险船规模”评价标准(港口水域)

风险等级	风险很低	风险较低	风险一般	风险较大	风险很大
高风险船规模(B12)	<5%	5%~10%	10%~20%	20%~40%	>40%

6. 船龄

参考相关研究成果、参考文献[12, 39]以及中国在册登记国内、国际航行运输船舶船龄统计情况,确定将表7-7作为“船龄”指标的评价标准。

表 7-7 “船龄”评价标准(港口水域) 单位:年

风险等级	风险很低	风险较低	风险一般	风险较大	风险很大
船龄(B2)	<5	5~10	10~15	15~20	>20

通过到各海事主管部门对船舶通航数据进行调研,获取港口水域内通航船舶的船龄分布,确定各港口水域船龄的状况。

7. 船舶吨位

根据海事局对进出港船舶进行统计时船型的划分标准,并参考相关文献对船舶吨位(总吨)与海上交通风险的划分,确定将表 7-8 作为“船舶吨位”指标的评价标准。

表 7-8 “船舶吨位”评价标准(港口水域)

风险等级	风险很低	风险较低	风险一般	风险较大	风险很大
船舶吨位/GT (B3)	<1 000	1 000~3 000	3 000~10 000	10 000~50 000	>50 000

通过到各海事主管部门对船舶通航数据进行调研,获取港口水域内通航船舶的船舶吨位分布,确定各港口水域船舶吨位的状况。

8. 适航状态

考虑到港口水域内所有船舶的适航状态无法用准确的数值进行表述,但港口 PSC 检查及 FSC 检查中的船舶滞留率在一定程度上可以表明整个港口船舶的适航状态。参考 2012—2014 年中国 PSC 检查中滞留船舶的比率均值为 4.35%(滞留数/检查总数),确定将表 7-9 作为船舶“适航状态”的评价标准。

表 7-9 “适航状态”评价标准(滞留率)(港口水域)

风险等级	风险很低	风险较低	风险一般	风险较大	风险很大
适航状态(B4)	<1%	1%~3%	3%~5%	5%~7%	>7%

通过到各海事主管部门对船舶安全检查数据进行调研,获取港口水域内船舶安全检查的船舶滞留率情况,确定各港口水域船舶适航状态的状况。

9. 风

参考相关文献[40-41]中风与海上交通风险的划分,将每年 6 级以上风的平均天数作为风的评价指标,确定将表 7-10 作为“风”指标的评价标准。

表 7-10 “风”评价标准(港口水域) 单位:天

风险等级	风险很低	风险较低	风险一般	风险较大	风险很大
风(C11)	<30	30~60	60~100	100~150	>150

通过各地气象统计数据获取港口水域内每年 6 级以上风的平均天数,确定各港口水

域风的状况。

10. 能见度

参考相关文献[41]中能见度与海上交通风险的划分，将每年能见度≤1 km 的平均天数作为评价港口水域海上交通风险的指标，确定将表 7-11 作为“能见度”指标的评价标准。

表 7-11 “能见度”评价标准(港口水域) 单位:天

风险等级	风险很低	风险较低	风险一般	风险较大	风险很大
能见度(C12)	<15	15~25	25~40	40~50	>50

通过各地气象统计数据获取港口水域内能见度≤1 km 天数，确定各港口水域能见度的状况。

11. 海冰

海冰指标仅渤海、黄海北部等水域考虑。参照国家海洋局对海冰(渤海)等级的划分标准，确定将表 7-12 作为“海冰”指标的评价标准。

表 7-12 “海冰”评价标准(港口水域)

风险等级	风险很低	风险较低	风险一般	风险较大	风险很大
海冰(C13)	轻年	偏轻年	常年	偏重年	重年

通过国家海洋局发布的渤海海冰等级报告(预报)，确定各港口(渤海湾港口)水域海冰的状况。

12. 海流

参考相关文献关于海流与海上交通风险关系的划分标准，确定将表 7-13 作为“海流”指标的评价标准。

通过港口水文统计数据或海图数据获取港口水域内海流的最大流速，确定各港口水域海流的状况。

表 7-13 “海流”评价标准(港口水域) 单位:kn

风险等级	风险很低	风险较低	风险一般	风险较大	风险很大
海流(C14)	<0.5	0.5~1.5	1.5~2.5	2.5~4.0	>4.0

13. 航道条件

在相关参考文献中，航道条件往往用航道宽度、水深等具体的指标进行评价，但本书认为航道的宽度、水深均有相应的行业标准进行规定，其与风险的关系也尚值得商榷；另外，一个港区内可能存在多条不同的航道，用宽度、水深等具体数值无法准确描述整个港口水域内航道的风险情况。因此，航道条件应综合考虑航道长度、宽度、转弯角度等方面，从船舶进出港的难易程度和风险高低进行评价。因此，采用定性的方法进行评价，“航道条件”评价标准定义为五个级别：好、较好、一般、较差、差。

采用专家调查法获取相关数据，获得港口区域内航道条件的状况。调查对象主要为海事局 VTS 值班员、班轮船员、港口引航员等。港口水域“航道条件”评价标准如表 7-14 所示。

表 7-14 “航道条件”评价标准(港口水域)

风险等级	风险很低	风险较低	风险一般	风险较大	风险很大
航道条件(C21)	好	较好	一般	较差	差

14. 助航条件

港口水域内的助航条件情况很难用定量的数据进行描述，参考其他文献，采用专家打分的方法进行评价。“助航条件”评价标准定义为五个级别，确定将表 7-15 作为“助航条件”指标的评价标准。

表 7-15 “助航条件”评价标准(港口水域)

风险等级	风险很低	风险较低	风险一般	风险较大	风险很大
助航条件(C22)	100~95	95~90	90~80	80~70	<70

采用专家调查法获取相关数据，获得港口区域内助航条件的状况。调查对象主要为海事局 VTS 值班员、班轮船员、港口引航员等。

15. 船舶交通量

船舶交通量与海上交通安全密切相关。港口船舶交通包括商船、工作船和工程船等，而且非运输船舶活动的比例往往较大。参考相关文献[42]，确定按照表 7-16，以日均船舶进出港艘次作为“船舶交通量”的评价标准。

通过到各海事主管部门对船舶通航数据进行调研，获取港口水域内通航船舶的日均船舶进出港艘次，确定各港口水域船舶交通量的状况。

表 7-16 “船舶交通量”评价标准(港口水域) 单位：艘次/日

风险等级	风险很低	风险较低	风险一般	风险较大	风险很大
船舶交通量(C23)	<50	50~100	100~200	200~500	>500

16. 碍航物

参考相关文献[40-42,47]中碍航物与海上交通风险的划分，确定按照表 7-17，以碍航物与航道边线的距离作为“碍航物”指标的评价标准。

表 7-17 “碍航物”评价标准(港口水域) 单位:m

风险等级	风险很低	风险较低	风险一般	风险较大	风险很大
碍航物(C24)	>200	200~100	100~50	50~20	<20

通过查取各港口海图、航海图书资料,获取港口水域内碍航物对海上交通安全的影响状况。

17. 渔船影响

渔船活动对港口附近水域的海上交通安全存在影响是公认的事实,但是难以准确掌握相关的数据。该指标在其他定量评价海上交通安全的文献中出现较少。因此,采用定性的方法进行评价,“渔船影响”评价标准定义为五个级别:影响很小、影响较小、影响一般、影响较大、影响很大。

采用专家调查法获取相关数据,并结合参考文献的结论,获得港口区域内渔船对船舶进出港航行安全影响的状况。调查对象主要包括对船舶进出和港口通航较为熟悉的海事局 VTS 值班员、通航管理人员、港口引航员、班轮船员等。港口水域“渔船影响”评价标准如表 7-18 所示。

表 7-18 “渔船影响”评价标准(港口水域)

风险等级	风险很低	风险较低	风险一般	风险较大	风险很大
渔船影响(C25)	影响很小	影响较小	影响一般	影响较大	影响很大

18. 海事管理

海事管理很难用定量的数据进行描述,参考其他文献,采用专家打分的方法进行评价。海事管理水平评价标准定义为五个级别,确定将表 7-19 作为“海事管理”指标的评价标准。

表 7-19 “海事管理”评价标准(港口水域)

风险等级	风险很低	风险较低	风险一般	风险较大	风险很大
海事管理(D1)	100~95	95~90	90~80	80~70	<70

采用专家调查法获取相关数据,调查对象主要包括与 VTS 关系密切的港口引航员、班轮船员以及海事局 VTS 值班员等。

19. 港口管理

港口的管理水平很难用定量的数据进行描述,参考其他文献,采用专家打分的方法进行评价,港口管理评价标准定义为五个级别,确定将表 7-20 作为“港口管理”指标的评价标准。

表 7-20 “港口管理”评价标准(港口水域)

风险等级	风险很低	风险较低	风险一般	风险较大	风险很大
港口管理(D2)	100~95	95~90	90~80	80~70	<70

采用专家调查法获取相关数据,调查对象主要包括与海事管理关系密切的港口引航员、班轮船员以及海事局 VTS 值班员等。

20. 船公司管理

船公司的管理水平很难用定量的数据进行描述,因此,采用专家打分的方法进行评价。船公司管理评价标准定义为五个级别,确定将表 7-21 作为“船公司管理”指标的评价标准。

表 7-21 “船公司管理”评价标准(港口水域)

风险等级	风险很低	风险较低	风险一般	风险较大	风险很大
船公司管理(D3)	100~95	95~90	90~80	80~70	<70

采用专家调查法获取相关数据,调查对象主要包括港口引航员、班轮船员以及海事局 VTS 值班员等。

7.2.2 通道水域海上交通安全风险评价指标体系评价标准确定

根据对影响海上交通安全因素的分析,从“人-船-环境-管理”入手建立了评价指标体系。针对各个指标体系,确定科学合理的评价标准是进行风险评价的基础,因此,在借鉴相关参考文献的基础上,针对收集到的数据、资料,确定指标评价标准。

对于能够获取数据的指标,采用定量的方法进行评价;对于无法获取数据的指标,采用定性方法进行评价。对于用定性方法进行评价的指标因素,采用专家调查数据结合参考文献的方式获得评价结果。

1. 适任性

船员的适任性与船员的学历、航海经验、毕业院校、公司培训等相关,而一个区域内的船员的适任性很难用定量的数据进行描述,因此,采用定性的方法进行评价,“适任性”评价标准定义为五个级别:好、较好、一般、较差、差。

采用专家调查法获取相关数据,经处理得到通道水域内船员适任性的状况。调查对象主要包括与船员接触较多、较为熟悉的当地 VTS 值班员(负责通道水域)以及邻近辖区(周边其他港口)海事局 PSC 检查官、港口引航员等。通道水域船员“适任性”评价标准如表 7-22 所示。

表 7-22 “适任性”评价标准(通道水域)

风险等级	风险很低	风险较低	风险一般	风险较大	风险很大
适任性(A1)	好	较好	一般	较差	差

2. 责任心

船员的责任心很难用定量的数据进行描述,但是可以从船员值班(航行、锚泊、港口货物作业)、报告线报告、安全检查的态度和表现看出其对船舶安全的重视程度。因此,采用定性的方法进行评价,“责任心”评价标准定义为五个级别:好、较好、一般、较差、差。

采用专家调查法获取相关数据,经处理得到通道水域内船员责任心的状况。调查对象主要包括与船员接触较多、较为熟悉的当地 VTS(负责通道水域)值班员以及邻近辖区(周边其他港口)海事局 PSC 检查官、港口引航员等。通道水域船员“责任心”评价标准如表 7-23 所示。

表 7-23 “责任心”评价标准(通道水域)

风险等级	风险很低	风险较低	风险一般	风险较大	风险很大
责任心(A2)	好	较好	一般	较差	差

3. 疲劳程度

船员的疲劳程度很难用定量的数据进行描述,但是会在船员值班(航行、锚泊、港口货物作业)、报告线报告、安全检查的态度和表现中有所体现。因此,采用定性的方法进行评价,“疲劳程度”评价标准定义为五个级别:好、较好、一般、较差、差。

采用专家调查法获取相关数据,经处理得到通道水域内船员责任心的状况。调查对象主要包括与船员接触较多、较为熟悉的海事局当地 VTS 值班员(负责通道水域)以及邻近辖区(周边其他港口)海事局 PSC 检查官、港口引航员等。通道水域船员“疲劳程度”评价标准如表 7-24 所示。

表 7-24 “疲劳程度”评价标准(通道水域)

风险等级	风险很低	风险较低	风险一般	风险较大	风险很大
疲劳程度(A3)	好	较好	一般	较差	差

4. 适航状态

船舶安全检查(PSC 及 FSC)的结果在一定程度上可以表明该水域内船舶的整体适航状态。由于通道水域航行船舶均为过境船舶,难以完全统计相应的安全检查数据,因此可选取周边代表性的一个或多个港口的船舶安全检查数据作为参考。参照 2012—2014 年中国 PSC 检查中滞留船舶的比率均值为 4.35%(滞留数/检查总数),确定将表 7-25 作为船舶“适航状态”的评价标准。

表 7-25 “适航状态”评价标准(滞留率)(通道水域)

风险等级	风险很低	风险较低	风险一般	风险较大	风险很大
适航状态(B1)	<1%	1%~3%	3%~5%	5%~7%	>7%

通过到各海事主管部门对船舶通航数据进行调研,获取周边港口水域内船舶安全检查的船舶滞留率情况,确定各通道水域船舶适航状态的状况。

5. 通航船型

通道水域内的船型与海上交通风险存在关系,考虑到客船、危险品船发生事故导致的巨大损失和社会影响,以高风险船规模作为通航船型的评价依据。经过专家调查,并参考相关文献,确定将表 7-26 作为“通航船型”(高风险船规模)的评价标准。

表 7-26 “通航船型”评价标准(通道水域)

风险等级	风险很低	风险较低	风险一般	风险较大	风险很大
通航船型(B2)	<5%	5%~10%	10%~20%	20%~40%	>40%

通过到各海事主管部门对船舶通航数据进行调研,获取客船、危险品船舶所占船舶交通量的比例,确定各通道水域高风险船规模的状况。

6. 船舶尺度

对于商船,最能直观反映船舶尺度的指标是船长,因此,用船长作为评价海上交通安全风险的指标。根据海事局 VTS 对通道水域过往船舶进行统计时船舶尺度的划分标准(船长<200 m、200~300 m、>300 m,或吃水<10 m、10~12 m、>12 m,或船宽<30 m、>30 m),最多将通航船型的尺度按照三个级别进行划分,因此,无法与本书中确定的五个风险等级进行对应。参考其他文献[38]对船舶尺度与海上交通风险的划分,将风险等级按照表 7-27 作为“船舶尺度”指标的评价标准。

表 7-27 “船舶尺度”评价标准(通道水域) 单位:m

风险等级	风险很低	风险较低	风险一般	风险较大	风险很大
船舶尺度(B3)	—	—	<200	200~300	>300

通过到各海事主管部门对船舶通航数据进行调研,获取通道水域内通航船舶的船长分布,确定通道水域船舶尺度的状况。

7. 风

参考相关文献[16, 43]中风与海上交通风险的划分,将每年 6 级以上风的平均天数作为风的评价指标,按照表 7-28 确定“风”指标的评价标准。

表 7-28 “风”评价标准(通道水域) 单位:天

风险等级	风险很低	风险较低	风险一般	风险较大	风险很大
风(C11)	<30	30~60	60~100	100~150	>150

通过各地气象统计数据获取通道水域内每年 6 级以上风的平均天数,确定各通道水域风的状况。

8. 能见度

以每年能见度≤1 km 的天数作为评价通道水域海上交通安全的指标。相对于港口水域可以通过严格的禁限航保障海上交通安全,通道水域海上交通安全受能见度不良天气的影响更大。参考相关文献[43]中能见度与海上交通风险的划分,按照表 7-29 确定“能见度”指标的评价标准。

表 7-29 “能见度”评价标准(通道水域) 单位:天

风险等级	风险很低	风险较低	风险一般	风险较大	风险很大
能见度(C12)	<10	10~20	20~30	30~40	>40

通过各地气象统计数据获取通道水域内能见度≤1 km 的天数,确定各通道水域能见度的状况。

9. 海流

参考相关文献[16, 43]中海流与海上交通风险的划分,确定将表 7-30 作为“海流”指标的评价标准。

表 7-30 “海流”评价标准(通道水域) 单位:kn

风险等级	风险很低	风险较低	风险一般	风险较大	风险很大
海流(C13)	<0. 5	0. 5~1. 5	1. 5~2. 5	2. 5~4. 0	>4. 0

通过港口水文统计数据或海图数据获取通道水域内海流的最大流速,确定各通道水域海流的状况。

10. 水深及碍航物

参考相关文献中水深及碍航物与海上交通风险的划分,确定以水深与船舶吃水比及碍航物与航道边线的距离(单位:m)作为“水深及碍航物”指标的评价标准[44],如表 7-31 所示。

表 7-31 “水深及碍航物”评价标准(通道水域)

风险等级	风险很低	风险较低	风险一般	风险较大	风险很大
水深及碍航物(C14)	完全不受限	稍有影响	影响较小	影响较大	影响很大

完全不受限:通航水域内水深均在 30 m(满足现有船舶安全通航,即≥1. 5d;d 表示

吃水）以上，无妨碍船舶水面航行的碍航物；

稍有影响：通航水域内水深均在 30 m 以上，在通航水域外侧 200 m 以外有个别妨碍船舶水面航行的碍航物或浅点；

影响较小：通航水域内水深均在 30 m 以上，在通航水域外侧 100~200 m 以内有个别妨碍船舶水面航行的碍航物或浅点；

影响较大：通航水域内水深受限，大型船舶需要减速通过，在通航水域外侧 50~100 m 以内有个别妨碍船舶水面航行的碍航物或浅点；

影响很大：通航水域内水深受限，大型船舶需要乘潮通过，在通航水域外侧 50 m 以内有个别妨碍船舶水面航行的碍航物或浅点。

通过通航水域的海图数据获取水深及碍航物信息，确定通道水域水深及碍航物的状况。

11. 船舶交通量

相对于港口水域，通道水域内的船舶交通以商船为主，非运输船舶的活动量很少，而且不同的通道水域的地理位置、通航条件等各不相同，船舶交通量也差别较大，参考相关文献[16, 42, 45]，确定按照表 7-32，以门线船舶交通量作为“船舶交通量”的评价标准。

表 7-32 “船舶交通量”评价标准（通道水域） 单位：艘/日

风险等级	风险很低	风险较低	风险一般	风险较大	风险很大
船舶交通量（C21）	<50	50~100	100~200	200~300	>300

通过到各海事主管部门对船舶通航数据进行调研，获取通道水域内通航船舶交通量，确定各通道水域船舶交通量的状况。

12. 定线制及助航条件

定线制及助航条件情况很难用定量的数据进行描述，参考其他文献，采用专家打分的方法进行评价。定线制及助航条件评价标准定义为五个级别，确定将表 7-33 作为“定线制及助航条件”指标的评价标准。

采用专家调查法获取相关数据，获得通道水域内定线制及助航条件的状况。调查对象主要为海事局 VTS 值班员、班轮船员等。

表 7-33 “定线制及助航条件”评价标准（通道水域）

风险等级	风险很低	风险较低	风险一般	风险较大	风险很大
定线制及助航条件（C22）	100~95	95~90	90~80	80~70	<70

13. 船舶会遇状况

通道水域内通航船舶流量大，船舶会遇率较高，海上交通风险增大。参考 AIS 航迹图的航迹分布，确定以不同航路的交叉点个数与船舶交会区域长度的比值[36, 46-47]作为“船舶会遇状况”的评价标准，如表 7-34 所示。

通过通道水域的海图信息和 AIS 航迹分布图获取船舶航路交叉点个数，确定通道水域船舶会遇状况。

表 7-34 “船舶会遇状况”评价标准(通道水域)

风险等级	风险很低	风险较低	风险一般	风险较大	风险很大
船舶会遇状况(C23)	0	0.1~0.2	0.3~0.4	0.5~0.6	>0.6

14. 渔船影响

渔船活动对通道水域的海上交通安全存在影响是公认的事实，但是难以准确掌握相关的数据。该指标在其他定量评价海上交通安全的文献中出现较少。因此，采用定性的方法进行评价，“渔船影响”评价标准定义为五个级别：影响很小、影响较小、影响一般、影响较大、影响很大。

采用专家调查法获取相关数据，并结合参考文献的结论，获得通道水域内渔船对船舶航行安全影响的状况。调查对象主要包括海事局 VTS 值班员、班轮船员等。

表 7-35 “渔船影响”评价标准(通道水域)

风险等级	风险很低	风险较低	风险一般	风险较大	风险很大
渔船影响(C24)	影响很小	影响较小	影响一般	影响较大	影响很大

15. 海事管理

海事管理很难用定量的数据进行描述，参考其他文献，采用专家打分的方法进行评价。海事管理水平评价标准定义为五个级别，确定将表 7-36 作为“海事管理”指标的评价标准。

采用专家调查法获取相关数据，调查对象主要包括与 VTS 关系密切的班轮船员以及海事局 VTS 值班员等。

表 7-36 “海事管理”评价标准(通道水域)

风险等级	风险很低	风险较低	风险一般	风险较大	风险很大
海事管理(D1)	100~95	95~90	90~80	80~70	<70

16. 船公司管理

船公司的管理水平很难用定量的数据进行描述，因此，采用专家打分的方法进行评价。船公司管理水平评价标准定义为五个级别，确定将表 7-37 作为“船公司管理”指标的评价标准。

采用专家调查法获取相关数据，调查对象主要包括进出周边港口的船员以及海事局

VTS 值班员等。

表 7-37 "船公司管理"评价标准(通道水域)

风险等级	风险很低	风险较低	风险一般	风险较大	风险很大
船公司管理(D2)	100~95	95~90	90~80	80~70	<70

7.3 基于 FAHP 的海上交通安全风险评价模型

模糊综合评价方法是运用模糊数学工具对多层次多因素系统进行总体评判的一种定性与定量相结合的方法。其基本步骤如下:①确定评价对象的因素集;②确定各指标的权重集;③确定评价集;④进行单因素模糊评价和多因素模糊综合评价;⑤根据最大隶属度原则或加权平均法对综合评价结果进行排序[48]。目前,模糊综合评价广泛应用于交通安全评价领域[23, 49-52]。

权重是对每一种单因素在总评价中影响程度大小的度量,在一定程度上也代表了单因素评定等级的能力。因素权重系数的确定是综合评价的关键环节之一,可以直接影响综合评价的结果。权重值的确定方法有很多种,在实际应用中常用的方法有:德尔菲法、专家调查法和 AHP 等。综合考虑各种方法的优缺点,采用 FAHP 处理专家调查数据以确定各因素的权重。

7.3.1 FAHP 概述

AHP 是美国运筹学家、匹兹堡大学的萨蒂教授于 20 世纪 70 年代提出的一种定性分析和定量分析相结合的系统分析方法。AHP 的关键环节是建立判断矩阵,判断矩阵是否科学、合理会直接影响到 AHP 的效果。一些学者通过研究认为 AHP 存在诸如判断一致性与矩阵一致性的差异、一致性检验的困难和缺乏科学性等问题[53],并在传统层次分析法的基础上提出了 FAHP。

FAHP 同普通 AHP 相比具有以下优点[54]:

(1)检验模糊矩阵是否具有一致性,较通过计算判断矩阵的最大特征根及其对应特征向量检验判断矩阵是否具有一致性更容易。

(2)调整模糊矩阵的元素可很快使模糊不一致矩阵具有模糊一致性,克服了普通 AHP 要经过若干次调整、检验、再调整、再检验才能使判断矩阵具有一致性的缺点。

(3)检验模糊矩阵是否具有一致性的标准,较检验判断矩阵是否具有一致性的判断标准(CR<0.1)更加科学、准确和简便。

FAHP 的步骤主要包括模糊一致判断矩阵的建立和由模糊一致判断矩阵 R 求元素 $a_1, a_2, \cdots, a_n$ 的权重值 $w_1, w_2, \cdots, w_n$。

1. 模糊一致判断矩阵的建立

模糊一致判断矩阵 R 表示针对上一层某元素，本层次与之有关元素之间相对重要性的比较。假定上一层次的元素 C 同下一层次中的元素 $a_1, a_2, \cdots, a_n$ 有联系，则模糊一致判断矩阵可表示为：

C	a_1	a_2	$\cdots$	a_n
a_1	r_{11}	r_{12}	$\cdots$	r_{1n}
a_2	r_{21}	r_{22}	$\cdots$	r_{2n}
$\vdots$	$\vdots$	$\vdots$	$\vdots$	$\vdots$
a_n	r_{n1}	r_{n2}	$\cdots$	r_{nn}

元素 r_{ij} 具有如下实际意义：r_{ij} 表示元素 a_i 和元素 a_j 相对于元素 C 进行比较时，元素 a_i 和元素 a_j 具有模糊关系“……比……重要得多”的隶属度。为了使任意两个方案关于某准则的相对重要程度得到定量描述，可采用如表 7-38 所示的 0.1~0.9 标度给予数量标度。

表 7-38　0.1~0.9 数量标度

标度	定义	说明
0.5	同等重要	两元素相比较，同等重要
0.6	稍微重要	两元素相比较，一元素比另一元素稍微重要
0.7	明显重要	两元素相比较，一元素比另一元素明显重要
0.8	重要得多	两元素相比较，一元素比另一元素重要得多
0.9	极端重要	两元素相比较，一元素比另一元素极端重要
0.1，0.2 0.3，0.4	反比较	若元素 a_i 与元素 a_j 相比较得到判断 r_{ij}，则元素 a_j 与元素 a_i 相比较得到的判断为 $r_{ji}=1-r_{ij}$

有了上面的数量标度之后，元素 $a_1, a_2, \cdots, a_n$ 相对于上一层元素 C 进行比较，可得到如下模糊一致判断矩阵：

$$R=\begin{bmatrix} r_{11} & r_{12} & \cdots & r_{1n} \\ r_{21} & r_{22} & \cdots & r_{2n} \\ \vdots & \vdots & \vdots & \vdots \\ r_{n1} & r_{n2} & \cdots & r_{nn} \end{bmatrix}$$

R 具有如下性质：

(1) $r_{ii}=0.5, i=1,2,\cdots,n$；

(2) $r_{ij}=1-r_{ji}, i,j=1,2,\cdots,n$；

(3) $r_{ij}=r_{ik}-r_{jk}, i,j,k=1,2,\cdots,n$。

即 R 是模糊一致判断矩阵。模糊判断矩阵的一致性反映了人们思维判断的一致性，在构造模糊判断矩阵时非常重要，但在实际决策分析中，由于所研究的问题的复杂性和人们认识上可能产生的片面性，构造出的判断矩阵往往不具有一致性。这时可应用模糊一致判断矩阵的充要条件进行调整。具体的调整步骤如下：

第一步，确定一个同其余元素的重要性相比较得出的判断有把握的元素，不失一般性，设决策者认为对判断 $r_{11},r_{12},\cdots,r_{1n}$ 比较有把握。

第二步，用 R 的第一行元素减去第二行的对应元素，若所得的 n 个差数为常数，则不需调整第二行元素。否则，要对第二行元素进行调整，直到第一行元素减去第二行的对应元素之差为常数为止。

第三步，用 R 的第一行元素减去第三行的对应元素，若所得的 n 个差数为常数，则不需调整第三行元素。否则，要对第三行元素进行调整，直到第一行元素减去第三行的对应元素之差为常数为止。

上面步骤如此继续下去直到第一行元素减去第 n 行对应元素之差为常数为止。

2. 由模糊一致判断矩阵 R 求元素 a_1，a_2，$\cdots$，a_n 的权重值 w_1，w_2，$\cdots$，w_n

设元素 $a_1,a_2,\cdots,a_n$ 进行两两重要性比较得到的模糊一致判断矩阵为 $R=(r_{ij})_{n\times n}$，元素 $a_1,a_2,\cdots,a_n$ 的权重值分别为 $w_1,w_2,\cdots,w_n$，则由前面的讨论可知，有如下关系式成立[53-54]：

$$r_{ij}=0.5+a(w_i-w_j) \qquad i,j=1,2,\cdots,n$$

$$w_i=\frac{1}{n}-\frac{1}{2a}+\frac{1}{na}\sum_{k=1}^{n}r_{ik} \qquad i\in\{1,2,\cdots,n\}$$

其中：a 是人们对所感知对象的差异程度的一种度量。a 越大，不同指标的权重之差越小；a 越小，权重之差则越大，当 $a=(n-1)/2$ 时权重之差达到最大。因此，a 越小，表明决策者非常重视元素间重要程度的差异；a 越大，表明决策者不是非常重视元素间重要程度的差异。

3. FAHP 的应用

FAHP 是一种定性和定量分析相结合的系统分析方法，它利用 AHP 将一个复杂问题表示为有序的构造递阶层次结构，根据层次分析结构模型和专家判断信息，构造各层次元素的模糊判断矩阵，从而使得一个复杂的决策问题能使用简单的两两比较形式导出。FAHP 通过建立层次分析结构模型、构造判断矩阵、层次单排序和层次总排序几个步骤，来计算各层次构成要素对于总目标的组合权重，从而实现不同风险因素的重要度排序。FAHP 目前较为广泛地应用于煤矿安全[55]、电力安全[56]、管线风险[57-58]等综合评价、多目标系统决策等方面。在海上交通安全风险评价方面，白智勇等采用 FAHP 对收集到的 21 位具有 10 年以上独立操纵船舶经验的船长提供的数据进行处理，对韩国 6 个港口的安全进行了评价,得到了影响港口安全最重要的指标,并进行了排序[59]。

7.3.2 模糊综合评价模型的建立

在分析影响海上交通安全的各种因素的基础上,运用 AHP 构造出多级模糊综合评价模型来进行多层次的风险评价,使经低层次评价得到的上一层次的综合评价向量可以继续参与上一层次的评价。

1. 确立因素集

根据系统内部因素之间的隶属关系,一个复杂系统的求解被分解为对多个简单子系统的求解,然后再逐级进行综合。根据所研究的对象或系统,确定影响对象或系统的因素,组成因素集。

$$A=\{a_1,a_2,\cdots,a_n\}$$

$$a_i=\{a_{i1},a_{i2},\cdots,a_{in}\}$$

式中:第一层指标 $A=\{a_1,a_2,\cdots,a_n\}$ 为影响目标层 A 的各种因素;第二层指标 $a_i=\{a_{i1},a_{i2},\cdots,a_{in}\}$ 为影响第一层指标的各种因素。根据研究对象的不同,第二层指标 a_{ij} 可以进一步细分。针对海上交通安全风险(港口水域、通道水域)建立了 3 层指标评价体系,详见本章 7.1.2 的图 7-1 和 7.1.3 的图 7-2。

2. 确定权重集

因素集中各个因素对评判对象的重要程度是不一样的。为了反映各因素的重要程度,对各个因素 a_i 分配一个相应的权值 $w_i(i=1,2,\cdots,n)$,由各权值组成的因素权重集 W 是因素集 A 上的模糊子集。

$$W=\{w_1,w_2,\cdots,w_n\}$$

式中:权值 w_i 是因素 a_i 对 A 的隶属度,即反映了各个因素在综合评判中所具有的重要程度,通常应满足归一和非负性条件。

$$\sum_{i=1}^{n} w_i = 1 \quad w_i \geqslant 0$$

本书中采用 FAHP 对专家调查问卷进行处理,确定各因素的权重。

3. 确定评价集

评价集是对评判对象可能做出评判结果的集合。在确定评价等级时,根据海上交通安全风险的特点并参考国内外专家学者的相关研究[16, 50, 60-61],定义评价等级并指定分值。

$$V=\{v_1,v_2,v_3,v_4,v_5\}=\{1,2,3,4,5\}$$

式中:1,2,3,4,5 表示模糊数,代表确定的评价等级评语集为:风险低、风险较低、风险一般、风险较高、风险高。

风险的高低级别采用风险严重度进行划分。风险严重度是指一般情况下风险主体发生事故可能造成的最严重后果,由事故可能造成的人员伤亡、污染程度、经济损失、社会影响等情况确定。参考《水上交通事故统计办法》关于水上交通事故等级划分标准[62]和近几年交通运输部海事局给各直属海事局下达的死亡率控制指标以及广东海事局水上交通安全风险管理工作规定(试行)关于安全风险源的分级标准,确定具体取值标准如下[62-63]:

风险低(分值 1):可能造成死亡失踪 3 人及以下,或可能造成的直接经济损失在 1 000 万元以下。

风险较低(分值 2):可能造成死亡失踪 4~10 人,或可能造成的直接经济损失在 1 000 万元以上、3 000 万元以下。

风险一般(分值 3):可能造成死亡失踪 11~20 人,或可能造成的直接经济损失在 3 000 万元以上、6 000 万元以下。

风险较高(分值 4):可能造成死亡失踪 21~30 人,或可能造成的直接经济损失在 6 000 万元以上、1 亿元以下。

风险高(分值 5):可能造成死亡失踪 30 人以上,或可能造成的直接经济损失在 1 亿元以上。

4. 模糊综合评价

单因素模糊评判是单独从一个因素 a_{ij} 出发进行评判,以确定评判对象对评价集元素 $v_k(k=1,2,3,4,5)$ 的隶属度 r_{ijk} 的过程。对 a_{ij} 评判的结果 R_{ij} 为单因素模糊评判集。

$$R_{ij} = [r_{ij1} \quad r_{ij2} \quad r_{ij3} \quad r_{ij4} \quad r_{ij5}] \quad i = 1,2,\cdots,n \quad j = 1,2,\cdots,m$$

将各单因素模糊评判集的隶属度作为行组成单因素评判矩阵。

$$R_{ij} = \begin{bmatrix} R_{i1} \\ R_{i2} \\ \vdots \\ R_{im} \end{bmatrix} = \begin{bmatrix} r_{i11} & r_{i12} & \cdots & r_{i15} \\ r_{i21} & r_{i22} & \cdots & r_{i25} \\ \vdots & \vdots & \cdots & \vdots \\ r_{im1} & r_{im2} & \cdots & r_{im5} \end{bmatrix}$$

进行一级模糊综合评价,第 i 类因素的综合评价集 E_i 可按加权平均型模糊算子由模糊变换 R_i 与因素权重集 W_i 相乘得到。

一级模糊综合评价模型:

$$E = W \times R = [w_1, w_2, \cdots, w_m] \times \begin{bmatrix} r_{11} & r_{12} & \cdots & r_{1n} \\ r_{21} & r_{22} & \cdots & r_{2n} \\ \vdots & \vdots & \vdots & \vdots \\ r_{m1} & r_{m2} & \cdots & r_{mn} \end{bmatrix} = (e_1, e_2, \cdots, e_n)$$

多级模糊综合评价模型：

$$E = W \times R = (w_1, w_2, \cdots, w_m) \times \begin{bmatrix} E_1 \times R_1 \\ E_2 \times R_2 \\ \vdots \quad \vdots \\ E_m \times R_m \end{bmatrix}$$

5. 评价结果

模糊综合评价的最终结果为一个模糊向量，即评判对象隶属于各个评判等级的隶属度向量[19]。确定评判对象的等级时，需要对该模糊向量反模糊化，常用的反模糊化方法有：最大隶属度原则、加权平均原则。

(1)最大隶属度原则

采用最大隶属度原则评判海上交通安全风险所隶属的评语集是一种确定风险值的常用方法[64]，即向量 E 中，最大的值 $e_r = \max\{e_j\}$ $(j=1, 2, \cdots, 5)$ 对应的评语集中的评语 V_j 为最终评价等级。

(2)加权平均原则

模糊综合评价的结果是评判对象隶属各个评判等级的隶属度向量。确定评判对象的等级时，需要对该模糊向量清晰化。采用加权平均法进行处理，把 $e_k(k=1,2,\cdots,5)$ 视为权数，对评价集 E 进行加权平均：

$$E^* = \frac{\sum_{k=1}^{n} e_k \times v_k}{\sum_{k=1}^{n} e_k}$$

式中：v_k $(k=1,2,\cdots,5)$ 为各因素与评价集对应的分值，所得到的 E^* 即为综合评价的结果。

7.4 实例验证

7.4.1 针对港口水域的海上交通安全风险评价

应用基于 FAHP 的海上交通安全风险评价方法对大连、青岛、深圳等港口水域进行评价，验证方法的科学合理性。

1. 大连港口水域

大连港口水域，海岸线长 1 592 多千米，深水线长 400 多千米，海域面积为 3.4 万平方千米，有大小港湾 30 余处，共有 320 余个现代化泊位，修造船泊位、船台、船坞 106 个，万吨级泊位170余个。2014年，港口货物吞吐量超过3.51亿吨，集装箱吞吐量1 001余万TEU，旅客运输进出366.8万人次。

(1)大连港口水域通航环境

①自然条件

大连港口水域全年以北风及西北风最强，而且出现频率也是最高的，尤其是冬季以北风及西北风最强，而春、夏季以南风居多。近几年的统计资料显示，大连区域全年6级风以上天数约为34天。

雾况：在入春以后雾逐渐增加，而且多发生在早晨，其中7月份雾略多，对船舶进出港航行有一定的影响，9月份以后很少有雾。大连港地区全年能见度低于1 km的天数约为31.6天。

海冰：每年冰冻期为1月初~2月初，并且在港区里有的年份会有部分结冰，为期约2个月，结冰厚度为5~20 mm，通常情况下对船舶航行及靠泊影响较小。

水文情况：大连港地区潮汐属半日潮混合型，历年最高潮位4.6 m，最低潮位0.66 m，平均潮位2.14 m。根据海图资料，大连湾海域涨潮流流速一般在1 kn左右，落潮流流速一般在1.5 kn左右。

②交通条件

大连港现有各种泊位数量300多个(含货物装卸泊位、修造船泊位及舾装泊位)，附近主要航路有大港航道、甘井子航道、和尚岛航道、大三山水道、大窑湾航道等。

大连港船舶进出港数据分别为：2012年船舶进出港159 878艘次，其中危险品船舶(含油船和危险品船舶)11 778艘次、客船80 649艘次；2013年船舶进出港165 985艘次，其中危险品船舶(含油船和危险品船舶)12 020艘次、客船85 903艘次；2014年船舶进出港179 809艘次，其中危险品船舶(含油船和危险品船舶)11 098艘次、客船101 843艘次。

大连港口水域海上交通安全受渔船的影响较大，近10年的统计数据显示，涉及渔船的碰撞事故数量占到碰撞事故总数量的17.62%[65]。

(2)指标权重求取

针对大连港口水域海上交通安全风险评价，共发放调查问卷258份，发放对象包括辽宁海事局和大连海事局的通航管理人员，中海客轮与渤海轮渡的高级船员、海务主管等。采用FAHP对收回的179份有效的专家调查问卷进行数据处理，获得各个因素的权重值，如表7-39所示。

(3)根据获取的大连港口水域的数据求取各指标的隶属度

通过调研获得大连港口水域涉及海上交通安全风险相关指标的数据，主要包括：高风险船规模、船龄、船舶吨位、适航状态(安全检查滞留率)、船舶交通量等；同时，根据对收回的“海上交通安全风险评价指标体系(大连港口水域)”调查表的数据处理结果并参考已有的与大连港口水域相关的研究成果[60, 65-66],得到大连港口水域海上交通安全风险评价指标的隶属度表,如表 7-40 所示。

表 7-39　大连港口水域海上交通安全风险评价指标体系权重表

第一层指标	权重	第二层指标	权重	第三层指标	权重
人	0.327 6	适任性	0.327 3		
		责任心	0.415 2		
		疲劳程度	0.257 5		
船舶	0.211 8	通航船型	0.251 0	砂石船影响	0.581 8
				高风险船规模	0.418 2
		船龄	0.253 6		
		船舶吨位	0.190 9		
		适航状态	0.304 5		
环境	0.189 4	自然环境	0.572 7	风	0.250 0
				能见度	0.260 6
				海冰	0.243 9
				海流	0.245 5
		交通环境	0.427 3	航道条件	0.197 4
				助航条件	0.176 3
				船舶交通量	0.220 9
				碍航物	0.163 8
				渔船影响	0.241 6
管理	0.271 2	海事管理	0.339 4		
		港口管理	0.315 2		
		船公司管理	0.345 4		

表 7-40 大连港口水域海上交通安全风险评价指标的隶属度

指标			隶属度				
第一层	第二层	第三层	风险很低	风险较低	风险一般	风险较大	风险很大
A	A_1		0.000 0	0.866 7	0.069 5	0.063 8	0.000 0
	A_2		0.066 7	0.533 3	0.333 3	0.066 7	0.000 0
	A_3		0.000 0	0.236 8	0.526 3	0.210 6	0.026 3
B	B_1	B_{11}	0.000 0	0.266 7	0.304 5	0.312 6	0.116 2
		B_{12}	0.000 0	0.000 0	0.000 0	0.000 0	1.000 0
	B_2		0.313 8	0.340 5	0.164 1	0.080 2	0.101 4
	B_3		0.000 0	0.000 0	0.000 0	1.000 0	0.000 0
	B_4		0.000 0	0.295 7	0.704 3	0.000 0	0.000 0
C	C_1	C_{11}	0.366 7	0.633 3	0.000 0	0.000 0	0.000 0
		C_{12}	0.000 0	0.072 0	0.928 0	0.000 0	0.000 0
		C_{13}	0.000 0	1.000 0	0.000 0	0.000 0	0.000 0
		C_{14}	0.000 0	0.500 0	0.500 0	0.000 0	0.000 0
	C_2	C_{21}	0.066 7	0.533 3	0.333 3	0.066 7	0.000 0
		C_{22}	0.066 7	0.533 3	0.333 3	0.066 7	0.000 0
		C_{23}	0.000 0	0.000 0	0.000 0	0.526 3	0.473 7
		C_{24}	1.000 0	0.000 0	0.000 0	0.000 0	0.000 0
		C_{25}	0.000 0	0.000 0	0.000 0	1.000 0	0.000 0
D	D_1		0.066 7	0.533 3	0.333 3	0.066 7	0.000 0
	D_2		0.066 7	0.533 3	0.333 3	0.066 7	0.000 0
	D_3		0.000 0	0.466 7	0.333 3	0.200 0	0.000 0

(4)模糊综合评价

①对于“人”的综合评价

$$E_1 = W_a \times R_a = [w_{a1} \quad w_{a2} \quad w_{a3}] \times \begin{bmatrix} r_{a11} & r_{a12} & r_{a13} & r_{a14} & r_{a15} \\ r_{a21} & r_{a22} & r_{a23} & r_{a24} & r_{a25} \\ r_{a31} & r_{a32} & r_{a33} & r_{a34} & r_{a35} \end{bmatrix}$$

$$= [0.327\ 3 \quad 0.415\ 2 \quad 0.257\ 5]$$

$$\times \begin{bmatrix} 0.000\ 0 & 0.866\ 7 & 0.069\ 5 & 0.063\ 8 & 0.000\ 0 \\ 0.066\ 7 & 0.533\ 3 & 0.333\ 3 & 0.066\ 7 & 0.000\ 0 \\ 0.000\ 0 & 0.236\ 8 & 0.526\ 3 & 0.210\ 6 & 0.026\ 3 \end{bmatrix}$$

$$= [0.027\ 7 \quad 0.566\ 1 \quad 0.296\ 7 \quad 0.102\ 8 \quad 0.006\ 8]$$

②对于“船舶”的综合评价

$$E_2 = W_b \times R_b = [w_{b1} \quad w_{b2} \quad w_{b3} \quad w_{b4}] \times \begin{bmatrix} r_{b11} & r_{b12} & r_{b13} & r_{b14} & r_{b15} \\ r_{b21} & r_{b22} & r_{b23} & r_{b24} & r_{b25} \\ r_{b31} & r_{b32} & r_{b33} & r_{b34} & r_{b35} \\ r_{b41} & r_{b42} & r_{b43} & r_{b44} & r_{b45} \end{bmatrix}$$

$$= [0.2510 \quad 0.2536 \quad 0.1909 \quad 0.3045]$$

$$\times \begin{bmatrix} 0.0000 & 0.1552 & 0.1772 & 0.1819 & 0.4858 \\ 0.3138 & 0.3405 & 0.1641 & 0.0802 & 0.1014 \\ 0.0000 & 0.0000 & 0.0000 & 1.0000 & 0.0000 \\ 0.0000 & 0.2957 & 0.7043 & 0.0000 & 0.0000 \end{bmatrix}$$

$$= [0.0796 \quad 0.2153 \quad 0.3005 \quad 0.2569 \quad 0.1477]$$

③对于“环境”的综合评价

A. 对于“自然环境”的综合评价

$$E_{c1} = W_{c1} \times R_{c1} = [w_{c11} \quad w_{c12} \quad w_{c13} \quad w_{c14}] \times \begin{bmatrix} w_{c111} & w_{c112} & w_{c113} & w_{c114} & w_{c115} \\ w_{c121} & w_{c122} & w_{c123} & w_{c124} & w_{c125} \\ w_{c131} & w_{c132} & w_{c133} & w_{c134} & w_{c135} \\ w_{c141} & w_{c142} & w_{c143} & w_{c144} & w_{c145} \end{bmatrix}$$

$$= [0.2500 \quad 0.2606 \quad 0.2439 \quad 0.2455]$$

$$\times \begin{bmatrix} 0.3667 & 0.6333 & 0.0000 & 0.0000 & 0.0000 \\ 0.0000 & 0.0720 & 0.9280 & 0.0000 & 0.0000 \\ 0.0000 & 1.0000 & 0.0000 & 0.0000 & 0.0000 \\ 0.0000 & 0.5000 & 0.5000 & 0.0000 & 0.0000 \end{bmatrix}$$

$$= [0.0917 \quad 0.5437 \quad 0.3646 \quad 0.0000 \quad 0.0000]$$

B. 对于“交通环境”的综合评价

$$E_{c2} = W_{c2} \times R_{c2} = [w_{c21} \quad w_{c22} \quad w_{c23} \quad w_{c24} \quad w_{c25}] \times \begin{bmatrix} w_{c211} & w_{c212} & w_{c213} & w_{c214} & w_{c215} \\ w_{c221} & w_{c222} & w_{c223} & w_{c224} & w_{c225} \\ w_{c231} & w_{c232} & w_{c233} & w_{c234} & w_{c235} \\ w_{c241} & w_{c242} & w_{c243} & w_{c244} & w_{c245} \\ w_{c251} & w_{c252} & w_{c253} & w_{c254} & w_{c255} \end{bmatrix}$$

$$= [0.197\,4 \quad 0.176\,3 \quad 0.220\,9 \quad 0.163\,8 \quad 0.241\,6] \times \begin{bmatrix} 0.066\,7 & 0.533\,3 & 0.333\,3 & 0.066\,7 & 0.000\,0 \\ 0.066\,7 & 0.533\,3 & 0.333\,3 & 0.066\,7 & 0.000\,0 \\ 0.000\,0 & 0.000\,0 & 0.000\,0 & 0.526\,3 & 0.473\,7 \\ 1.000\,0 & 0.000\,0 & 0.000\,0 & 0.000\,0 & 0.000\,0 \\ 0.000\,0 & 0.000\,0 & 0.000\,0 & 1.000\,0 & 0.000\,0 \end{bmatrix}$$

$$= [0.188\,7 \quad 0.199\,3 \quad 0.124\,6 \quad 0.382\,8 \quad 0.104\,6]$$

C. 对于“环境”的综合评价

$$E_c = W_c \times R_c = [w_{c1} \quad w_{c2}] \times \begin{bmatrix} r_{c11} & r_{c12} & r_{c13} & r_{c14} & r_{c15} \\ r_{c21} & r_{c22} & r_{c23} & r_{c24} & r_{c25} \end{bmatrix}$$

$$= [0.572\,7 \quad 0.427\,3] \times \begin{bmatrix} 0.091\,7 & 0.543\,7 & 0.364\,6 & 0.000\,0 & 0.000\,0 \\ 0.188\,7 & 0.199\,3 & 0.124\,6 & 0.382\,8 & 0.104\,6 \end{bmatrix}$$

$$= [0.133\,1 \quad 0.396\,6 \quad 0.262\,0 \quad 0.163\,6 \quad 0.044\,7]$$

④对于“管理”的综合评价

$$E_d = W_d \times R_d = [w_{d1} \quad w_{d2} \quad w_{d3}] \times \begin{bmatrix} r_{d11} & r_{d12} & r_{d13} & r_{d14} & r_{d15} \\ r_{d21} & r_{d22} & r_{d23} & r_{d24} & r_{d25} \\ r_{d31} & r_{d32} & r_{d33} & r_{d34} & r_{d35} \end{bmatrix}$$

$$= [0.339\,4 \quad 0.315\,2 \quad 0.345\,4] \times \begin{bmatrix} 0.066\,7 & 0.533\,3 & 0.333\,3 & 0.066\,7 & 0.000\,0 \\ 0.066\,7 & 0.533\,3 & 0.333\,3 & 0.066\,7 & 0.000\,0 \\ 0.000\,0 & 0.466\,7 & 0.333\,3 & 0.200\,0 & 0.000\,0 \end{bmatrix}$$

$$= [0.043\,6 \quad 0.510\,3 \quad 0.333\,3 \quad 0.112\,8 \quad 0.000\,0]$$

⑤“海上交通安全风险”综合评价

$$E = [w_a \quad w_b \quad w_c \quad w_d] \times \begin{bmatrix} r_{a1} & r_{a2} & r_{a3} & r_4 & r_5 \\ r_{b1} & r_{b2} & r_{b3} & r_{b4} & r_{b5} \\ r_{c1} & r_{c2} & r_{c3} & r_{c4} & r_{c5} \\ r_{d1} & r_{d2} & r_{d3} & r_{d4} & r_{d5} \end{bmatrix}$$

$$= [0.327\,6 \quad 0.211\,8 \quad 0.189\,4 \quad 0.271\,2] \times \begin{bmatrix} 0.027\,7 & 0.566\,1 & 0.296\,7 & 0.102\,8 & 0.006\,8 \\ 0.079\,6 & 0.215\,3 & 0.300\,5 & 0.256\,9 & 0.147\,7 \\ 0.133\,1 & 0.396\,6 & 0.262\,0 & 0.163\,6 & 0.044\,7 \\ 0.043\,6 & 0.510\,3 & 0.333\,3 & 0.112\,8 & 0.000\,0 \end{bmatrix}$$

$$= [0.063\,0 \quad 0.444\,6 \quad 0.300\,8 \quad 0.149\,6 \quad 0.042\,0]$$

⑥评价分值

$$E^* = \frac{\sum_{k=1}^{5} e_k \times v_k}{\sum_{k=1}^{5} e_k} = \frac{0.0630 \times 1 + 0.4446 \times 2 + 0.3008 \times 3 + 0.1496 \times 4 + 0.0420 \times 5}{0.0630 + 0.4446 + 0.3008 + 0.1496 + 0.0420}$$

$= 2.6630$

(5)综合评价结果分析

①最大隶属度原则

根据大连港口水域海上交通安全风险综合评价结果:

$$E = [0.0630 \quad 0.4446 \quad 0.3008 \quad 0.1496 \quad 0.0420]$$

按照最大隶属度原则,$e_r = \max_{1 \leqslant j \leqslant 5}\{e_j\} = 0.4446$,可得出大连港口水域的海上交通安全风险为“风险较低”的等级。

②加权平均原则

根据大连港口水域海上交通安全风险综合评价结果:$E^* = 2.6630$,可得大连港口水域海上交通安全风险值介于“风险较低(分值 2)”与“风险一般(分值 3)”之间,且更接近于“风险一般”。

③影响大连港口水域海上交通安全风险的主要因素

根据对单因素评价的分析,可以发现影响大连港口水域海上交通安全风险的主要因素:人为因素是影响大连港口水域海上交通安全风险的主要因素;船舶交通量大,尤其是高风险船(客船、危险品船舶)规模大(艘次数所占比重超过 60%),是影响大连海上交通安全风险的重要因素;砂石船、渔船对于大连港口水域海上交通安全风险有较大影响。

2. 青岛港口水域

青岛港地处山东半岛南部,自然资源丰富,停泊避风条件好。港内水域宽、深,四季通航,港湾口小腹大,是我国著名的优良港口。青岛港辖区航道复杂、船舶种类繁多、交通流量大、复杂气象多发[67]。

(1)青岛港口水域通航环境

①自然条件

青岛海区受季风影响,夏季多偏南风,冬季多偏北风,6 级以上大风主要由台风和寒潮造成,年均 14.4 天[68]。本海区夏秋季受台风影响,根据多年气象资料统计,平均每年受台风影响 2 次,最多为 1962 年 4 次。

海雾对青岛港的船舶交通安全影响较大,每年的春末夏初(4 月—7 月)海雾盛行,年平均雾日为 46.9 天。

青岛港口水域潮流属半日潮流,总的特点是涨潮流速大于落潮流速,涨潮历时小于落潮历时,潮流基本属于往复流,最大流速方向与海岸平行。胶州湾口团岛附近涨潮流最大流速为2.5 kn,落潮流最大流速为3.0 kn;前湾涨潮流最大流速为1.0 kn,落潮流最大流速为0.6 kn。

②交通条件

青岛港现有各类泊位500多个(含货物装卸泊位、修造船泊位、舾装泊位及游艇泊位)。船舶进出青岛辖区各港口、码头的航道有20条[68],其中:港外航道11条,包括青岛港主航道、第一航线、第一预备航线、第二航线、第三航线、第四航线、超大型船舶专用航道、灵山航道、女岛航道、鳌山航道、积米崖航道(唐岛湾航道)等,前7条航道水深都在15 m以上,外国籍船舶只允许使用第二、第三航线;港内航道9条,包括大港航道、大港预备航线、黄岛油码头航道、前湾港航道、轮渡航线、自然小航道、海西湾航道、显浪嘴航道和沧口水道。

2014年青岛港进出港船舶20.07万艘次,其中:危险品船舶13 479艘次,占总数的6.72%(由于进出青岛港的大型危险品船舶多,因此危险品货物吞吐量占货物总吞吐量的22.87%);客船81 981艘次,占总数的40.85%。

青岛港口水域的交通安全受渔船的影响严重,近10年的统计表明:青岛港口水域海事事故中涉及渔船的事故占到总数的60%以上[67]。

(2)指标权重求取

各个因素的权重值通过FAHP对专家数据进行处理获得。青岛港口水域的指标权重借鉴了大连港口水域的指标权重,并结合相关参考文献以及青岛港口水域与通航安全相关的数据进行了部分调整。

(3)根据获取的青岛港口水域的数据求取各指标的隶属度

通过调研获取青岛港口水域涉及海上交通安全风险相关指标的数据,主要包括:高风险船规模、船龄、船舶吨位、适航状态(安全检查滞留率)、船舶交通量等;同时,参考收回的“海上交通安全风险评价指标体系(大连港口水域)”调查表的数据处理结果和已有的与青岛港口水域相关的研究成果[67-70],得到青岛港口水域海上交通风险评价指标的隶属度表。

(4)模糊综合评价及评价结果分析

①最大隶属度原则

根据青岛港口水域海上交通安全风险综合评价结果:

$$E = [0.099\ 5 \quad 0.421\ 0 \quad 0.270\ 3 \quad 0.165\ 2 \quad 0.044\ 0]$$

按照最大隶属度原则,$e_r = \max\limits_{1 \leq j \leq 5}\{e_j\} = 0.421\ 0$,可得出青岛港口水域的海上交通安全风险为“风险较低”的等级。

②加权平均原则

根据青岛港口水域海上交通安全风险综合评价结果：$E^* = 2.6332$，可得青岛港口水域海上交通安全风险值介于“风险较低（分值 2）”与“风险一般（分值 3）”之间，且更接近于“风险一般”。

③影响青岛港口水域海上交通安全风险的主要因素

根据对单因素评价的分析，可以发现影响青岛港口水域海上交通安全风险的主要因素：人为因素是影响青岛港口水域海上交通安全风险的主要因素；能见度不良天数多对于海上交通安全影响较大；船舶交通量大，尤其是高风险船（客船、危险品船舶）规模大（艘次数所占比重接近 50%），是影响青岛港口水域海上交通安全风险的重要因素；砂石船、渔船对于青岛港口水域海上交通安全风险有较大影响。

3. 深圳港口水域

深圳港被九龙半岛分隔，由东部、西部两大港口群组成，分别位于东部的大鹏湾、大亚湾和西部的深圳湾、珠江口东岸。西部港区位于珠江入海口伶仃洋东岸，水深港阔，天然屏障良好，南距香港 20 n mile，北至广州 60 n mile，经珠江水系可与珠江三角洲水网地区各市、县相连，经香港暗士顿水道可达国内沿海及世界各地港口。东部港区位于大鹏湾内，湾内水深 12～14 m，海面开阔，风平浪静，是华南地区优良的天然港湾。

深圳港将形成“两翼、六区、三主”的总体格局：“两翼”是指东、西部两大港口群；“六区”是指东部的盐田、大鹏港区和西部的南山、大铲湾、大小铲岛和宝安港区；“三主”是指以集装箱运输为重点，体现深圳港核心竞争力的盐田、南山和大铲湾三大主体港区。

（1）深圳港口水域通航环境

①自然条件

深圳港全年盛行东南东风和北北东风，其次为东北风和东风，受季风影响，冬季多为东北风，夏季为东到东南风。全年风力大于 6 级的平均天数为 7.7 天。

雾况：年平均雾日 12 天，水平能见度小于 1 km 的雾日有 6.4 天，主要集中在冬春两季。

水文情况：深圳西部港区最大潮差 3.44 m，平均潮差 1.36 m；东部港区最大潮差 2.57 m，平均潮差 1.07 m。深圳湾最大涨潮流速 1.44 kn，流向 008°，最大落潮流速 1.39 kn，流向 167°；妈湾最大涨潮流速 2.74 kn，流向 150°，最大落潮流速 3.54 kn，流向 350°；大鹏湾最大涨潮流速 0.54 kn，流向 242°，最大落潮流速 0.39 kn，流向 089°。

②交通条件

至 2012 年年底，深圳港相继建成了蛇口、赤湾、妈湾、盐田、大铲湾、沙鱼涌、下洞、东角头、福永和内河 10 个港区，共建成 500 吨级以上泊位 172 个（含 160 个生产性泊位和 12 个非生产性泊位），其中万吨级以上泊位 69 个，集装箱专用泊位 44 个，生产性码头泊位岸线总长度31.38 km。

2014年,深圳港全年完成货物吞吐量2.23亿吨,进出港船舶370 116艘次,其中:集装箱吞吐量2 403.7万标箱;危险品船舶进出港2.48万艘次,客船进出港12.39万艘次。2013年,深圳港进出港船舶381 893艘次;2012年,深圳港进出港船舶323 185艘次。

(2)指标权重求取

各个因素的权重值通过FAHP对专家数据进行处理获得。深圳港口水域的指标权重借鉴了大连港口水域的指标权重,并结合相关参考文献以及深圳港口水域与通航安全相关的数据进行了部分调整。

(3)根据获取的深圳港口水域的数据求取各指标的隶属度

通过调研获取深圳港口水域涉及海上交通安全风险相关指标的数据,主要包括:高风险船规模、船龄、船舶吨位、适航状态(安全检查滞留率)、船舶交通量等;同时,参考收回的"海上交通安全风险评价指标体系(大连港口水域)"调查表的数据处理结果和已有的与深圳港口水域相关的研究成果[40, 71],得到深圳港口水域海上交通安全风险评价指标的隶属度表。

(4)模糊综合评价及评价结果分析

①最大隶属度原则

根据深圳港口水域海上交通安全风险综合评价结果:

$$E = [0.163\,9 \quad 0.372\,3 \quad 0.295\,9 \quad 0.101\,4 \quad 0.066\,9]$$

按照最大隶属度原则,$e_r = \max\limits_{1 \leq j \leq 5}\{e_j\} = 0.372\,3$,可得出深圳港口水域的海上交通安全风险为"风险较低"的等级。

②加权平均原则

根据深圳港口水域海上交通安全风险综合评价结果:$E^* = 2.5363$,可得深圳港口水域海上交通安全风险值介于"风险较低(分值2)"与"风险一般(分值3)"之间,且更接近于"风险一般"。

③影响深圳港口水域海上交通安全风险的主要因素

根据对单因素评价的分析,可以发现影响深圳港口水域海上交通安全风险的主要因素:人为因素是影响深圳港口水域海上交通安全风险的主要因素;海流流速大对于海上交通安全有一定的影响;船舶交通量大,尤其是高风险船(客船、危险品船舶)规模大(艘次数所占比重超过40%),是影响深圳港口水域海上交通安全风险的重要因素;砂石船对于深圳港口水域海上交通安全风险有较大影响。

7.4.2 针对通道水域的海上交通安全风险评价

应用基于FAHP的海上交通安全风险评价方法对老铁山水道、成山角水域进行评价，验证方法的科学合理性。

1. **老铁山水道**

老铁山水道介于辽东半岛西南端老铁山与庙岛列岛北端的北隍城岛之间，扼守渤海的咽喉，可航行水域宽度为7.5 n mile，水深39～68 m，是进出环渤海各港口大型船舶的必经之路。过往船舶和作业渔船较多，水道船舶通航密度高，船舶交通流向复杂，会遇率较高，而且水域内风大、浪高、流急、雾多，并且两侧设有军事禁区，可航行水域受到一定限制，该水域成为海上碰撞事故的多发水域。调查统计显示，1994—2004年，发生在老铁山水道及其附近海域的等级以上交通事故11起，而且全部为碰撞事故，给人命和财产带来了巨大的损失，事故导致的油品和液体化工品泄漏污染了海洋环境[72]。

(1)老铁山水道附近水域通航环境

①自然条件

渤海海域具有明显的季风特征。冬季风从每年10月份开始盛行，至来年的3月份，大约6个月的盛行期，主要是偏北风。其中又以西北风向为主，风向稳定，风力较强。夏季风的盛行期从每年5月份开始，至8月份。其中7月、8月为夏季风的极盛时期。夏季风风向偏南，以东南风为主要风向，风力不大，风向不稳定。

大风天气是该区域的主要灾害性天气。渤海的大风浪主要出现在每年的10月到次年的3月，引起大风的天气系统主要是冷高压、温带气旋和热带气旋。根据统计，8级以上的大风日数年平均可以达到60 d左右，6级以上的大风日数平均在100 d左右。

海雾是影响渤海海域能见度的主要因素。每年的3月—7月为雾季，海雾开始出现于3月，个别年份2月也有出现，以后逐渐增多，6月、7月最多。年平均雾日20～24 d。海雾对船舶在海上安全航行的影响较大，船舶碰撞事故一半以上发生于能见度不良的天气条件下。

老铁山水道附近水域海流流速较大，东西流向的水流最大流速为6.25 kn，并有许多暗流。

②交通条件

根据统计，2010—2014年，老铁山水道附近水域年均船舶交通流量为83 375艘次，其中主要为运输船舶，占93.75%，客船占4.60%，危险品船舶（含油船）占17.99%。2014年船舶交通流量为81 048艘次，日均222艘次。

根据航迹分布可知，老铁山西部水域的船舶交通流大体上可以分为以下三股：

A. 去往营口港、锦州港等辽东湾北部港口的船舶交通流；

B. 去往天津港、黄骅港、曹妃甸港、京唐港等渤海湾西部港口的船舶交通流；

C. 去往秦皇岛港的船舶交通流。

各股交通流在老铁山附近水域（主要在定线制水域的警戒区内）交叉，形成多个交会点。

(2)指标权重求取

针对老铁山水道的海上交通安全风险评价，共发放调查问卷58份，发放对象为辽宁海事局和大连海事局通航管理人员，中海客船和渤海轮渡的高级船员和海务主管等。采用FAHP对收回的35份有效专家调查表进行数据处理，获得影响老铁山水道海上交通安全风险的各个因素的权重值，如表7-41所示。

表7-41 老铁山水道海上交通安全风险评价指标体系权重

第一层指标	权重	第二层指标	权重	第三层指标	权重
人	0.327 6	适任性	0.327 3		
		责任心	0.415 1		
		疲劳程度	0.257 6		
船舶	0.210 6	适航状态	0.393 6		
		通航船型	0.359 7		
		船舶尺度	0.246 7		
环境	0.190 6	自然环境	0.572 7	风	0.281 3
				能见度	0.325 2
				海流	0.185 1
				水深及碍航物	0.208 4
		交通环境	0.427 3	船舶交通量	0.361 0
				定线制及助航条件	0.261 2
				船舶会遇状况	0.196 8
				渔船影响	0.181 0
管理	0.271 2	海事管理	0.495 5		
		船公司管理	0.504 5		

(3)根据获取的老铁山水道的数据求取各指标的隶属度

通过调研获取大连老铁山水道涉及海上交通安全风险相关指标的数据，主要包括：高风险船规模、船舶尺度、适航状态(安全检查滞留率)、船舶交通量等；同时，根据对收回的"海上交通安全风险评价指标体系(老铁山水道)"调查表的数据处理结果并参考已有的与老铁山水道相关的研究成果[72-74]，得到老铁山水道海上交通风险评价指标的隶属度表，如表7-42所示。

表 7-42　老铁山水道海上交通安全风险评价指标的隶属度

指标			隶属度				
第一层	第二层	第三层	风险很低	风险较低	风险一般	风险较大	风险很大
A	A_1		0.000 0	0.866 7	0.069 5	0.063 8	0.000 0
	A_2		0.066 7	0.533 3	0.333 3	0.066 7	0.000 0
	A_3		0.000 0	0.236 8	0.526 3	0.210 6	0.026 3
B	B_1		0.000 0	0.000 0	0.448 6	0.551 4	0.000 0
	B_2		0.000 0	0.000 0	0.372 7	0.627 3	0.000 0
	B_3		0.000 0	0.000 0	0.851 0	0.133 1	0.015 9
C	C_1	C_{11}	0.000 0	0.000 0	0.500 0	0.500 0	0.000 0
		C_{12}	0.000 0	0.100 0	0.900 0	0.000 0	0.000 0
		C_{13}	0.000 0	0.000 0	1.000 0	0.000 0	0.000 0
		C_{14}	1.000 0	0.000 0	0.000 0	0.000 0	0.000 0
	C_2	C_{21}	0.000 0	0.000 0	0.280 0	0.720 0	0.000 0
		C_{22}	0.066 7	0.533 3	0.333 3	0.066 7	0.000 0
		C_{23}	0.000 0	0.000 0	0.600 0	0.400 0	0.000 0
		C_{24}	0.000 0	0.057 1	0.114 3	0.514 3	0.314 3
D	D_1		0.066 7	0.533 3	0.333 3	0.066 7	0.000 0
	D_2		0.000 0	0.466 7	0.333 3	0.200 0	0.000 0
	D_3		0.000 0	0.466 7	0.333 3	0.200 0	0.000 0

(4)模糊综合评价及评价结果分析

①最大隶属度原则

根据老铁山水道海上交通安全风险综合评价结果：

$$E = [0.042\,1 \quad 0.381\,1 \quad 0.353\,6 \quad 0.216\,5 \quad 0.006\,8]$$

按照最大隶属度原则，$e_r = \max\limits_{1 \leqslant j \leqslant 5}\{e_j\} = 0.381\,1$，可得老铁山水道的海上交通安全风险为“风险较低”的等级。

②加权平均原则

根据老铁山水道海上交通安全风险综合评价结果：$E^* = 2.765\,1$，可得老铁山水道海上交通安全风险值介于“风险较低(分值 2)”与“风险一般(分值 3)”之间，且更接近于“风险一般”。

③影响老铁山水道海上交通安全风险的主要因素

根据对单因素评价的分析，可以发现影响老铁山水道海上交通安全风险的主要因素：人为因素是影响老铁山水道海上交通安全风险的主要因素；能见度不良及大风天气对于海上交通安全有一定的影响;船舶交通量大,尤其是高风险船(客船、危险品船舶)规模大,是影响老铁山水道海上交通安全风险的重要因素;渔船对于老铁山水道海上交通安全风险有较大影响。

2. 成山角水域

成山角水域地处山东半岛最东端,其附近水域为我国海上南北交通枢纽,不仅是船舶进出渤海以及黄海北部各个港口的必经之路,也是我国重要的渔场水域之一。该水域具有自然条件恶劣,风大、流急、雾多,船舶交通密度大,交通流复杂,渔业船舶密度大等主要特点,进而造成该水域海上交通事故频发,尤其是船舶碰撞事故[38, 45]。因此,成山角水域海上船舶的通航安全问题已成为了影响该水域航运畅通和水域清洁的关键问题。

(1)成山角附近水域通航环境

①自然条件

底质:成山角水域海底的地势陡峻,坡度较大,且崎岖不平,沿岸附近多岛礁,水深一般为20~50 m。

风况:年平均风速为6. 5 m/s。全年各向平均风速以偏北向较大,北向的平均风速最大为8. 7 m/s(5 级)。偏南向的平均风速也较显著,为5. 8~6. 5 m/s(4 级)。各向中以西向风和西南西向风最小,分别为3. 7 m/s(3 级)和3. 8 m/s(3 级)。根据统计,全年6 级及以上风力的天数在92 d左右。

雾况:成山角水域是我国著名的雾区,年平均雾日为82. 3 d,对船舶安全航行和作业造成较大影响。

海流:因受地形等因素的影响,海流比较复杂。近岸多属环岸流,流速较小。成山头处流速最大,为2. 67 kn,流向:北部海区和东部海区西南—东北向,南部海区西北—东南向,西部海区东北—西南向。

②交通条件

根据统计[38],2010—2014 年,成山角水域年均船舶交通流量为102 113 艘次,其中,运输船舶占70. 14%,客船占0. 19%,危险品船舶(含油船)占16. 99%。2014 年船舶交通流量为105 875 艘次,日均290 艘次。

根据航迹分布可知,成山角东部水域的船舶交通流大体上可以分为以下五股:

A. 成山角分道通航制的船舶交通流;

B. 成山角分道通航制以东的南北向船舶交通流;

C. 成山角分道通航制以东的东南、西北向船舶交通流;

D. 成山角分道通航制东北侧的东西向船舶交通流;

E. 成山角分道通航制东北至老铁山的船舶交通流。

各股交通流在成山角附近水域(主要在定线制水域的警戒区内)交叉,形成多个交会点。

(2)指标权重求取

各个指标的权重值通过 FAHP 对专家数据进行处理获得。成山角水域的指标权重借鉴了老铁山水域的指标权重,并结合相关参考文献以及调研获取的成山角水域与通航安全相关的数据和事故统计资料确定各指标的权重。

(3)根据获取的成山角水域的数据求取各指标的隶属度

通过调研获取成山角水域涉及海上交通安全风险相关指标的数据,主要包括:高风险船规模、船舶尺度、适航状态(安全检查滞留率)、船舶交通量等;同时,根据对收回的"海上交通安全风险评价指标体系(老铁山水道)"调查表的数据处理结果并参考已有的与成山角水域相关的研究成果[38, 45, 75-76],得到成山角水域海上交通风险评价指标的隶属度表。

(4)模糊综合评价及评价结果分析

①最大隶属度原则

根据成山角水域海上交通安全风险综合评价结果:

$$E = [0.0421 \quad 0.4199 \quad 0.4033 \quad 0.1311 \quad 0.0655]$$

按照最大隶属度原则,$e_r = \max\limits_{1 \leqslant j \leqslant 5}\{e_j\} = 0.4199$,可得出成山角水域的海上交通安全风险为"风险较低"的等级。

②加权平均原则

根据成山角水域海上交通安全风险综合评价结果:$E^* = 2.9433$,可得成山角水域海上交通安全风险值介于"风险较低(分值 2)"与"风险一般(分值 3)"之间,且更接近于"风险一般"。

③影响成山角水域海上交通安全风险的主要因素

根据对单因素评价的分析,可以发现影响成山角水域海上交通安全风险的主要因素:人为因素是影响成山角水域海上交通安全风险的主要因素;能见度不良及大风天气对于海上交通安全有一定的影响;船舶交通量大,尤其是高风险船(客船、危险品船舶)规模大,是影响成山角水域海上交通安全风险的重要因素之一;航路复杂、船舶会遇点多而导致碰撞事故多发,是影响成山角水域通航安全的另外一个重要因素;渔船对于成山角水域海上交通安全风险有较大影响。

7.5 结果分析

在分析海上交通安全风险特点的基础上,将海上交通安全风险按照空间水域划分为港口水域和通道水域及沿海重点水域的安全风险,本章仅分别对港口水域和通道水域的海上交通安全风险建立了评价指标体系；利用 FAHP 对专家调查问卷进行处理，得到各个评价指标因素的权重；最后建立了海上交通安全风险评价模型，并进行了实例验证。结果表明：

（1）基于 FAHP 的海上交通风险评价模型适用于港口水域和通道水域的海上交通安全评价，评价结果能够反映水域的风险等级和影响风险的主要因素，具有较好的实用价值。

（2）FAHP 相对于传统的 AHP 和其他方法具有一定的优势，适用于确定海上交通安全风险指标体系的权重。

（3）用船舶安全检查滞留率数据作为标准衡量船舶适航状况，在一定程度上能够反映一定区域内船舶的整体安全状况。

（4）高风险船规模主要考虑当前社会对人命安全、环境安全的重视，一旦客船、危险品船舶发生安全事故，将会导致巨大的社会影响和人命、财产损失与环境破坏，因此，作为评价指标体系中的一项重要指标，对于风险评价结果具有较大的影响。

参考文献

[1] 杨军. 煤矿安全风险评价与预警研究[D]. 中国矿业大学，2013.

[2] 王菁. 客滚运输人为因素风险评价与控制研究[D]. 大连海事大学，2008.

[3] 苏炳魁. 海事领域人为因素研究[D]. 大连理工大学，2006.

[4] 潘新祥，池华方. 探讨渤海湾客滚船航行安全管理[J]. 中国航海，2005，28(4)：46-48.

[5] 周元丽，张晓. 远洋船员责任心评估与培养的研究[J]. 航海技术，2008(1)：77-79.

[6] 李业秋. 综合安全评估在油船营运安全中的应用研究[D]. 大连海事大学，2013.

[7] 吕志军，沈江. 两起船舶碰撞事故的调查和思考[J]. 世界海运，2007，30(4)：14-16.

[8] AKHTAR M J，UTNE I B. Human Fatigue's Effect on the Risk of Maritime Groundings-A Bayesian Network Modeling Approach[J]. Safety Science，2014，62(2)：427-440.

[9] 甘政. 东京备忘录新检查机制对比现行巴黎和东京备忘录检查机制[J]. 中国海事，2014(1)：21-23.

[10] 张黎亮. 对海上非法砂石船有效监管问题的思考[J]. 中国海事，2011(5)：38-40.

[11] 张文玲. 渤海海域关键区域船舶航行安全分析[D]. 大连海事大学，2011.

[12] 钟思淼. 基于PSC检查结果的船舶安全状况研究[D]. 大连海事大学，2011.

[13] PAPANIKOLAOU A，ELIOPOULOU E. Impact of Ship Age on Tanker Accidents[C]//Proceedings of the 2nd Int. Symposium on "Ship Operations，Management and Economics"，Sep. 17-18，2008. Athens，The Greek Section of the Society of Naval Architects and Marine Engineers，2008：1-8.

[14] 彭俊芳. 海上保险中的船舶适航问题研究[D]. 大连海事大学，2011.

[15] 王新全. 船舶设备安全评估标准与系统研制[D]. 上海海事大学, 2005.

[16] 谢保峰. 关门海峡航道安全性分析和研究[D]. 大连海事大学, 2011.

[17] 高荣欣. 基于贝叶斯网的港口船舶交通安全评价[D]. 大连海事大学, 2010.

[18] 陈焕婉. 基于 SEM 的港口水域通航安全评价研究[D]. 武汉理工大学, 2012.

[19] 赵学军. FSA 在港口水域通航安全评估中的应用[D]. 大连海事大学, 2010.

[20] 冷建康. 基于 PSC 检查结果的船旗国船舶安全管理状况研究[D]. 大连海事大学, 2014.

[21] 戴耀存, 陈兴伟, 陈雪峰. 船舶港口国检查的滞留原因分析[J]. 中国航海, 2010, 33(3): 64-68.

[22] 齐壮. 渤海湾客滚船大风浪中航行的耐波性综合评估[D]. 大连海事大学, 2010.

[23] 范中洲. 船舶定线制优选方法的研究[D]. 大连海事大学, 2013.

[24] 段爱媛. 在港口水域船舶交通安全管理中综合安全评估(FSA)的应用研究[D]. 华中科技大学, 2006.

[25] 李猛. 基于 D-S 证据理论的海事管理综合评价[D]. 大连海事大学, 2013.

[26] 张治源, 李文华. 浅谈 VTS 在我国海事管理中的地位和作用[J]. 中国海事, 2008(2): 48-50.

[27] 马明路. 海事巡航质量综合评价[D]. 大连海事大学, 2014.

[28] 江建华. 船舶海上应急的综合安全评估(FSA)研究[D]. 上海海事大学, 2005.

[29] 张东. 天津港引航安全风险评估与预控研究[D]. 天津大学, 2012.

[30] 陈正华, 方泉根. 规范化安全评估(FSA)在上海港船舶引航安全工作中的应用[J]. 中国航海, 2005, 28(1): 3-8.

[31] 许家武. 海运公司安全管理的 FSA(综合安全评估)研究[D]. 上海海事大学, 2004.

[32] 王海潮. 意大利邮轮搁浅重演“泰坦尼克”号悲剧[J]. 中国海事, 2012(2): 13-15.

[33] 吴亚军. “岁月”号沉没原因探讨[J]. 南通航运职业技术学院学报, 2014(3): 24-26.

[34] 晏林. 渤海海域 VLCC 安全富余水深研究[D]. 武汉理工大学, 2013.

[35] 李松, 肖英杰. 船舶定线制事故相对多发航段的判别[J]. 中国航海, 2010, 33(2): 46-50.

[36] 邵哲平. 海上交通安全评价模型及仿真应用的研究[D]. 大连海事大

学，2001.
[37] 黎法明，胡甚平．限制水域的船舶避让责任与避碰分析[J]．中国航海，2007，30(1)：60-64.
[38] 李惠敏．成山头水域海上交通事故特征及致因分析研究[D]．武汉理工大学，2012.
[39] 齐迹．基于突变理论的海上交通风险预测研究[D]．大连海事大学，2014.
[40] 刘春颖．深圳西部港区 LNG 船舶通航安全的综合评价研究[D]．大连海事大学，2010.
[41] 赵磊．天津临港通航安全综合评价指标体系研究[D]．武汉理工大学，2010.
[42] 史大运．胶州湾适航资源分析及航道通航环境安全综合评价[D]．中国海洋大学，2010.
[43] 黄常海，肖英杰，高德毅，等．定线制水域航行危险度评价模型及其应用[J]．中国安全科学学报，2014,24(2)：93-99.
[44] 张恒．航道水域通航环境系统安全模态研究[D]．武汉理工大学，2012.
[45] 胡宗华．成山角东部水域大型船舶定线制设计方案的评价研究[D]．大连海事大学，2012.
[46] 魏忠想．广州港水域船舶交通安全评价与对策[D]．华南理工大学，2013.
[47] 胡甚平．海上交通风险评估技术与方法[M]．北京：人民交通出版社，2014.
[48] 邢辉，周尊山，吕安勤，等．基于模糊综合评判方法的沉船风险预警[J]．中国安全科学学报，2011,21(4)：115-120.
[49] 李晋，宋瑞，蒋金亮．基于模糊综合评价模型的轨道交通安全性评价[J]．交通科学与工程，2011，27(2)：91-95.
[50] 海南海事局．海南辖区危险源和危险区域辨识研究[R]．2010.
[51] 彭国均，吴敌，李子富．Delphi-Fuzzy 方法在海底管道工程风险评价中的应用[J]．集美大学学报(自然科学版)，2012，17(6)：438-442.
[52] 曹巍．船载危化品污染事故应急能力评价体系研究[D]．大连海事大学，2010.
[53] 张吉军．模糊层次分析法(FAHP)[J]．模糊系统与数学，2000,14(2)：80-88.
[54] 吕跃进．基于模糊一致矩阵的模糊层次分析法的排序[J]．模糊系统与数学，2002，16(2)：79-85.
[55] 徐杨，周延，孙鑫，等．基于模糊层次分析法的矿井安全综合评价[J]．中国安全科学学报，2009，19(5)：147-152.

[56] 钟银超，谭世海，杨太国. 基于模糊层次分析法的电力安全风险评估[J]. 重庆电力高等专科学校学报，2011，16(5)：53-56.

[57] 俞树荣，杨慧来，李淑欣. 基于模糊层次分析法的长输管道风险分析[J]. 兰州理工大学学报，2009，35(2)：58-61.

[58] 张琳，李长俊，苏欣，等. 模糊层次分析法确定管线风险因素权重[J]. 石油机械，2006，34(6)：43-45.

[59] Pak J Y, Yeo G T, Oh S W, et al. Port Safety Evaluation from a Captain's Perspective: The Korean Experience[J]. Safety Science, 2015, 72(2): 172-181.

[60] 耿亮. 大连港大窑湾水域通航环境安全评价研究[D]. 大连海事大学，2013.

[61] 完剑侠. 限制水域通航环境安全动态评价指数的研究[D]. 大连海事大学，2014.

[62] 交通运输部. 水上交通事故统计办法(中华人民共和国交通运输部令2014年第15号)[S/OL]. 北京：2015. https://wenku.baidu.com/view/9ae438b9c381e53a580216fc700-abb68a882ad0b.html.

[63] 长江海事局. 综合指标评价法[R]. 2014.

[64] 王耀辉，马荣国. 基础设施建设BT项目融资风险模糊评价[J]. 交通运输工程学报，2009，9(3)：103-107.

[65] 彭波. 大连辖区水上交通事故研究[D]. 大连海事大学，2013.

[66] 薛伟. 大连港及其附近水域船舶碰撞事故风险分析[D]. 大连海事大学，2013.

[67] 陈贵学. 青岛港通航综合安全评估研究[D]. 大连海事大学，2012.

[68] 侯松虎. 青岛港通航环境安全分析研究[D]. 大连海事大学，2011.

[69] 周瑞赛. 青岛董家口港区30万吨级航道通航风险评价研究[D]. 武汉理工大学，2012.

[70] 代俊林. 青岛港水域通航安全及效率的研究[D]. 大连海事大学，2009.

[71] 彭家敏. 深圳西部水域水上交通安全预警系统关键技术研究[D]. 武汉理工大学，2009.

[72] 邢永恒. 老铁山水道船舶定线制绩效评估的研究[D]. 大连海事大学，2008.

[73] 樊江. 老铁山水道西部警戒区航路分析与设计[D]. 大连海事大学，2012.

[74] 陈惠荣，张立华. 基于航道通过能力的老铁山水道拓宽计算[J]. 航海技术，2014(2)：12-14.

[75] 邹俊. 成山头附近海域船舶雾航安全监管对策研究[D]. 大连海事大学，2014.

[76] 贾建伟. 成山头海事基地海事工作船通航安全研究[D]. 大连海事大学, 2012.

第 8 章 恶劣天气下海上交通风险动态预评估

海上交通事故常常伴随着人员伤亡、财产损失和环境污染等严重后果，带来的负面影响巨大。从安全原理的角度来看，海上交通事故的发生与人、船、环境密切相关。其中，通过深入分析事故调查报告、典型事故案例和相关数据可以看出，恶劣天气下海上交通事故占事故总数的比例很大，尤其是重特大海上交通事故大多发生在恶劣天气海况下，诸如热带气旋、温带气旋和强冷高压等灾害性天气系统带来的海上大风浪、能见度不良和严重海冰等恶劣天气是造成事故发生的直接原因或重要原因。

据海事主管部门统计，在山东沿海海域 2000—2018 年发生的 947 起海上交通事故中，恶劣天气下发生的海上交通事故达 608 起，占事故总数的 64.20%。其中，大风浪天气下发生的海上交通事故 190 起，能见度不良天气下发生的海上交通事故 418 起，分别占事故总数的 20.06%和 44.14%。值得注意的是，直接导致现行国际海事公约出台的重特大海上交通事故大多发生在恶劣天气下，恶劣天气起到了决定性的致灾作用，酿成事故的发生[1]。换句话说，如果没有这些恶劣天气条件，这些事故可能不会发生。因此，开展恶劣天气下的海上交通风险动态预评估的研究具有十分重要的意义。

2014 年，国家交通运输主管部门提出 2020 年全面实施安全生产风险管理的目标和加强“四类重点船舶”“六区一线”重点水域水上交通安全监管工作的要求。为此，本章针对“四类重点船舶”“六区一线”重点水域和恶劣天气下海上交通风险动态预评估中存在的突出问题，运用科学的理论、先进的技术、正确的方法和可靠的信息平台，构建具有可视化、智能化预警监控等辅助决策功能的恶劣天气下海上交通风险动态预评估系统，切实解决未来时段内恶劣天气下船舶“能不能安全航行”和“如何安全航行”的关键性问题，不断提高水上交通安全监管能力和水平。

恶劣天气下海上交通风险动态预评估主要针对重点关注船舶，研究海上恶劣天气、船舶交通流密度等风险动态环境因素对海上交通风险的影响作用，因此，提出的恶劣天气下海上交通风险动态预评估模型和方法所得出的评估结果都是对重点关注船舶在某一重点关注海域或航线上未来时段内海上交通风险状况的预评估值。

8.1 恶劣天气下海上交通风险动态预评估模型

恶劣天气下海上交通事故主要指的是大风浪天气下发生的碰撞事故、搁浅事故、触礁事故、触损事故、浪损事故、自沉事故、风灾事故，能见度不良天气下发生的碰撞事故、搁浅事故、触礁事故和触损事故，以及船舶在冰区航行时可能发生的船体变形、船壳破裂、设备损伤，船舶停航、走锚、搁浅、触损等相关事故[2]。恶劣天气下海上交通风险就是指具体某一船舶在某一海域航行时，由于航行方案和航海者采取的相关措施及船舶本身的特殊性，与航行海域的恶劣天气、交通流密度及其他各种动态环境变化的不确定性，而可能引起的具有危险性的后果。

针对恶劣天气下海上交通风险评估模型和风险矩阵未充分体现海上交通风险的特征和实际状况[3]，影响风险评估针对性、准确性的问题，本节建立具有海上交通风险特征的恶劣天气下海上交通风险动态预评估模型，研究确定符合海上交通风险实际状况的恶劣天气下海上交通风险矩阵。

8.1.1 恶劣天气下海上交通风险评估重点关注对象

1. 大风浪天气下应重点关注的船舶种类

船舶是海上交通安全系统的主体，考虑到不同类型船舶有其各自的特征，不同类型船舶的风险特点也各不相同，而且，从对近年来船舶事故的分析中得知，恶劣天气下发生的海上交通事故更多地集中在某几类船舶类型。

2014 年，中华人民共和国海事局《关于加强四类重点船舶和六区一线重点水域水上交通安全监管工作的通知》明确规定，原“四客一危”重点监管船舶调整为“四类重点船舶”，即客船（包括：普通客船、高速客船、旅游船、邮轮、客滚船、客渡船、汽渡船、火车轮渡、载货汽车滚装船等）、危险品船、砂石船、易流态化固体散装货物运输船舶[4]。

据 2000—2018 年山东沿海海域海上交通事故统计，山东沿海海域的事故船舶共

1 410 艘次，其中，涉及散杂货船 733 艘次，客船 35 艘次，危险品船 138 艘次，集装箱船 116 艘次，渔船 270 艘次，其他船舶 118 艘次。2000—2018 年山东沿海海上交通事故船舶类型统计见表 8-1。

表 8-1 2000—2018 年山东沿海海上交通事故船舶类型统计表

船舶类型	散杂货船	客船	危险品船	集装箱船	渔船	其他
数量/艘次	733	35	138	116	270	118
比例	52.00%	2.48%	9.79%	8.22%	19.15%	8.36%

在选择应重点关注船舶的类型时，应重点考虑那些事故概率大、安全风险高、安全监管难，而且可能酿成群死群伤、重大环境污染、重大财产损失等严重后果或极易引起社会高度关注的船舶类型。简单来说，客船、危险品船（含油船）和超大型船舶（包括集装箱船和散货船等）必须给予重点关注。

据 2003 年以来黄渤海海域大风浪天气下发生的较大及以上事故统计，黄渤海海域每年都有多起大风浪天气下船沉人亡事故。这些事故的等级均已达到交通运输部规定的较大及以上事故等级。这些发生事故的船舶，明显集中于 5 000 t 以下的船舶，而且以散杂货船为主。据此，可以将大风浪天气下黄渤海海域应重点关注的船舶类型确定为 5 000 t 以下的散杂货船。

考虑到黄渤海海域还有众多的往返于山东半岛和辽东半岛以及其他航线的客滚船和客货船，这类船舶若发生沉船事故，则必然伴随着重大的人员伤亡。历史上曾发生过的“11 · 24 大舜”号客滚船沉没事故和“东方之星”号客船事故都是如此[5]。因此，将客船（客滚船、客货船）、危险品船（含油船）、超大型船舶、集装箱船和 5 000 t 以下散货船，确定为大风浪天气下应重点关注的船舶。

2. 能见度不良天气下应重点关注的海域

研究雾霾造成的能见度不良天气下可能发生的碰撞等事故风险，应考虑到不同的空间水域及其海上交通风险各有不同的特点。针对海上交通事故多发的空间水域，运用密度分析算法中的点密度分析和核密度分析方法，计算整个区域的要素数据聚集状况，将事故空间水域分布的位置点生成不同事故密度的不间断的面，从而找出海上事故多发区域。从 2012—2018 年全国水上交通事故空间水域分布密度可知：我国水上交通事故空间水域分布密度依次为舟山群岛水域、长江口水域、珠江口水域、渤海水域（含成山角及以北水域）、台湾海峡水域、琼州海峡水域。其中，舟山群岛水域、长江口水域是事故密度最强、分布范围最广的区域。为此，中华人民共和国海事局 2014 年下发的《关于加强四类重点船舶和六区一线重点水域水上交通安全监管工作的通知》明确规定，将原“四区一线”重点监管水域调整为“六区一线”重点水域，分别是渤海水域（含成山角及以北水域）、长江口水域、舟山群岛水域、台湾海峡水域、珠江口水域、琼州海峡水域和长江一线水域(含西南山区水域)。

目前,我国海事主管部门将六大海域作为监管重点,即辖区主要港口的港区、航道、锚地及作业区等海域(含码头、泊位及岸线);重要航道、主要航路及班轮和客运航线海域;引航员登(离)轮点附近海域、港外锚地、公共避风锚地等海域;重大涉水工程等施工作业海域;船舶定线制海域;事故发生频度较高的海域,包括交通密集区、主要航路交汇区等[6]。

根据上述事故空间水域的分布分析,并考虑到不同空间水域的海上交通风险和海事主管部门的管理策略,将上述“六区”重点水域确定为全国沿海能见度不良天气下应重点关注的海区,将六大重点监管海域确定为能见度不良天气下应重点关注的海域。

3. 冰区航行船舶应重点关注的海冰危害形式

随着海上活动的增加,冬季海冰的威胁和危害日渐增多。总结对海事主管部门、航运企业和航海者的调研成果发现,冰区航行船舶应重点关注的海冰危害形式主要是:海冰对船舶动力系统的危害;海冰对露天机械设备、管路和精密仪器的危害;海冰对船舶锚泊的危害;海冰对螺旋桨和舵的危害;海冰对船体强度和压载水舱水密的危害;海冰对船舶操纵性能的危害;海冰对航海仪器观测性能的危害。

8.1.2 恶劣天气下海上交通风险动态预评估体系

1. 恶劣天气下海上交通风险动态预评估体系要素分析

按照风险分析理论和技术,风险评估体系应包括承灾体、致灾因子、风险事件、风险单元、可能的各种决策以及可能发生的各种风险后果等要素[7]。

在恶劣天气下海上交通风险动态预评估体系中,承灾体就是海上交通工具,主要是海上航行的各类船舶[8]。

致灾因子就是可能影响或导致海上交通事故发生的具体因素。显然,风级、风向、浪高、能见距离、海冰密集度和海冰厚度等都是可能的致灾因子。此外,交通流密度和其他不利的动态环境因素也要给予必要的考虑。

风险事件就是恶劣天气下重点关注船舶在重点关注海域航行。具体来说,某一重点关注船舶航经某一重点关注海域时,若遇到大风浪天气,而大风浪的强度如果超出船舶所能承受的界限,则很大程度上会引发风灾事故;当船舶遇到大雾等能见度不良天气时,若同时海上交通流密度较大,而航道上还有作业船舶或渔船,则发生碰撞和触碰类事故的可能性就会增大;冰区航行船舶则可能因为航道内海冰厚度较大、海冰密集度过高,可能造成船舶航行困难或事故。此外,其他不利的动态环境因素,如地形条件复杂变化、助航标志和设施移位或损坏等,也可能导致其他各类恶劣天气下的海上交通事故的发生。

风险单元就是船舶、船上人员和船上货物。

可能的各种决策是人为因素，就是航海者在船舶航行至重点关注海域前，针对未来时段内的海上交通风险而将要采取的措施和策略。显然，各类不同船舶在不同的致灾因子作用下采取的各种决策是不同的。比如，船舶在大风浪中航行时应采用调整航向航速、滞航等良好船艺，并采取绕航、抛锚等防风抗风措施；能见度不良且航道环境比较复杂、航道上船舶交通流密度大时，应采取适合当时环境和条件的安全航速，或抛锚停航；冰区航行船舶则应选择适当的航行路线和时机等。

可能发生的风险后果就是重点关注船舶在重点关注海域航行时，应对海上交通风险而采取措施或策略后的结果。显然，各类不同船舶在不同的致灾因子作用下可能发生的风险后果也是不同的。首先是风险的可能性不同。对于船舶的吨位和种类来说，大型船舶一般来说抗风浪的能力要强一些，风险的可能性相对低一些；集装箱船航速较高，在遇到能见度不良天气条件时，风险的可能性相对高一些。其次是风险的后果不同。对于客船来说，一旦发生海上交通安全事故，容易发生群死群伤事件，负面的社会影响很大；油船等危险品船一旦发生事故，则可能发生大范围环境污染，后果不堪设想；超大型船舶则是因为造价和货物价值巨大，一旦全损，带来的是巨大的经济损失[9]。

2. 恶劣天气下海上交通风险动态预评估体系结构

根据分析，可以建立客船、危险品船、超大型船舶、集装箱船和 5 000 t 以下散杂货船等重点关注船舶，在重要航(路)道、事故多发区和船舶定线制海域等重点关注海域航行时的恶劣天气下海上交通风险动态预评估体系[10]。恶劣天气下海上交通风险动态预评估体系结构图见图 8-1。用数学公式可表达如下：

$$R = f(D, C, S) \tag{8-1}$$

即恶劣天气下海上交通风险 R 是决策 D、环境条件 C 和船舶条件 S 的函数。

由此可见，客船、危险品船、超大型船舶、集装箱船和 5 000 t 以下散杂货船等重点关注船舶，在重要航(路)道、事故多发区和船舶定线制海域等重点关注海域航行时的恶劣天气下海上交通风险是由人为因素、船舶条件和环境条件三者共同作用的结果。

具体来说，当航海者按照他们所确定的航行方案及相应的措施，航行在某一重点关注海域时，大风浪、能见度不良、严重海冰(大密集度和厚度的海冰)、大密度船舶交通流以及其他不利的动态环境因素等致灾因子作用于作为承灾体的船舶，而船舶又存在着不同程度的脆弱性，如果航海者所采取的措施不足以确保船舶航行的安全时，风险就会发生。

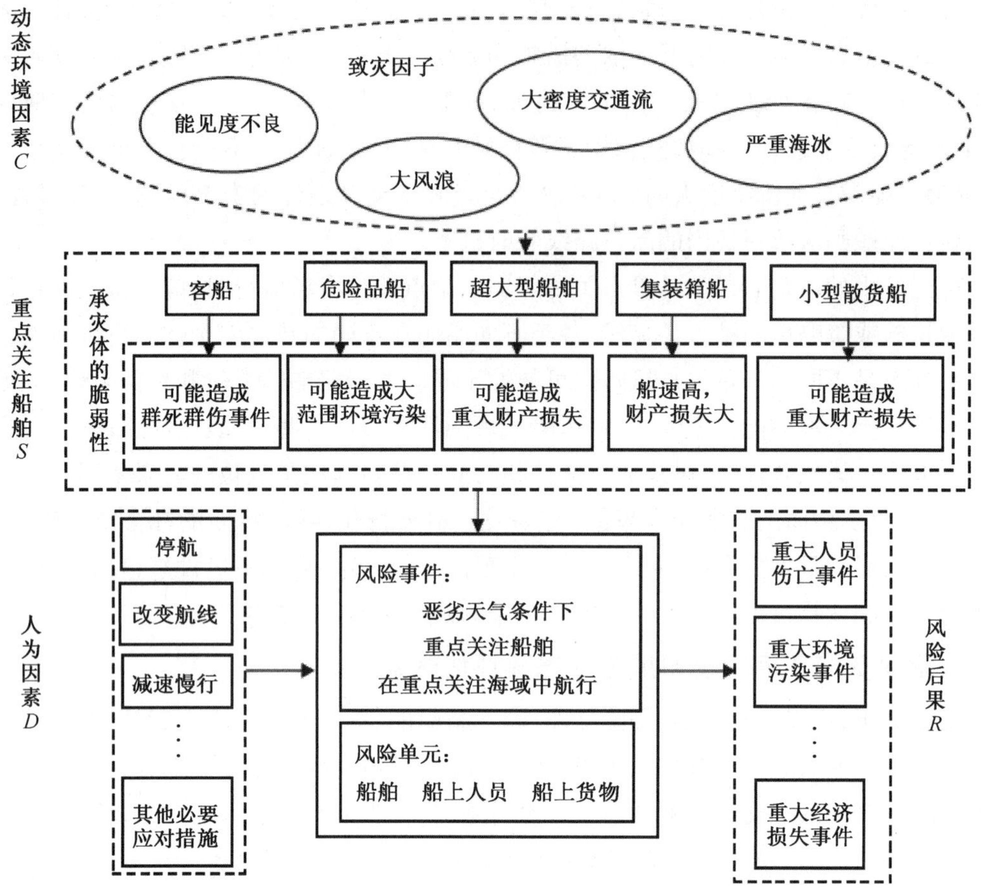

图 8-1 恶劣天气下海上交通风险动态预评估体系结构图

8.1.3 基于模糊综合评价的风险动态预评估模型

1. 恶劣天气下海上交通风险动态预评估模型

(1)海上交通风险的特征

海上交通风险可表示为：

$$R_{S,t}=f_t(x_{1,t},x_{2,t},\cdots,x_{n,t},\dot{x}_{1,t},\dot{x}_{2,t},\cdots,\dot{x}_{n,t})\,|_S \tag{8-2}$$

其中，t 代表某一时刻；S 代表某一重点关注的海域；$R_{S,t}$ 表示 t 时刻海域 S 内的海上交通风险；$x_{1,t},x_{2,t},\cdots,x_{n,t}$ 为 t 时刻海域 S 内的海上交通风险因素值；$\dot{x}_{1,t},\dot{x}_{2,t},\cdots,\dot{x}_{n,t}$ 为t 时刻海域 S 内的海上交通风险因素变化率；$f_t(\quad)|_S$ 表示 t 时刻海域 S 内的海上交通风险因素间的关系[11]。

海上交通风险具有时间变化波动性、空间分布差异性、时空变化不均衡性、单因素变化灵敏性、多因素耦合复杂性等特征，尤其是时空分布差异大、时空变化率不均衡。对于变化速率大的风险因素以及系统风险变化率大的状态进行动态预评估将有助于事故预防关口前移[12]。

当船舶在海上航行遭遇某种恶劣天气时,船舶并不是一定会面临某一特定等级的风险。海上不可控因素太多,只能认为船舶在海上遭受损害与海上恶劣天气具有一定的相关性。因此,恶劣天气下海上交通风险评估问题中,船舶海上交通风险与恶劣天气的关系是一种模糊关系。

(2)基于模糊综合评价的风险动态预评估模型的建立

根据风险管理理论中的 ALARP 原则,可将船舶在某种恶劣天气下的海上交通风险划分为黄、橙、红三种不同程度的风险等级,分别与 ALARP 原则中的"可忽略风险"、"ALARP"区和"不可容忍风险"对应。为了使用方便,可再加上一个相对较为安全的"无风险"等级,这样即可确定某种恶劣天气下海上交通风险等级的论域:

$$V=\{0,\text{Ⅰ},\text{Ⅱ},\text{Ⅲ}\}=\{\text{无风险,黄色风险,橙色风险,红色风险}\} \tag{8-3}$$

同时,基于实际调研结果,要明确给出不同类型的重点关注船舶,在不同等级的恶劣天气下的实际意义,为海事主管部门实际监管和航海者的操作提供具有实际应用价值的参考建议。

设致灾因子的论域为:

$$S=\{S_1,S_2,\cdots,S_n\} \tag{8-4}$$

其中,n 为致灾因子个数。设其中任意第 i 个致灾因子的具体取值可表示为:

$$S_i=\{s_{i1},s_{i2},\cdots,s_{im}\} \tag{8-5}$$

其中,m 为可取值数量。

若第 i 个致灾因子可取值的状态个数为 m,则与致灾因子相对应的风险等级评定因子的模糊子集可表示为:

$$A=\frac{a_{i1}}{s_{i1}}+\frac{a_{i2}}{s_{i2}}+\cdots+\frac{a_{ij}}{s_{ij}}+\cdots+\frac{a_{im}}{s_{im}}=\{a_{i1},a_{i2},\cdots,a_{ij},\cdots,a_{im}\} \tag{8-6}$$

其中,$a_{ij}(j=1,2,\cdots,m)$ 为第 i 个致灾因子 S_i 对应 s_{ij} 的隶属度,可使用气象和海洋预报部门对相应的天气和海洋要素预报的准确率来计算。

而第 i 个致灾因子在不同取值状态下对应可产生不同等级风险的模糊关系矩阵,即风险矩阵,可表示为:

$$\begin{matrix} & & & \begin{matrix}\text{0级}\\\text{风险}\end{matrix} & \begin{matrix}\text{Ⅰ级}\\\text{风险}\end{matrix} & \begin{matrix}\text{Ⅱ级}\\\text{风险}\end{matrix} & \begin{matrix}\text{Ⅲ级}\\\text{风险}\end{matrix}\end{matrix}$$

$$\boldsymbol{R}_i=\begin{bmatrix}s_{i1}\\s_{i2}\\\vdots\\s_{im}\end{bmatrix}=\begin{bmatrix}r(i)_{10} & r(i)_{11} & r(i)_{12} & r(i)_{13}\\r(i)_{20} & r(i)_{21} & r(i)_{22} & r(i)_{23}\\\vdots & \vdots & \vdots & \vdots\\r(i)_{m0} & r(i)_{m1} & r(i)_{m2} & r(i)_{m3}\end{bmatrix} \tag{8-7}$$

在得到风险矩阵后，以船舶未来各航行时段内的致灾因子值，如大风浪等级、能见距离和交通密度等，通过预报手段即可算出船舶航经某一海域的海上交通风险预评估值。

合成运算算子为取大取小算子，$B_i(i=1,2,\cdots,n)$为第i个致灾因子S_i对应的海上交通风险等级的模糊子集，并可由公式(8-6)和(8-7)得到。

$$B_i = A_i \circ \boldsymbol{R}_i = \{x_{i0}, x_{i1}, x_{i2}, x_{i3}\} \tag{8-8}$$

其中，$x_{ij}(j=0,1,2,3)$分别对应由致灾因子B_i可能造成的无风险、黄色风险、橙色风险和红色风险等级的隶属度。根据取大原则，其中数值最大者，即为求取的风险等级。

2. 大风浪天气下海上交通风险动态预评估模型

(1)大风浪天气下海上交通风险等级的确定

根据风险分析理论和技术中的ALARP原则，在调研征询众多具有丰富航海经验的船长和资深的航运企业安全监督管理人员的基础上制定了大风浪天气下海上交通风险等级，如表8-2所示。

表8-2　大风浪天气下海上交通风险等级

风险等级	0级(无风险)	I级(黄色风险)	II级(橙色风险)	III级(红色风险)
风险状态描述	基本无风险	风险较小	风险较大	风险很大
航行建议	风浪情况对船舶航行安全基本无影响，船舶应正常航行	船舶可以在此风浪状况下航行，但必须谨慎驾驶，加强戒备，严格遵守大风浪航行的相关规定	船舶应根据自身情况决定是否在此风浪状况下航行，禁止在此风浪状况下较长航程、较长时间的海上航行	船舶应严禁在此风浪状况下冒险航行

若评估结果为黄色风险等级，则未来的风险状况可认为是“可忽略的风险”，风浪情况基本上对船舶航行安全影响不大；而如果评估结果为橙色风险等级，则说明未来的风险状况处于“可忽略的风险”与“不可容忍的风险”之间，要根据船舶的具体情况决定其未来的行动；当评估结果为红色风险等级时，则表明未来的风险处于“不可容忍的风险”状况，应避免在这样的大风浪状态下航行。

表8-2除了可以提供航行船舶在未来大风浪天气下的海上交通风险状况外，还可以提供具有明确指导意义和可操作性的大风浪天气下船舶安全航行建议。

(2)大风浪天气下海上交通风险动态预评估模型的建立

依据上述确定的大风浪天气下海上交通风险等级，以黄渤海海区重点关注船舶4 000~5 000 t散杂货船为例，建立大风浪天气下海上交通风险动态预评估模型。

从黄渤海海区海上交通事故分析可以看出：对于4 000~5 000 t散杂货船，其在大风浪天气下的致灾因子主要是大风和大浪，故可由此来确定其风险评估模型。

根据风浪等级标准和船舶航行实践经验，将致灾因子大风和大浪的取值范围分别取为：

$$U_1=\{s_1^{(1)},s_2^{(1)},s_3^{(1)},s_4^{(1)}\}=\{\text{风力}\leqslant 5\text{级},\text{风力}6\text{级},\text{风力}7\text{级},\text{风力}\geqslant 8\text{级}\} \tag{8-9}$$

$$U_2=\{s_1^{(2)},s_2^{(2)},s_3^{(2)},s_4^{(2)}\}=\{\text{浪高}\leqslant 2\text{ m},\text{浪高}2\sim3\text{ m},\text{浪高}3\sim4\text{ m},\text{浪高}\geqslant 4\text{ m}\} \tag{8-10}$$

从上述确定的大风浪天气下海上交通风险等级中可知，船舶在某一时刻受风和浪的影响可以由一个4×4维的模糊矩阵分别表示。

风的影响矩阵可表示为：

$$\begin{array}{cccc} \text{0 级风险} & \text{Ⅰ级风险} & \text{Ⅱ级风险} & \text{Ⅲ级风险} \end{array}$$

$$\boldsymbol{R}_1=\begin{bmatrix} s_1^{(1)}\\ s_2^{(1)}\\ s_3^{(1)}\\ s_4^{(1)} \end{bmatrix}=\begin{bmatrix} r_{10}^{(1)} & r_{11}^{(1)} & r_{12}^{(1)} & r_{13}^{(1)}\\ r_{20}^{(1)} & r_{21}^{(1)} & r_{22}^{(1)} & r_{23}^{(1)}\\ r_{30}^{(1)} & r_{31}^{(1)} & r_{32}^{(1)} & r_{33}^{(1)}\\ r_{40}^{(1)} & r_{41}^{(1)} & r_{42}^{(1)} & r_{43}^{(1)} \end{bmatrix} \tag{8-11}$$

其中，$r_{ij}^{(1)}$ ($i=1,2,3,4;j=0,1,2,3$)表示某海区风力为 $s_i^{(1)}$ 时，隶属于风险等级0、Ⅰ、Ⅱ、Ⅲ级的隶属度。

浪的影响矩阵可表示为：

$$\begin{array}{cccc} \text{0 级风险} & \text{Ⅰ级风险} & \text{Ⅱ级风险} & \text{Ⅲ级风险} \end{array}$$

$$\boldsymbol{R}_2=\begin{bmatrix} s_1^{(2)}\\ s_2^{(2)}\\ s_3^{(2)}\\ s_4^{(2)} \end{bmatrix}=\begin{bmatrix} r_{10}^{(2)} & r_{11}^{(2)} & r_{12}^{(2)} & r_{13}^{(2)}\\ r_{20}^{(2)} & r_{21}^{(2)} & r_{22}^{(2)} & r_{23}^{(2)}\\ r_{30}^{(2)} & r_{31}^{(2)} & r_{32}^{(2)} & r_{33}^{(2)}\\ r_{40}^{(2)} & r_{41}^{(2)} & r_{42}^{(2)} & r_{43}^{(2)} \end{bmatrix} \tag{8-12}$$

其中，$r_{ij}^{(2)}$ ($i=1,2,3,4;j=0,1,2,3$)表示某海区海浪高度为 $s_i^{(2)}$ 时，隶属于风险等级0、Ⅰ、Ⅱ、Ⅲ级的隶属度。

在当前气象和海洋科学技术条件下，大风和大浪预报的准确率不可能达到100%，因此风浪预报的准确率必须加以考虑。统计分析长期以来黄渤海海区风和浪的预报准确率，即可得到不同预报等级的大风和大浪实际出现的概率 P_{1i} 和 P_{2i}，以公式(8-13)和(8-14)表示。

$$P_{1i}=\{p_{11},p_{12},p_{13},p_{14}\} \tag{8-13}$$

$$P_{2i}=\{p_{21},p_{22},p_{23},p_{24}\} \tag{8-14}$$

因此，4 000~5 000 t散杂货船在黄渤海海区海上交通风险等级的计算步骤如下：

在大风影响下，4 000~5 000 t散杂货船在黄渤海海区海上交通风险等级的模糊子集为：

$$B_1 = P_{1i} \circ R_1 = \{\max_{1\leq i\leq 4}(p_{1i} \circ r_{i0}^{(1)}), \max_{1\leq i\leq 4}(p_{1i} \circ r_{i1}^{(1)}), \max_{1\leq i\leq 4}(p_{1i} \circ r_{i2}^{(1)}), \max_{1\leq i\leq 4}(p_{1i} \circ r_{i3}^{(1)})\}$$
$$= \{x_0, x_1, x_2, x_3\} \tag{8-15}$$

其中,$x_i(i=0,1,2,3)$表示大风影响下,风险等级 0、Ⅰ、Ⅱ、Ⅲ级的隶属度。

在大浪影响下,4 000~5 000 t 散杂货船在黄渤海海区海上交通风险等级的模糊子集为:

$$B_2 = P_{2i} \circ R_2 = \{\max_{1\leq i\leq 4}(p_{2i} \circ r_{i0}^{(2)}), \max_{1\leq i\leq 4}(p_{2i} \circ r_{i1}^{(2)}), \max_{1\leq i\leq 4}(p_{2i} \circ r_{i2}^{(2)}), \max_{1\leq i\leq 4}(p_{2i} \circ r_{i3}^{(2)})\}$$
$$= \{y_0, y_1, y_2, y_3\} \tag{8-16}$$

其中,$y_j(j=0,1,2,3)$表示大浪影响下,风险等级 0、Ⅰ、Ⅱ、Ⅲ级的隶属度。

在大风和大浪同时影响下,4 000~5 000 t 散杂货船在黄渤海海区的危险度综合评定为:

$$B = \{z_0, z_1, z_2, z_3\} \tag{8-17}$$

其中,$z_j = x_j + y_j - x_j \cdot y_j\ (j=0,1,2,3)$表示大风和大浪同时影响下,风险等级 0、Ⅰ、Ⅱ、Ⅲ级的隶属度。

其他吨级的散杂货船或其他类型的船舶在大风浪天气下不同风险等级的隶属度计算方法同上。

3. 能见度不良天气下海上交通风险动态预评估模型

(1)能见度不良天气下海上交通风险等级的确定

在对中国海事主管部门、航运企业和资深航海者的调研基础上,结合中国远洋海运集团等航运企业安全管理体系文件对能见度不良天气下操作的有关规定,细化 1972 年《国际海上避碰规则》第 19 条“船舶在能见度不良时的行为规则”,确定能见度不良天气下海上交通风险等级[13],如表 8-3 所示。

表 8-3 能见度不良天气下海上交通风险等级

风险等级	0 级(无风险)	Ⅰ级(黄色风险)	Ⅱ级(橙色风险)	Ⅲ级(红色风险)
风险状态描述	无风险	有一定风险	有较大风险	有很大风险
航行建议	正常航行	船长上驾驶台,备车、舵、锚,改用手操舵,保持安全航速,进行雷达标绘,使用船舶自动识别系统、船舶自动避碰雷达、甚高频电话协调避让	定时发布船舶雾航警报,降低航速,增加值班人员,安排瞭头,鸣放雾号	考虑择地锚泊或滞航,并报告公司

当评估结果为Ⅰ级(黄色风险)时,意味着未来时段船舶航行在能见度小于等于

3 n mile 的海域内具有一定海上交通风险,同时航行海域内有一定数量的船舶航行,或有一定数量的作业船只或渔船出没。海事主管部门和航运企业的安全监督管理部门应提前提醒船长上驾驶台,未来时段内船舶航行时,一定要严格执行《雾航安全管理规定》,诸如:船长上驾驶台,备车、舵、锚,保持安全航速,进行雷达标绘,使用 AIS、船舶自动避碰雷达、甚高频电话进行协调避让等措施。

当评估结果达到Ⅱ级(橙色风险)时,表示未来时段航行海域内海上交通风险较大,不但能见距离更小,航行海域内的船舶数量较多、作业船舶或渔船的数量也明显增多。此时,船长、驾驶员除了黄色风险等级应采取的措施外,还应定时发布雾航警报、降低航速、增加值班人员、安排瞭头,并鸣放雾号。

当评估结果升至Ⅲ级(红色风险)时,意味着未来时段内船舶航行海域的海上交通风险很大。此时,不但航行海域内的能见距离很小,而且船舶交通流密度也很大,同时也可能作业船舶和渔船数目非常多。为了保证船舶安全,船舶应考虑择地锚泊或滞航,待航行海域内的海上交通风险减小后再继续航行。

(2)能见度不良天气下海上交通风险动态预评估模型的建立

根据确定的能见度不良天气下海上交通风险等级,可建立能见度不良天气下海上交通风险预评估模型[14]。

考虑能见度不良天气下船舶可能造成海上交通事故的主要因素,即海上交通风险的致灾因子,主要包括当时的能见距离和船舶交通流密度。

运用专家调查法,即组织几位具有重点关注船舶操纵经验的船长进行研究讨论,根据海上交通风险致灾因子实际可能出现的状况,确定致灾因子的值域。

根据实际操作应用中航海者的专业判断和专家的建议,将船舶在能见度不良天气下海上航行时,能见距离和船舶交通流密度的各种可能组合全部列出,进而确定不同类型船舶相应的致灾因子状态组合及其与各个风险等级的模糊隶属关系,并以此作为海上交通风险预评估的依据。

若能见度不良天气下海上交通风险的致灾因子可能的组合状态个数为 m,则致灾因子 S 的论域为:

$$S = \{s_1, s_2, \cdots, s_m\} \tag{8-18}$$

由此可知,在能见度不良天气下海上交通风险致灾因子 S 不同组合的取值状态 s_i 下,可对应产生不同等级风险的模糊关系矩阵,即风险矩阵,可表示如下:

$$\boldsymbol{R}=\begin{bmatrix} s_1 \\ s_2 \\ \vdots \\ s_m \end{bmatrix}=\begin{bmatrix} r_{10} & r_{11} & r_{12} & r_{13} \\ r_{20} & r_{21} & r_{22} & r_{23} \\ \vdots & \vdots & \vdots & \vdots \\ r_{m0} & r_{m1} & r_{m2} & r_{m3} \end{bmatrix} \tag{8-19}$$

（矩阵各列依次为：0级风险、Ⅰ级风险、Ⅱ级风险、Ⅲ级风险）

其中，$r_{ij}(i=1,\cdots,m;j=0,1,2,3)$表示能见度不良天气下海上交通风险致灾因子 S 不同组合的取值状态 s_i 下，海上交通风险状况隶属于风险等级0、Ⅰ、Ⅱ、Ⅲ级的隶属度。

若能见度不良天气下海上交通风险矩阵确定后，船舶未来各航行时段内的各个致灾因子的具体取值，如能见距离和船舶交通流密度等致灾因子，可通过预报和预测手段得到，则可确定船舶未来时段内航经某一重点关注海域时的海上交通风险预评估值。

由于能见距离和船舶交通流密度等致灾因子的预报值可能有误差存在，应将预报和预测的准确度考虑进来[15]。

若某一时刻能见度不良天气下海上交通风险致灾因子 S 不同组合的取值状态 s_i 出现的概率为：

$$P=\{p_1,p_2,p_3,p_4\} \tag{8-20}$$

则该时刻能见度不良天气下该海域海上交通风险预评估等级的模糊子集可表示为：

$$\begin{aligned} B=P\circ\boldsymbol{R}&=\{\max_{1\leqslant i\leqslant m}(p_1\circ r_{i0}),\max_{1\leqslant i\leqslant m}(p_2\circ r_{i1}),\max_{1\leqslant i\leqslant m}(p_3\circ r_{i2}),\max_{1\leqslant i\leqslant m}(p_4\circ r_{i3})\} \\ &=\{x_0,x_1,x_2,x_3\} \end{aligned} \tag{8-21}$$

其中，$x_j(j=0,1,2,3)$表示在预报的能见距离和船舶交通流密度条件下，该时刻海上交通风险状况隶属于风险等级0、Ⅰ、Ⅱ、Ⅲ级的隶属度。

4. 冰区航行船舶海上交通风险动态预评估模型

（1）冰区航行船舶海上交通风险等级的确定

运用自然灾害动态风险评估中的模糊综合评价理论和方法，可建立中国北方海域冰区航行船舶海上交通风险动态预评估模型。

运用专家调查法，并根据风险分析理论和风险管理理论中的 ALARP 原则[16]，得到中国北方海域冰区航行船舶海上交通风险等级。给出的相应的冰况描述和航行建议，详见表8-4。

（2）冰区航行船舶海上交通风险动态预评估模型的建立

运用模糊综合评价理论和方法对冰区中航行船舶海上交通风险等级进行模糊评判，就是给出致灾因子论域 S 中致灾因子的模糊子集 P 与风险等级论域 V 中的各风险等级的模糊子集 B 之间的关系[17]。

实际调研发现，冰区航行船舶海上交通风险除了与海冰厚度和密集度有关外，主要与船舶的冰级和吨位有关。考虑到在我国北方海域航行的船舶可在 B 级以上冰区航行（Ice Class B）的很少，为此将船舶的吨位、海冰厚度和密集度作为致灾因子来确定冰区航行船舶的海上交通风险等级。

表 8-4 中国北方海域冰区航行船舶的海上交通风险等级

风险等级	0 级(无风险)	Ⅰ级(黄色风险)	Ⅱ级(橙色风险)	Ⅲ级(红色风险)
风险状态描述	小块漂流浮冰区	轻度冰况区	中度冰况区	严重冰况区
航行建议	对船舶正常航行基本无影响，但建议视冰量多少改冷却水外循环为内循环	尚可自主航行，但航速将出现不同程度的下降；冷却水必须由外循环改为内循环	基本无法自主航行，需有破冰能力的拖船引领协助航行	在有破冰能力的拖船引领协助下也无法航行，需专用破冰船开路航行

将海冰厚度分为小于 10 cm，10～15 cm，15～20 cm，20～30 cm，30～40 cm 和大于等于 40 cm，共 6 种状况；每种海冰厚度对应的海冰密集度可分为小于 50%、50%～80% 和 80%～100%，共 3 种状况；故共有 18 种作为致灾因子的海冰状态。因此，致灾因子的论域 S 可记为：

$$S = \{s_1, s_2, \cdots, s_{18}\} \tag{8-22}$$

其中，s_i 为上述 18 种海冰状态之一。

根据表 8-4 确定的海上交通风险等级的论域可记为：

$$V = \{0, \text{Ⅰ}, \text{Ⅱ}, \text{Ⅲ}\} = \{\text{无风险}, \text{黄色风险}, \text{橙色风险}, \text{红色风险}\} \tag{8-23}$$

则冰区航行船舶在某一时刻，某种海冰状况（包括海冰厚度及海冰密集度）下的风险矩阵为：

$$\begin{array}{c} \\ \boldsymbol{R} = \begin{bmatrix} s_1 \\ s_2 \\ \vdots \\ s_{18} \end{bmatrix} = \end{array} \begin{array}{c} \begin{matrix} \text{0 级风险} & \text{Ⅰ级风险} & \text{Ⅱ级风险} & \text{Ⅲ级风险} \end{matrix} \\ \begin{bmatrix} r_{10} & r_{11} & r_{12} & r_{13} \\ r_{20} & r_{21} & r_{22} & r_{23} \\ \vdots & \vdots & \vdots & \vdots \\ r_{180} & r_{181} & r_{182} & r_{183} \end{bmatrix} \end{array} \tag{8-24}$$

其中，$i=1,2,\cdots,18$ 表示各种可能的海冰状态，即共划分 18 种海冰厚度与对应的密集度下的海冰状况。

鉴于当前气象科学发展的实际水平，海冰状况的预报存在着不准确性。当采用事先使用统计方法得到的预报出现海冰状态 k 后，实际出现各可能海冰状态的概率为：

$$P_k = p_{k1}/s_1 + p_{k2}/s_2 + \cdots + p_{k18}/s_{18} = \{p_{k1}, p_{k2}, \cdots, p_{k18}\} \tag{8-25}$$

其中，$p_{ki}(i=1,2,\cdots,18)$ 表示预报未来将出现 k 等级海冰状况，而实际出现各可能等级海冰状况的概率[18]。

由此，可得到中国北方海域冰区航行船舶的海上交通风险评估模型，即当预报未来某一时刻的海冰状况等级为 k 时，对于任意一艘冰区航行船舶，其未来该时刻风险等级的模糊子集可由下式得到：

$$\begin{aligned} B_k = P_k \circ \boldsymbol{R} &= \{\max_{1\leqslant i\leqslant m}(p_{k1}\circ r_{i0}), \max_{1\leqslant i\leqslant m}(p_{k2}\circ r_{i1}), \max_{1\leqslant i\leqslant m}(p_{k3}\circ r_{i2}), \max_{1\leqslant i\leqslant m}(p_{k4}\circ r_{i3})\} \\ &= \{x_{k0}, x_{k1}, x_{k2}, x_{k3}\} \end{aligned} \tag{8-26}$$

其中 $x_{ki}(i=0,1,2,3)$ 表示在预报海冰状态等级为 k 时，冰区航行船舶海上交通风险分别隶属于不同风险等级的隶属度。

8.1.4 基于模糊信息分配的恶劣天气下海上交通风险矩阵

运用模糊综合评价法评估恶劣天气下海上交通安全风险的准确性，很大程度上取决于风险矩阵的准确性和可靠性。能否得到精确可靠并与实际海上交通风险状况相符合的恶劣天气下海上交通安全风险矩阵，是评估结果是否准确可信的关键。

恶劣天气与海上交通安全风险的关系问题属于一个小样本事件，运用传统直方图模型无法解决确定恶劣天气下海上交通安全风险等级概率的问题，而应该采用具有模糊区间长度的软直方图。运用软直方图模型，可以使模糊区间的信息矩阵能够分辨出落入一个样本区间的不同样本点，显示出更多信息，体现出每个样本点的信息价值。研究模糊区间的问题，就必须研究模糊信息的分配问题。

采用传统方法来确定不同的恶劣天气对不同等级海上交通安全风险具体隶属函数相当于使用直方图方法，一个频率直方图即相当于一个分明区间的单列信息矩阵[19]。

由于区间信息矩阵从样本集合接纳降落信息时，视降落在同一区间内的样本点所携带的信息为相同的，因此，实际上可能会因为样本点在区间中位置的不同而产生偏差，从而导致不能描述所有信息。使用模糊区间信息矩阵，则可以有效地分辨出降落在同一区间内不同位置的样本点，显示出更多信息[20]。

据此，可运用模糊信息分配法来求取恶劣天气下的海上交通风险矩阵。

1. 大风浪天气下海上交通风险矩阵

根据表 8-2 确定的大风浪天气下的海上交通风险等级，运用专家调查法，对具有丰富航海经验的航海者或资深船长进行调查研讨，分别得到专家调查法 4 000~5 000 t 散杂货船在大风和大浪天气下的海上交通风险矩阵。然后，通过采集大样本，分别运用不完备信息条件下模糊信息分配理论，计算得到 4 000~5 000 t 散杂货船在大风和大浪天气下的海上交通风险矩阵，以修正专家调查法得到的风险矩阵。经修正的风险矩阵见表 8-5 和表 8-6。

表 8-5 大风天气下的 4 000~5 000 t 散杂货船风险矩阵

风力	风险等级(对应于各个风险等级的隶属度)			
	0 级(无风险)	Ⅰ级(黄色风险)	Ⅱ级(橙色风险)	Ⅲ级(红色风险)
风力≤5 级	0.8	0.2	0.0	0.0
风力 6 级	0.2	0.7	0.1	0.0
风力 7 级	0.0	0.2	0.7	0.1
风力≥8 级	0.0	0.0	0.3	0.7

表 8-6 大浪天气下的 4 000~5 000 t 散杂货船风险矩阵

浪高	风险等级(对应于各个风险等级的隶属度)			
	0 级(无风险)	Ⅰ级(黄色风险)	Ⅱ级(橙色风险)	Ⅲ级(红色风险)
浪高<2 m	0.8	0.2	0.0	0.0
2 m≤浪高<3 m	0.2	0.6	0.2	0.0
3 m≤浪高<4 m	0.0	0.2	0.7	0.1
浪高≥4 m	0.0	0.0	0.2	0.8

根据中国北方海域过去 10 余年海上大风浪造成的重大海上交通事故情况,大风浪天气下海上交通风险评估的目标确定为 5 000 t 以下的散杂货船、客滚船,评估的范围确定为中国北方的渤海和黄海北部、中部范围内的大风和大浪。用同样的方法可以确定客滚船和 3 000~4 000 t 散杂货船等其他类型船舶在大风和大浪天气下的风险矩阵(具体数据从略)。

2. 能见度不良天气下海上交通风险矩阵

根据表 8-3 确定的能见度不良天气下海上交通风险等级,分别选取客滚船、大型油船、大型散货船和大型集装箱船等船舶类型为重点关注船舶,运用不完备信息条件下模糊信息分配理论修正专家调查法,确立不同类型不同吨位或箱位船舶在能见度不良天气下海上交通风险矩阵。

散货船,按照船舶吨位大小,分为 3 000~5 000 t 级、1 万~3 万 t 级、4 万~8 万 t 级和 10 万~20 万 t 级。集装箱船,按照船舶装载标准集装箱数量多少,分为 500~1 000 箱位、1 000~3 000 箱位、3 000~5 000 箱位和 8 000~10 000 箱位。油船,按照船舶吨级大小,分为 1 万 t 级以下、1 万~2 万 t 级、3 万~5 万 t 级、10 万 t 级和 20 万 t 级以上。客滚(箱)船主要考虑载重量在 2 万 t 左右、航速在 20 kn 左右的高速客滚船和客箱班轮。

经模糊信息分配理论修正的专家调查法得出的 4 万~8 万 t 级散货船在各种能见距离下的海上交通风险矩阵,见表 8-7~表 8-11。其他吨级散货船和其他类型船舶的风险矩阵略。

表 8-7　能见距离 2.0~3.0 n milc 天气下的风险矩阵

能见距离 F/n mile	交通流密度 u/[艘/(n mile)^2]	风险等级(对应于各个风险等级的隶属度)			
		0 级(无风险)	Ⅰ级(黄色风险)	Ⅱ级(橙色风险)	Ⅲ级(红色风险)
$2.0<F\leqslant3.0$	$u=0$	1.0	0.0	0.0	0.0
	$0<u<1.0$	0.8	0.2	0.0	0.0
	$1.0\leqslant u<2.0$	0.2	0.8	0.0	0.0
	$2.0\leqslant u<3.0$	0.0	0.7	0.3	0.0
	$3.0\leqslant u<4.0$	0.0	0.3	0.6	0.1
	$u\geqslant4.0$	0.0	0.1	0.7	0.2

表 8-8　能见距离 1.0~2.0 n mile 天气下的风险矩阵

能见距离 F/n mile	交通流密度 u/[艘/(n mile)^2]	风险等级(对应于各个风险等级的隶属度)			
		0 级(无风险)	Ⅰ级(黄色风险)	Ⅱ级(橙色风险)	Ⅲ级(红色风险)
$1.0<F\leqslant2.0$	$u=0$	1.0	0.0	0.0	0.0
	$0<u<1.0$	0.1	0.8	0.1	0.0
	$1.0\leqslant u<2.0$	0.0	0.7	0.3	0.0
	$2.0\leqslant u<3.0$	0.0	0.5	0.4	0.1
	$3.0\leqslant u<4.0$	0.0	0.3	0.5	0.2
	$u\geqslant4.0$	0.0	0.1	0.6	0.3

表 8-9　能见距离 0.6~1.0 n mile 天气下的风险矩阵

能见距离 F/n mile	交通流密度 u/[艘/(n mile)^2]	风险等级(对应于各个风险等级的隶属度)			
		0 级(无风险)	Ⅰ级(黄色风险)	Ⅱ级(橙色风险)	Ⅲ级(红色风险)
$0.6<F\leqslant1.0$	$u=0$	1.0	0.0	0.0	0.0
	$0<u<1.0$	0.0	0.8	0.2	0.0
	$1.0\leqslant u<2.0$	0.0	0.6	0.4	0.0
	$2.0\leqslant u<3.0$	0.0	0.4	0.5	0.1
	$3.0\leqslant u<4.0$	0.0	0.2	0.6	0.2
	$u\geqslant4.0$	0.0	0.0	0.6	0.4

表 8-10 能见距离 0.4~0.6 n mile 天气下的风险矩阵

能见距离 F/n mile	交通流密度 u/[艘/(n mile)^2]	风险等级(对应于各个风险等级的隶属度)			
		0 级(无风险)	Ⅰ级(黄色风险)	Ⅱ级(橙色风险)	Ⅲ级(红色风险)
0.4<F≤0.6	u=0	1.0	0.0	0.0	0.0
	0<u<1.0	0.0	0.7	0.3	0.0
	1.0≤u<2.0	0.0	0.5	0.4	0.1
	2.0≤u<3.0	0.0	0.2	0.6	0.2
	3.0≤u<4.0	0.0	0.1	0.4	0.5
	u≥4.0	0.0	0.0	0.3	0.7

表 8-11 能见距离≤0.4 n mile 天气下的风险矩阵

能见距离 F/n mile	交通流密度 u/[艘/(n mile)^2]	风险等级(对应于各个风险等级的隶属度)			
		0 级(无风险)	Ⅰ级(黄色风险)	Ⅱ级(橙色风险)	Ⅲ级(红色风险)
F≤0.4	u=0	0.8	0.2	0.0	0.0
	0<u<0.5	0.0	0.6	0.3	0.1
	0.5≤u<1.0	0.0	0.1	0.6	0.3
	1.0≤u<2.0	0.0	0.0	0.2	0.8
	u≥2.0	0.0	0.0	0.0	1.0

3. 冰区航行船舶海上交通风险矩阵

根据表 8-4 中的冰区航行船舶海上交通风险等级，运用专家调查法并经模糊信息分配理论修正后，可得到 5 000 t 级、10 000 t 级、50 000 t 级和 100 000 t 级船舶在不同的海冰状态下隶属于不同风险等级的隶属度，即不同吨位船舶在不同海冰状态下的海上交通风险矩阵。5 000 t 级冰区航行船舶的风险矩阵见表 8-12(其他吨级船舶的风险矩阵略)。

表 8-12　5 000 吨级冰区航行船舶的风险矩阵

海冰厚度/cm	海冰密集度(%)	风险等级(对应于各个风险等级的隶属度)			
		0 级(无风险)	Ⅰ级(黄色风险)	Ⅱ级(橙色风险)	Ⅲ级(红色风险)
<10	<50	1.0	0.0	0.0	0.0
	50~80	0.8	0.2	0.0	0.0
	80~100	0.5	0.4	0.1	0.0
10~15	<50	0.5	0.4	0.1	0.0
	50~80	0.3	0.6	0.1	0.0
	80~100	0.0	0.3	0.6	0.1
15~20	<50	0.1	0.6	0.3	0.0
	50~80	0.0	0.3	0.6	0.1
	80~100	0.0	0.1	0.7	0.2
20~30	<50	0.1	0.5	0.4	0.0
	50~80	0.0	0.2	0.7	0.1
	80~100	0.0	0.0	0.9	0.1
30~40	<50	0.0	0.4	0.5	0.1
	50~80	0.0	0.1	0.7	0.2
	80~100	0.0	0.1	0.4	0.5
≥40	<50	0.0	0.0	0.4	0.6
	50~80	0.0	0.0	0.2	0.8
	80~100	0.0	0.0	0.0	1.0

8.2　恶劣天气下海上交通风险动态预评估系统

针对目前恶劣天气下海上交通风险动态预评估系统可视化程度不强、智能化水平不高，以及缺乏能见度不良和海冰天气下海上交通风险动态预评估系统的问题，运用风险动态预评估模型、气象预报信息数据处理技术、交通流密度预测理论和船舶自动识别系统信息平台，构建具有可视化、智能化预警监控等辅助决策功能的恶劣天气下海上交通风险动态预评估系统，以期有效解决恶劣天气下重点关注船舶在重点关注海域“能不能安全航行”和“如何安全航行”的关键性问题。本节建立的恶劣天气下海上交通风险动态预评估系统包括大风浪天气下、能见度不良天气下和冰区航行船舶海上交通风险动态预评估 3 个子系统，具体如下所述。

8.2.1 大风浪天气下海上交通风险动态预评估系统

研究表明，大风浪天气是造成海上交通安全事故的重要原因之一。加强大风浪天气下重点关注船舶海上交通风险动态预评估理论和技术的研究，研发具有可视化、智能化预警监控辅助决策功能的大风浪天气下海上交通风险动态预评估系统，可以进一步提高海事主管部门、航运企业在大风浪天气下对重点关注船舶的安全监管能力和服务保障水平，可以进一步提高航海者的船舶安全管理能力和航海技术水平，可以最大限度地减少大风浪天气下海上交通事故的发生。本小节主要构建大风浪天气下海上交通风险动态预评估系统，并应用系统仿真实例分析验证其合理性、有效性和重要性。

1. 系统主要功能

大风浪天气下海上交通风险动态预评估系统是恶劣天气下海上交通风险动态预评估系统的一个子系统，其主要功能有 3 项：

(1)海区风险动态预评估功能

系统提供未来 72 h 内每 1 h 或 3 h 一次的大风浪天气下重点关注船舶航行在渤海和黄海北部、中部海域的海上交通风险动态预评估结果，评估结果用色斑图来表示。同时，系统也提供未来 72 h 内每隔 1 h 的风、海浪的预报图。

(2)航线风险动态预评估功能

系统提供从船舶预计开航时间至预计抵达目的港时间这个未来时段内大风浪天气下船舶在计划航线上每隔 1 h 的海上交通风险动态预评估结果，评估结果用不同颜色的小圆点表示。

(3)重大风险预警监控等辅助决策功能

系统通过调整船舶通过重点关注海域的时间，规避大风浪天气下船舶航行海区或航线上的重大海上交通风险，提供可视化、智能化预警监控等辅助决策功能。

2. 系统组成和工作流程

(1)系统组成

系统主要包括数据库、数据采集、中央处理和动态显示等 4 个部分。

数据库部分，包括风险矩阵数据库和船舶性能参数数据库。风险矩阵数据库输出不同类型重点关注船舶在大风浪天气下隶属于不同海上交通风险等级的风险矩阵。这些风险矩阵是通过采集数量足够大的样本，运用不完备信息条件下模糊信息分配理论计算法，修正专家调查法而得到的。船舶性能参数数据库是不同船型的重点关注船舶在大风浪中的性能参数及其相互关系的信息数据集合。

数据采集部分，自动调取气象和海洋预报部门提供的风、浪等气象水文要素的实况和预报信息数据，手动选取某一重点关注船舶的类型、开航时间、航速和某一重点关注海域海区、计划航线等。

中央处理部分，计算未来 72 h 内每 1 h 或每 3 h 一次的海区或计划航线上的船舶所在位置及其海上交通风险等级。

动态显示部分，自动显示大风浪天气下某一重点关注船舶未来 72 h 内的每 1 h 或每 3 h 一次的海区或计划航线上船舶所在位置及其海上交通风险等级；同时，也显示各时刻的大风、大浪的实况或预报状况分布图。

(2)工作流程

在实际应用时，首先选择进入“海区风险”或“航线风险”功能，根据需要分别进行大风浪天气下某一重点关注海区海上交通风险动态预评估，或者大风浪天气下船舶计划航线附近海域海上交通风险动态预评估。

1)“海区风险”功能界面

进行大风浪天气下重点关注海区海上交通风险动态预评估，则选择进入“海区风险”界面，输入开航时间或评估开始时间，然后选择重点关注船舶的类型、航速。点击“海区风险评估”按键，系统即可显示出起始时间重点关注船舶在整个海区的海上交通风险分布状况。同时，在系统界面下部的时间窗中，显示出未来 72 h 内每 1 h 或每 3 h 一次的整个重点关注海区最大风险等级，用无色、黄色、橙色和红色等不同颜色的色标表示。这样，可快速地掌握未来 72 h 内大风浪天气下整个重点关注海区海上交通风险的分布状况。

进一步观察未来某一时刻某一重点关注海区具体的大风浪天气下的海上交通风险分布状况，点击代表该时刻的色标，即显示出该时刻的风险分布状况。查看未来 72 h 内某一时刻大风、大浪的具体分布状况，选择系统界面右侧的“隐藏风险分布图”，并在“数值预报产品”栏目下选择以等值线或者色斑图的形式，即显示出某一时刻风、浪的实况或预报分布图。

2)“航线风险”功能界面

进行大风浪天气下船舶计划航线上的海上交通风险动态预评估，则选择进入“航线风险”界面，选择船舶计划航线。常用的习惯航线已预设在系统内，可根据需要随时增加。然后，选择船舶预计开航时间、船舶类型和航速，点击“航线风险评估”按键，系统即可显示出从船舶预计开航时间至预计抵港时间这个时段内(未来 72 h 内)每 1 h 一次的船位，并在船位处用不同颜色的小圆点表示出该时刻的海上交通风险等级。同时，评估结果也显示在系统页面右侧的显示窗内，并显示不同时刻船位的经纬度。

查看具体某一时刻或某一船位处的风险分布状况，点击该时刻的圆点，此时系统显示出该时刻或该船位对应时刻的风险分布状况。查看某一时刻的风场、海浪场，先取消“叠加海区风险”，然后再通过在“数值预报产品”栏目下选择以等值线或者色斑图的形式，即可显示出某一时刻风、浪的实况或预报分布图。

系统的具体工作流程见图 8-2。

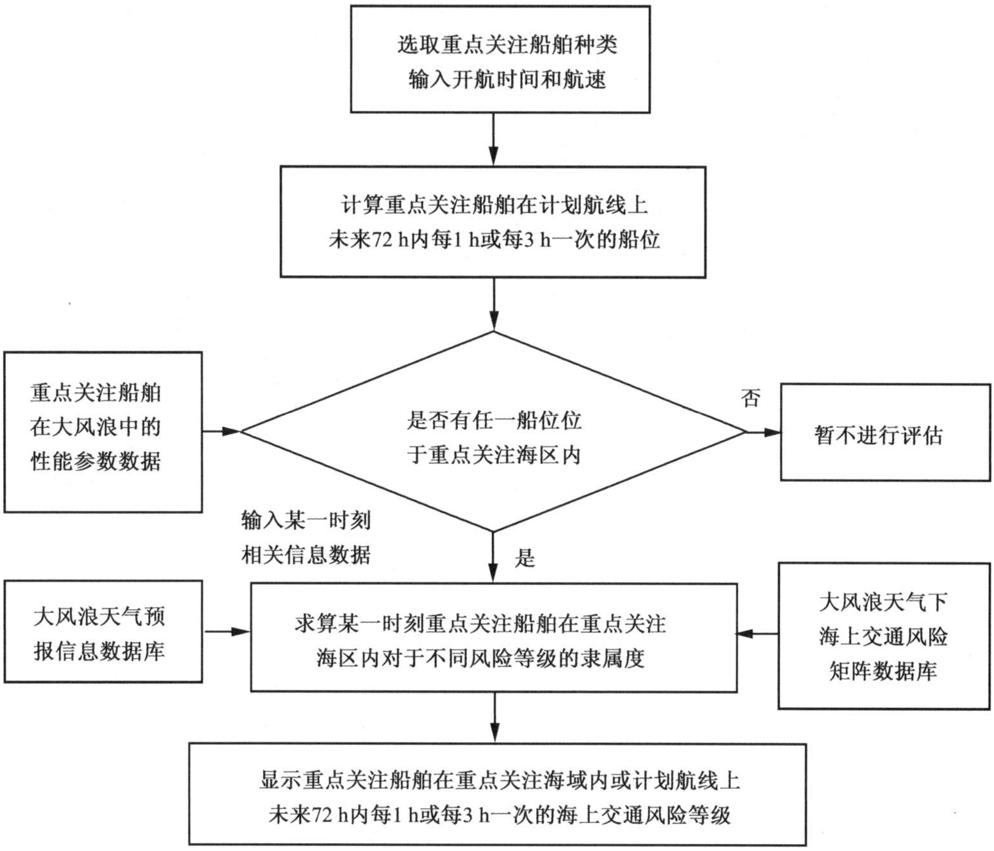

图 8-2 大风浪天气下海上交通风险动态预评估系统工作流程图

3. 系统仿真应用实例分析

以大风浪天气下航行在渤海海域的 4 000 t 级散杂货船为仿真应用实例。

选取重点关注船舶为 4 000 t 级的散杂货船，重点关注海域为渤海和黄海北部、中部，重点关注时间为 2016 年 11 月 19 日 2000 开始的未来 72 h，分析验证大风浪天气下海上交通风险动态预评估系统中海区风险动态预评估功能。

目前海事主管部门、港航管理部门、航运企业和航海者通常使用的大风浪预警途径来看，除了中国国家气象局和海洋局的大风、大浪预警外，最常用的是日本气象厅发布的地面实况图和预报图，以及海浪实况图和预报图。

根据中国中央气象台 2016 年 11 月 20 日 0600 发布的全国未来 3 天的天气预报，预计 20 日 0800 起至 21 日 0800，中国沿海各海区无 6 级以上大风；从 21 日 0800 起至 22 日 0800，受较强冷空气影响，渤海、黄海大部、东海大部将有 6~7 级、阵风 8 级的偏北风。

从日本气象厅发布的地面实况图和预报图可以看出：20 日 1200 协调世界时（Coordinated Universal Time,UTC)(即北京时间 20 日 2000),渤海和黄海尚处于冷高压前部脊的位置,等压线密度不大,气压梯度较小,应该没有明显的大风天气出现(如图 8-3 所示)。

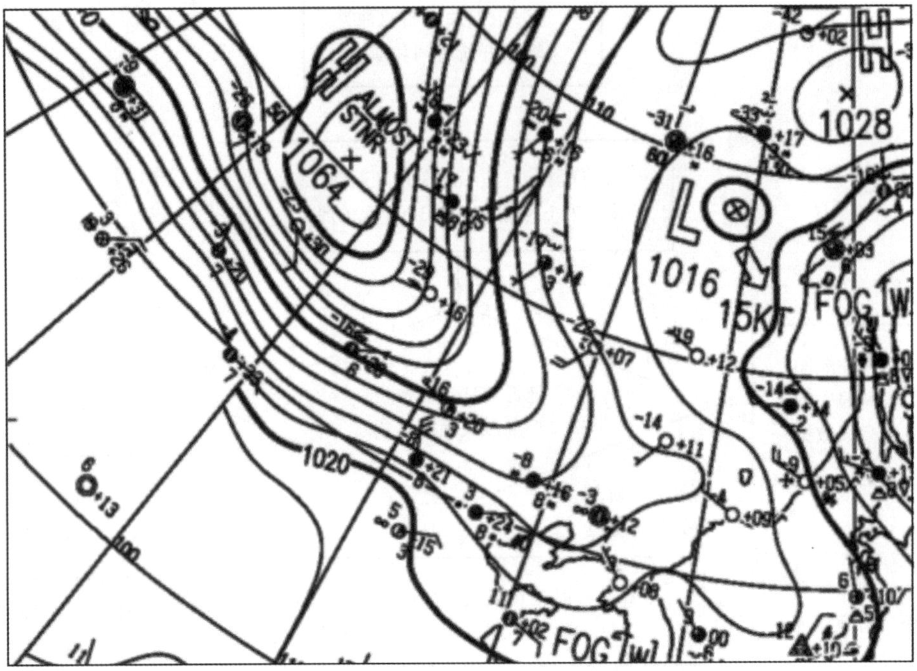

图 8-3　日本气象厅发布的 11 月 20 日 1200 UTC 地面实况图

21 日 0000 UTC(即北京时间 21 日 0800),渤海和黄海将完全处于冷高压前部等压线较密集区域,风力将明显增强。但日本地面预报图并未发布大风警报(日本大风警报符号[W]表示 7 级大风,[GW]表示 8~9 级大风)(如图 8-4 所示)。

从日本气象厅发布的海浪实况图上看,21 日 0000 UTC 在渤海西部有 2 m 以上大浪区,渤海其余部分和黄海并无 2 m 以上大浪区(如图 8-5 所示)。

在日本气象厅发布的海浪预报图上,到 21 日 0000 UTC,整个渤海和黄海都已没有 2 m 以上大浪区(如图 8-6 所示)。

从上述天气实况图和预报图可以看出:未来两天,20 日 0800 至 21 日 0800,中国北方各海区基本没有 6 级以上大风;21 日 0800 至 22 日 0800,中国北方各海区风力为 6~7 级,阵风 8 级。实际上,运用这些预报信息,不能全面和客观地评估和判断重点关注船舶在未来的大风浪天气下海上交通风险状况。而运用本节提出的大风浪天气下海上交通风险动态预评估系统,则可实现客观、直观、动态显示海上交通风险状况的效果。

(1)海区风险动态预评估

打开系统界面,设定船舶类型为 3 000~4 000 t 散杂货船,输入船舶开航时间或风险评估开始时间,点击“海区风险评估”按键,系统即可显示船舶开航时刻或风险评估开始

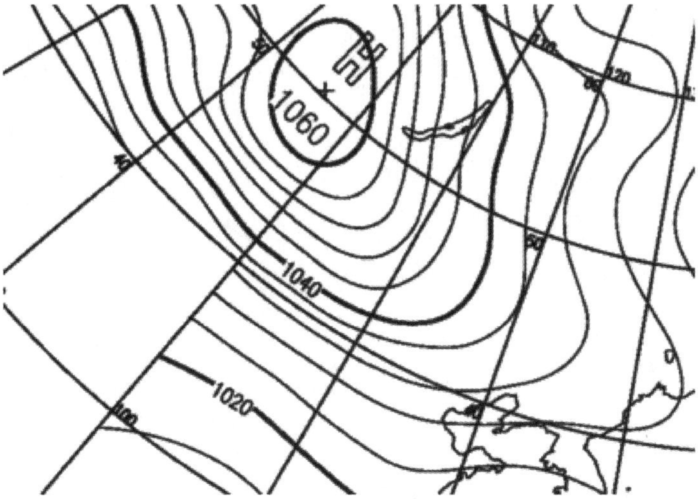

图 8-4 日本气象厅发布的 11 月 21 日 0000 UTC 24 h 地面预报图

图 8-5 日本气象厅发布的 11 月 21 日 0000 UTC 海浪实况图

时刻(20 日 0800)海区内的风险分布状况(见图 8-7)。

从图 8-7 中可以看出:当时渤海和黄海北部、中部海面最高的风险等级为橙色风险,且出现在黄海北部和中部的偏东部分。渤海的最高风险等级仅为黄色,集中在渤海中西部。同时,在系统页面的下方还可看到未来 72 h 每 3 h 一次的海区最大风险等级,并显示 20 日 2300 渤海已开始出现红色等级风险。点击系统页面下方时间窗内“5 h”下面的红色圆点,系统即可显示 2016 年 11 月 21 日 0500 时 4 000 t 散杂货船海区风险等级状况分布图(见图 8-8)。

从图 8-8 中可以看出:21 日 0500,渤海已出现较为明显的红色风险等级海区,且位于

图 8-6　日本气象厅发布的 11 月 21 日 0000 UTC 24 h 海浪预报图

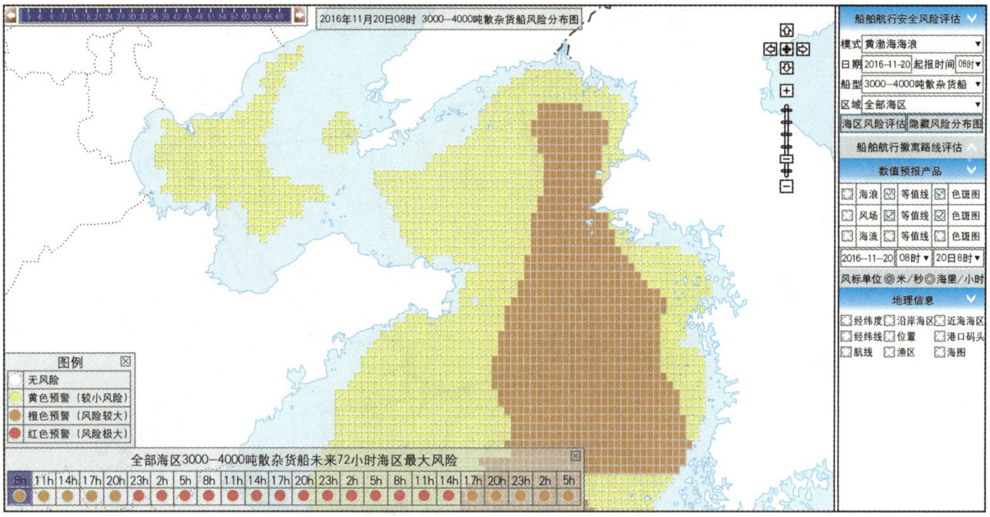

图 8-7　2016 年 11 月 20 日 0800 时 4 000 t 散杂货船海区风险等级状况分布图

渤海西部的渤海湾，并向东部延伸。点击系统页面下方时间窗内“11 h”下面的红色圆点，系统即可显示 2016 年 11 月 21 日 1100 时 4 000 t 散杂货船海区风险等级状况分布图（见图 8-9）。

从图 8-9 中可以看出：21 日 1100，渤海和黄海北部的大部分海域已处于红色风险等级状态，说明 21 日 1100 时 3 000~4 000 t 散杂货船的航行风险很大，很难保证船舶航行安全。因此，应当提前调整航行计划，保证船舶在大风浪天气下的航行安全。

从上述分析可以看出：运用本节提出的大风浪天气下海上交通风险动态预评估系统进行评估分析后得到的结论，与运用当前气象和海洋预报部门提供的大风浪预警信息得出的结论是不同的。从气象和海洋预报部门发布的大风浪预警信息中可知，未来中国北

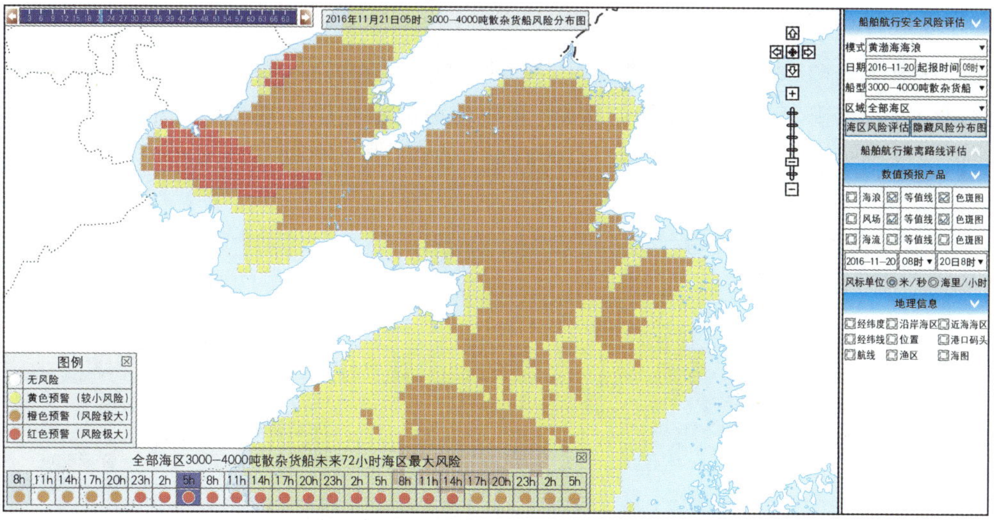

图 8-8 2016 年 11 月 21 日 0500 时 4 000 t 散杂货船海区风险等级状况分布图

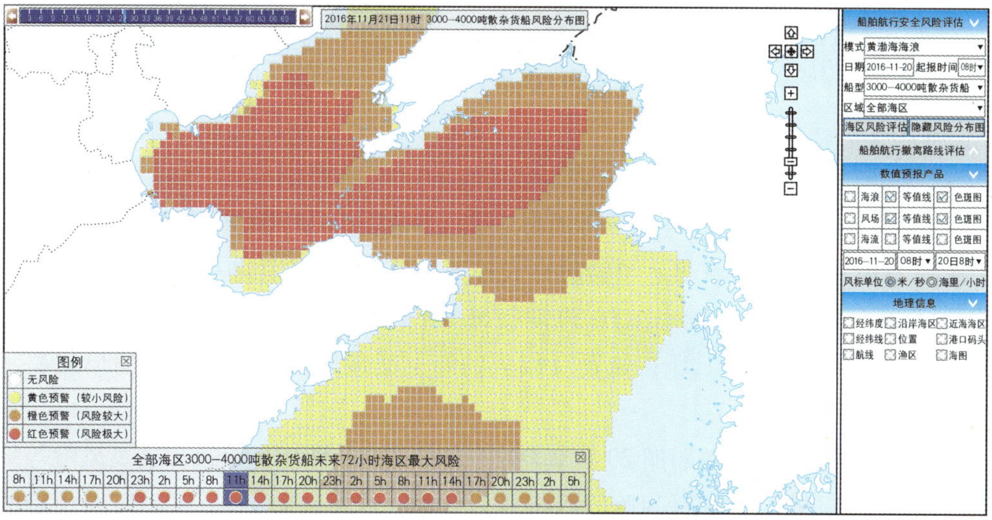

图 8-9 2016 年 11 月 21 日 1100 时 4 000 t 散杂货船海区风险等级状况分布图

方海域 21 日—22 日将出现 6~7 级大风，阵风可达 8 级。但是，究竟哪些船舶在大风浪天气下航行存在较大的海上交通风险，风险状态如何，则无法掌握。而利用该系统进行预评估，则可准确判明 21 日 1100 整个渤海和黄海北部将成为风险很大的海区，3 000~4 000 t 散杂货船不可继续航行。这样的结论，对海事主管部门、港航管理部门、航运企业和航海者，都具有非常明确的指导意义。

（2）航线风险动态预评估

选取的 4 000 t 级散杂货船计划于 2016 年 11 月 20 日 2200 开航，以 12 kn 的速度从大连港前往塘沽港，则可使用本节提出的航线风险动态预评估功能对航线上的海上交通风险等级进行动态预评估。

打开系统界面，设定船舶类型为 3 000~4 000 t 散杂货船，输入航线、开航时间、船舶类型、航速后，点击“航线风险评估”按键，系统即可显示船舶计划航线上的海上交通风险动态预评估结果。2016 年 11 月 20 日 2200 时 4 000 t 散杂货船航线风险等级预评估图见图 8-10。

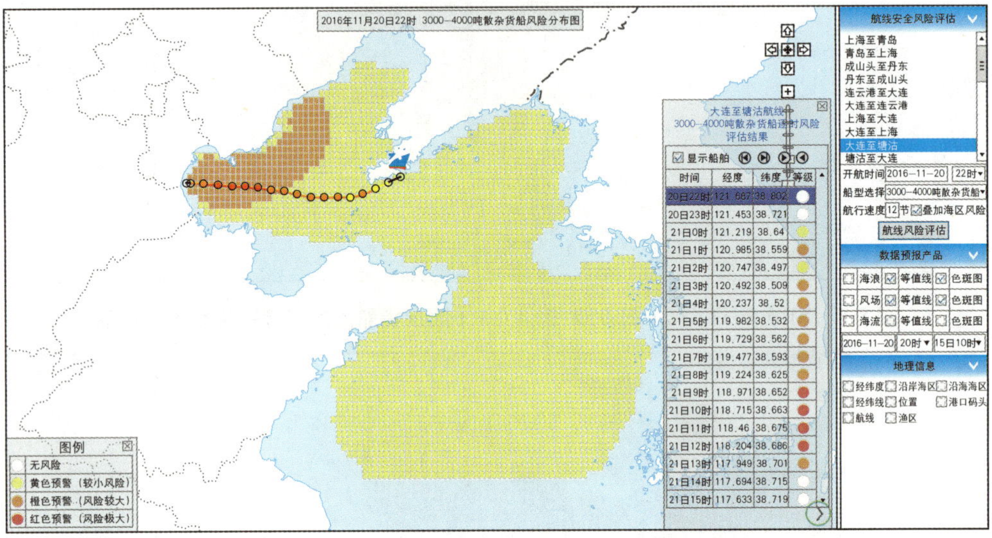

图 8-10　2016 年 11 月 20 日 2200 时 4 000 t 散杂货船航线风险等级预评估图

从图 8-10 中可见：系统显示了船舶自大连至塘沽的航线，并在航线上以不同颜色的小圆点标出了自开航时刻至到达目的港期间每 1 h 的船位和风险等级的预评估结果。同时，船舶各时刻的具体时间、所在位置及相应的海上交通风险等级以表格的形式显示在系统页面的右侧。

从图 8-10 中也可看出：船舶 20 日 2200 开航后，从 21 日 0100 开始，航线风险等级将为橙色；从 21 日 0900 起，航线风险等级将升为红色。这意味着，如果船舶按照预定的计划航线、开航时间和航速开航，船舶在大风浪天气下的海上交通风险很大。为了保证船舶的航行安全，应当选择适当的锚地避风、调整开航时间或航速，必要时可取消原船舶航次任务。

为了更加清楚地了解船舶进入红色风险等级状态时的详细情况，可点击代表某一时刻红色风险等级的小圆点，这时系统显示出该时刻的海区风险等级分布状况。2016 年 11 月 21 日 1100 时 4 000 t 散杂货船航线风险等级预评估图见图 8-11。

从图 8-11 中可见：21 日 1100 船舶进入大片红色风险等级区域，风险很大，不应按计划航线航行，应调整开航时间或航速，多次运用该系统进行动态预评估，规避重大海上交通风险，获得船舶安全通过该海域的时间。

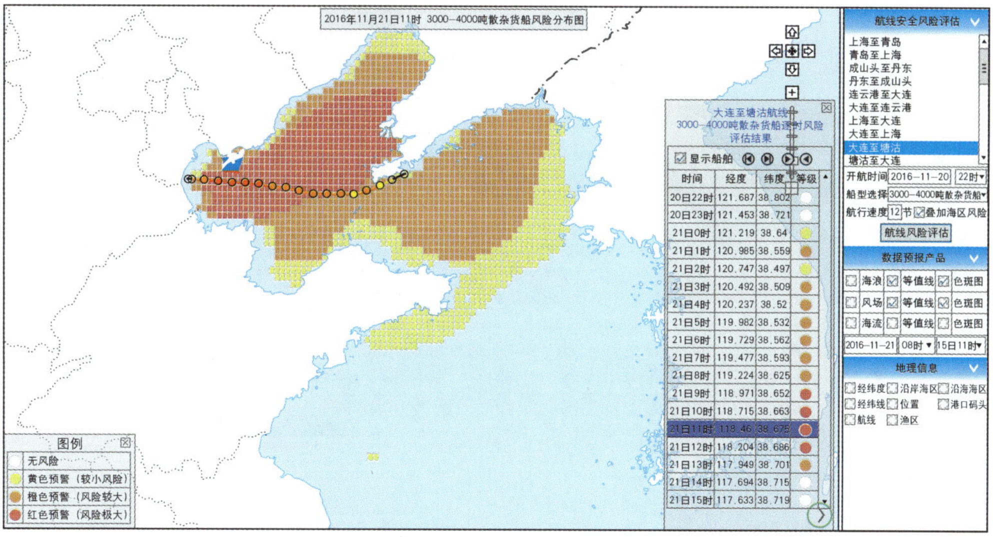

图 8-11　2016 年 11 月 21 日 1100 时 4 000 t 散杂货船航线风险等级预评估图

(3)风场和海浪场风险动态预评估

系统还可以显示某一时刻的风场和海浪场,可进一步了解到某一时刻的大风或海浪分布情况。在系统页面右侧,取消“叠加海区风险”按键,然后选择风场或海浪进行显示,系统即可显示海域的大风风场和海浪场。2016 年 11 月 21 日 1100 渤海和黄海北部、中部海域大风风场见图 8-12,2016 年 11 月 21 日 1100 渤海和黄海北部、中部海域海浪场如图 8-13 所示。

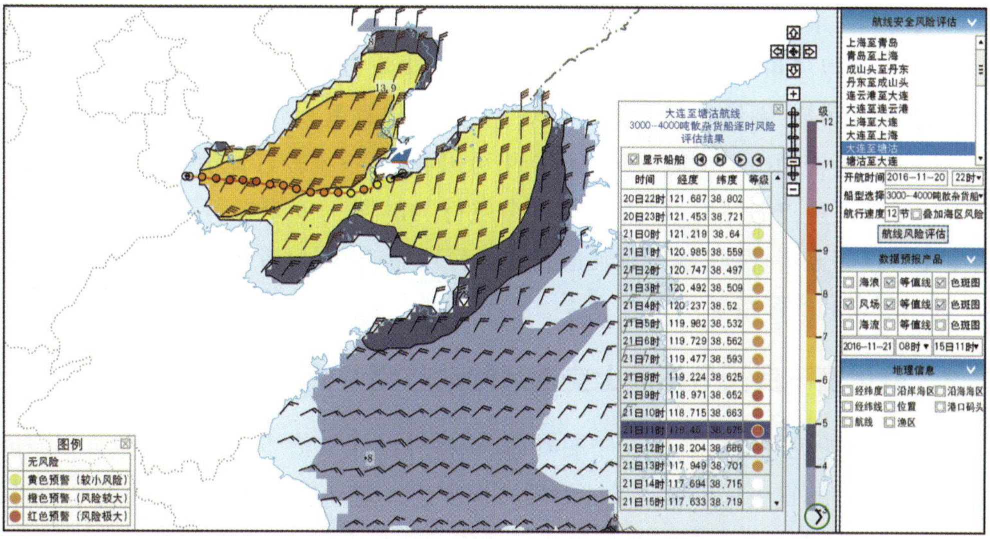

图 8-12　2016 年 11 月 21 日 1100 渤海和黄海北部、中部海域大风风场分布图

从图 8-12 和图 8-13 中可以看出:11 月 21 日 1100 船舶将驶入 7 级以上大风的范围

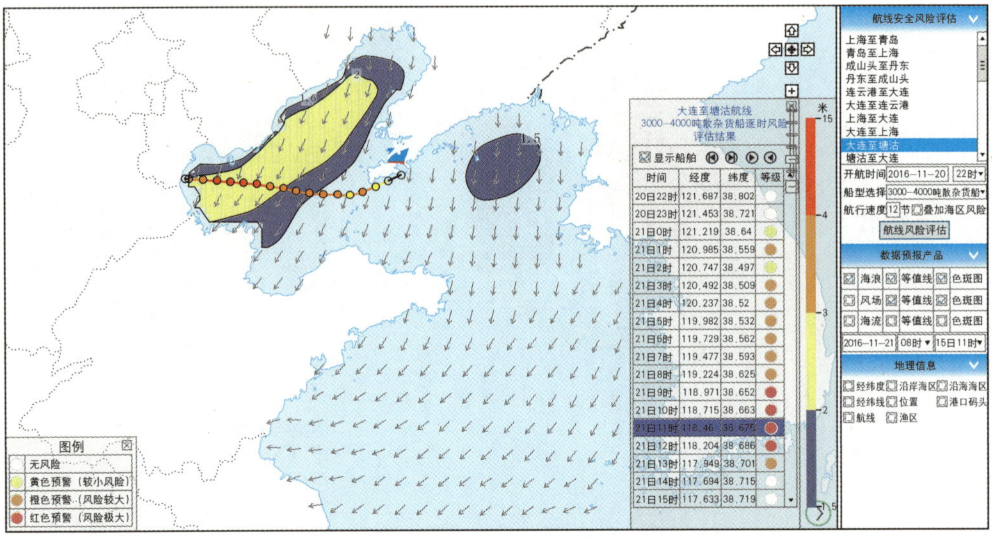

图 8-13　2016 年 11 月 21 日 1100 渤海和黄海北部、中部海域海浪场分布图

中，船舶所在位置的海浪也在 2 m 以上。由此可知，系统综合了上述风场和海浪场的预报情况，最终得出 11 月 21 日 1100 船舶将处于红色风险等级状态的预评估结果。

综合上述仿真应用实例，从显示效果可以看出：系统实现了针对重点关注船舶未来 72 h 内每 1 h 或每 3 h 一次的大风浪天气下重点关注海域海上交通风险动态预评估，实现了从船舶预计开航至预计抵达目的港期间未来 72 h 内大风浪天气下船舶在计划航线上每隔 1 h 的海上交通风险动态预评估，实现了重点关注海域未来 72 h 内时间步长 1 h 的大风风场和海浪场的连续滚动预测。风险评估结果以色斑图和不同颜色的小圆点标识，大风和海浪以矢量图标注在页面上。从预测结果可以看出：评估模型有效、预测数据准确、系统功能可靠，系统实现了大风浪天气下船舶规避重大海上交通风险的可视化、智能化预警监控等辅助决策功能。从评估结果可以看出：系统较好地解决了大风浪天气下重点关注船舶在重点关注海域"能不能安全航行"和"如何安全航行"的关键性问题，可为海事主管部门监督管理船舶、港航企业调度管理船舶、航海者安全操纵船舶提供参考依据、技术手段和实际指导。

8.2.2　能见度不良天气下海上交通风险动态预评估系统

研究表明，能见度不良是造成船舶碰撞、触碰和搁浅等海上交通事故的主要原因之一。加强能见度不良天气下重点关注海域海上交通风险动态预评估理论和技术的研究，研发具有可视化、智能化预警监控辅助决策功能的能见度不良天气下海上交通风险动态预评估系统，可以有效提供能见度不良天气下海上交通风险预警和操作建议，对海事主管部门和航运企业的海上安全监管和航海者的安全操作都具有重要的实际指导意义和实用价值[21]。本小节主要构建能见度不良天气下海上交通风险动态预评估系统，并应用系统仿真实例分析验证其合理性、有效性和重要性。

1. 系统主要功能

能见度不良天气下海上交通风险动态预评估系统是恶劣天气下海上交通风险动态预评估系统的一个子系统，其主要功能有 3 项：

(1)海区风险动态预评估功能

系统提供未来时段内船舶通过重点关注海域每 10 min 一次的能见度不良天气下海上交通风险动态预评估结果。评估结果在页面下方以不同颜色的色标表示。同时，系统显示从计算时刻开始，每 10 min 一次的重点关注海域中的交通流密度和能见距离预测值。

(2)航线风险动态预评估功能

系统提供未来时段内船舶在计划航线上 10 min 一次的能见度不良天气下海上交通风险动态预评估结果。评估结果除了以不同颜色的小圆点显示在系统页面船舶计划航线的预计船位上，还可以不同颜色的色标显示在系统页面下部的对应时间窗内。

(3)重大风险预警监控等辅助决策功能

系统通过调整船舶通过重点关注海域的时间，规避能见度不良天气下船舶航行海区或航线上的重大海上交通风险，提供可视化、智能化预警监控等辅助决策功能。

2. 系统组成和工作流程

(1)系统组成

系统由 1 个拥有各种重点关注船舶在不同能见距离和船舶交通流密度条件下的风险矩阵数据库以及 2 个具有数据处理与预测预警功能的子系统构成，这 2 个子系统分别为重点关注海域的船舶交通流密度预测子系统、能见度预警子系统。

风险矩阵数据库能输出不同类型重点关注船舶在不同能见距离和船舶交通流密度条件下隶属于不同海上交通风险等级的风险矩阵。这些风险矩阵是通过采集数量足够大的样本，运用不完备信息条件下模糊信息分配理论计算法，修正专家调查法而得到的风险矩阵[22]。

船舶交通流密度预测子系统能输出重点关注海域内未来 4 h 各 2 n mile×2 n mile 空间网格内每 10 min 一次的船舶交通流密度。这些船舶交通流密度数据是通过基于人工神经网络中极限学习机理论的短时船舶交通流密度预测算法计算得到的。

能见度预警子系统能输出重点关注海域内未来 4 h 各 2 n mile×2 n mile 空间网格内每 10 min 一次的概率天气预报形式的能见距离预报值。这些数据是运用对云雾具有超强模拟能力的、具有国际先进水平的区域大气模式系统对气象和海洋预报部门提供的能见度预报信息数据进行空间和时间精细网格化技术处理得到的。

(2)工作流程

当系统对将要通过重点关注海域的重点关注船舶进行海上交通风险动态预评估时，首先在系统中输入重点关注船舶的信息数据，包括重点关注船舶的类型、起算时间，以及起算时的船位、航向和航速等。据此，系统即可算出重点关注船舶未来时段内通过重点关注海域期间，每 10 min 一次的船舶位置和相应的时间。同时，系统将重点关注海域划分为网格并给予编号。

根据能见度预警子系统和船舶交通流密度预测子系统提供的重点关注海域内各网格点未来 4 h 每 10 min 一次的能见距离和交通流密度预测值，运用系统中的各种重点关注船舶在不同能见距离和船舶交通流密度条件下的风险矩阵数据库，即可实现对重点关注船舶在未来时段内通过重点关注海域每 10 min 一次的海上交通风险动态预评估，并在系统界面上的重点关注海域的各网格内，以不同颜色来表示该船舶未来到达此位置时的海上交通风险状况。

系统的具体工作流程图如图 8-14 所示。

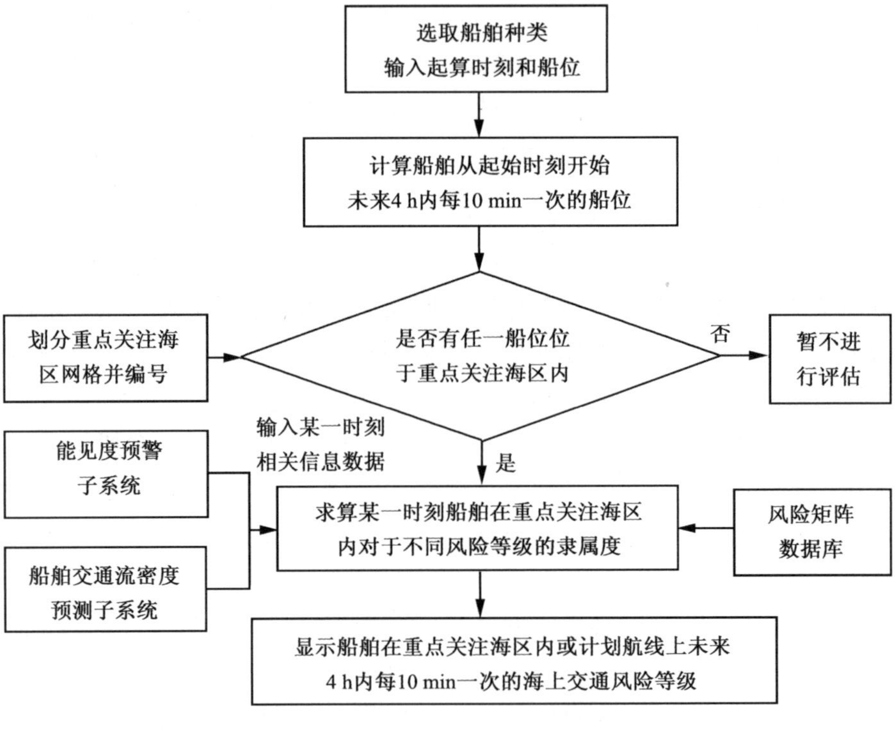

图 8-14　能见度不良天气下海上交通风险动态预评估系统工作流程图

3. 系统仿真应用实例分析

以中国北方海区成山角分道通航制北口内警戒区和外警戒区的在航船舶为仿真应用实例。为此，将成山角海域内外警戒区按照 2 n mile×2 n mile 网格进行划分和编号，见

图 8-15。

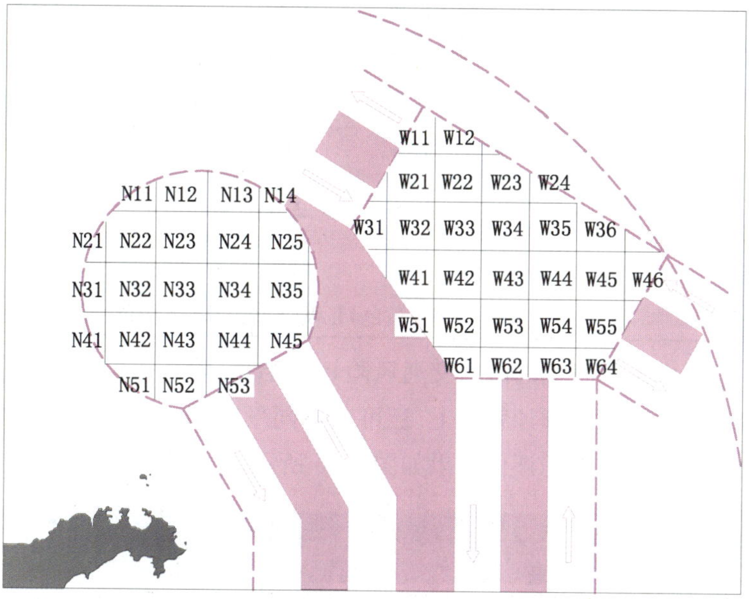

图 8-15 成山角海域内外警戒区网格划分编号示意图

选取 2016 年 1 月 8 日 0920 在成山角海域外警戒区附近的一艘 8 万 t 级巴拿马型散货船为实例进行分析验证，该船船位为 37°46′N，122°40′E，航向 143°，航速 12 kn。

按照系统工作流程，首先将船舶信息数据输入系统，则系统自动计算并显示出该船在 1021—1122 通过成山角海域外警戒区以及该船通过成山角外警戒区时每 10 min 一次的船舶所处网格点的位置。同时，系统中的两个预测子系统和风险矩阵知识库分别输出该船当日 1030—1120 所经过的各网格点内每 10 min 一次的能见距离、交通流密度预测值和相对应的风险矩阵。然后，系统运用能见度不良天气下海上交通安全风险评估模型，计算得出未来船舶通过成山角外警戒区时段内每 10 min 一次的风险等级状况，并在系统页面下方对应的时间窗内以不同颜色的色标显示和在页面上船舶计划航线的预计船位上以不同颜色的小圆点显示。表 8-13 给出了相关数据和计算结果。

实际运用系统进行海上交通风险动态预评估时，在系统中输入重点关注船舶的相关信息数据后，系统即可在页面下方以不同颜色的色标，显示出未来时段内船舶通过重点关注海域期间每 10 min 一次的能见度不良天气下海上交通风险等级的评估结果。

通过手动调节，系统可显示出从计算时刻开始，未来时段内每 10 min 一次的重点关注海域中的交通流密度和能见距离预测值。

表 8-13　实例数据和计算结果

时间	1030	1040	1050	1100	1110	1120
船舶所在网格	W32	W42	W43	W54	W55	W64
能见距离预测值/n mile	0.6	0.6	0.4	0.3	0.4	0.5
能见距离预测准确率	75%	75%	80%	75%	80%	75%
交通流密度预测值/[艘·$(n\ mile)^{-2}$]	1.0	1.5	2.0	2.0	4.0	3.0
交通流密度预测准确率	80%	80%	80%	80%	80%	80%
风险评估结果	Ⅰ级（黄色）	Ⅰ级（黄色）	Ⅱ级（橙色）	Ⅱ级（橙色）	Ⅲ级（红色）	Ⅲ级（红色）

重点关注海域中不同时刻的海上交通风险评估结果，除了可以不同颜色的圆点显示在系统页面船舶计划航线的预计船位上，还可以不同颜色的色标显示在系统页面下部的对应时间窗内。系统对实例的评估结果如图 8-16 所示。

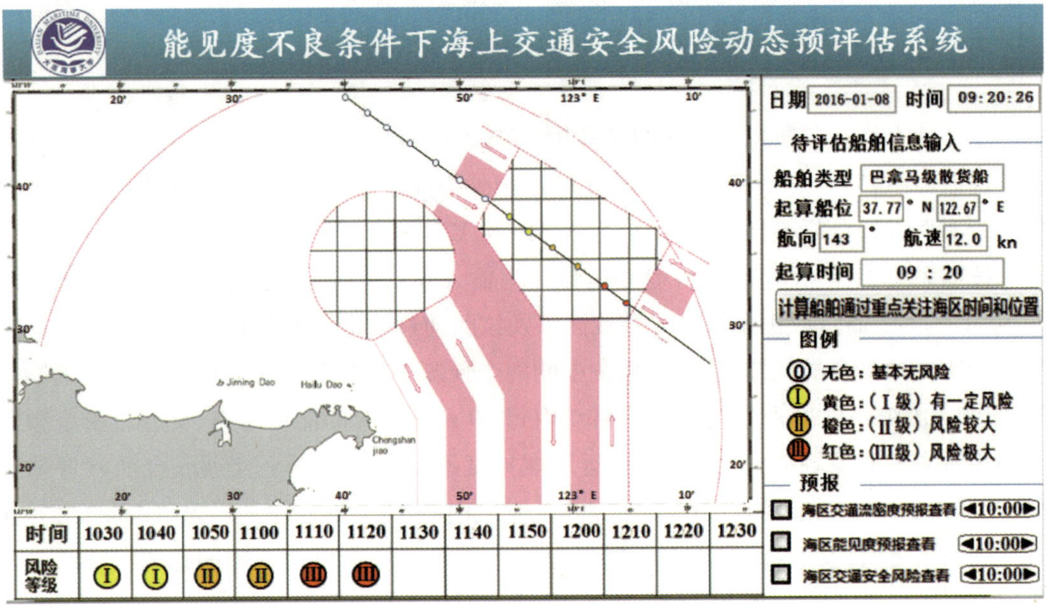

图 8-16　系统对仿真实例的评估结果

从表 8-13 和图 8-16 中可以看出：自 1050 时开始风险等级将升级为橙色，风险较大；而至 1110 时，能见度距离减小，通航密度增大，已升级为红色风险，该船不应继续保持原来的航向航速而盲目航行。根据这样的预评估结果，海事主管部门应提前向该船发出安全风险预警和操作建议，并实施严密的跟踪与监控；该船船长应考虑择地锚泊或滞航并报告公司，以保证船舶的航行安全。同时，还可继续使用该系统，判断是否可以通过绕航或推迟通过该海域的时间，以达到安全通过该海域的目的。

若推迟 1 h 通过，即在 0920 时的船位滞航 1 h 后再续航，则该海域的风险等级均为黄色,船舶可采取必要措施并安全通过该海域。调整通过时间后的实例数据和计算结果见表 8-14,海上交通风险动态预评估结果如图 8-17 所示。

表 8-14 调整通过时间后的实例数据和计算结果

时间	1130	1140	1150	1200	1210	1220
船舶所在网格	W32	W42	W43	W54	W55	W64
能见距离预测值/n mile	0.6	0.6	0.8	0.8	1.0	1.0
能见距离预测准确率	75%	75%	80%	80%	80%	75%
交通流密度预测值/[艘·(n mile)$^{-2}$]	1.5	1.0	1.0	1.5	1.0	0.5
交通流密度预测准确率	80%	80%	80%	80%	80%	80%
风险评估结果	Ⅰ级(黄色)	Ⅰ级(黄色)	Ⅰ级(黄色)	Ⅰ级(黄色)	Ⅰ级(黄色)	Ⅰ级(黄色)

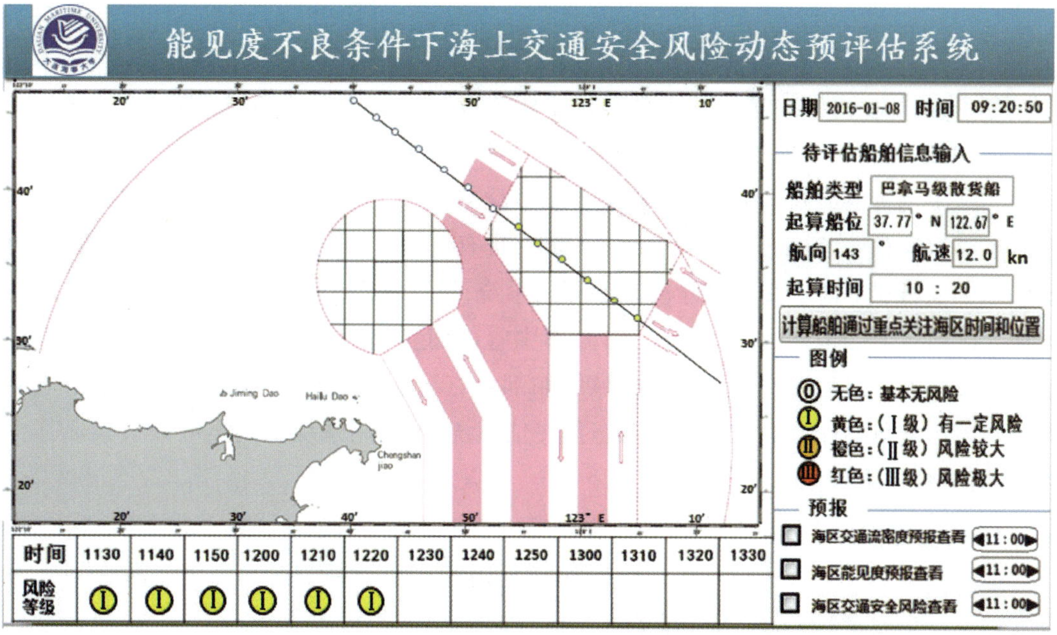

图 8-17 调整通过时间后的海上交通风险评估结果

从表 8-13 和表 8-14 中可以看出:系统实现了 2 个不同时间段 12 个时间点的能见距离和船舶交通流密度的连续滚动预测,能见距离连续预测准确率分别达到 75%、75%、80%、75%、80%、75%和 75%、75%、80%、80%、80%、75%,相应的交通流密度连续预测准确率全部达到 80%。从图 8-16 和图 8-17 中可以看出:系统实现了 2 个不同时间段 12 个时间点的海上交通风险动态预评估和船舶规避重大海上交通风险并安全通过航行海域的时间数据;实现了对重点关注海域 2 n mile×2 n mile 空间网格、时间步长 10 min 的能见距离预测值和船舶交通流密度预测值稳定、快速、有效的连续滚动预测。从显示效果可以看出:系统实现了能见度不良天气下海区和航线上每 10 min 一次的海上交通风险动态预评估,实现了对重点关注海域 2 n mile×2 n mile 空间网格、时间步长 10 min 的能见距离预测值和船舶交通流密度的连续预测,风险评估结果以色斑图和不同颜色的小圆点标示。从预测结果可以看出:预测结果与实际状况基本一致,评估模型有效、预测数据准确、系统功能可靠,系统实现了能见度不良天气下船舶规避重大风险的可视化、智能化预警监控等辅助决策功能,较好地解决了能见度不良天气下海上交通风险预警系统的缺乏问题和现有海事专业气象保障尚不能满足海上交通风险预警多样化和高精度的问题。从评估结果可以看出:系统较好地解决了能见度不良天气下重点关注船舶未来某一时段内在某一重点关注海域"能不能安全航行"和"如何安全航行"的关键性问题,为海事主管部门的海上交通安全监管、航运企业的船舶安全管理和航海者的安全操作提供参考依据、技术手段和实际指导。

8.2.3 冰区航行船舶海上交通风险动态预评估系统

冬季,高纬度海区的海冰可能对航行船舶造成诸如船体损坏和被冰夹住、桨叶和舵片受损、海底阀被堵等事故。严重海冰天气下,海事主管部门根据海冰发展情况,对部分船舶实施限制进港或封港措施,以避免船舶事故的发生。从海事主管部门、航运企业和航海者对海冰预警监控服务的需求出发,研发具有可视化、智能化预警监控辅助决策功能的冰区航行船舶海上交通风险动态预评估系统,可以动态、直观、有效地提供中国北方海域冰区航行船舶未来的风险状况,对海事主管部门实施海上交通管制、航运企业跟踪监督船舶动态和航海者安全驾驶与操纵船舶都具有重要的实际指导意义[23]。本小节主要构建冰区航行船舶海上交通风险动态预评估系统,并应用系统仿真实例分析验证其合理性、有效性和重要性。

1. 系统主要功能

冰区航行船舶海上交通风险动态预评估系统是恶劣天气下海上交通风险动态预评估系统的一个子系统,主要功能有 3 项:

(1)海区风险动态预评估功能

系统提供重点关注海域未来 72 h、时间步长为 12 h 的冰区航行船舶海上交通风险动态预评估结果,评估结果以不同颜色的色斑图表示。同时,系统提供重点关注海域实时和未来的海冰密集度或厚度信息。

(2)航线风险动态预评估功能

系统提供重点关注船舶在其计划航线上从风险评估开始时间起未来 72 h,每 12 h 一次的冰区航行船舶最大的海上交通风险动态预评估结果,评估结果以不同颜色的小圆点显示在页面下方的时段显示窗内。

(3)重大风险预警监控等辅助决策功能

系统通过调整船舶通过重点关注海域的时间,规避冰区航行船舶海区或航线上的重大海上交通风险,提供可视化、智能化预警监控等辅助决策功能。

2. 系统组成和工作流程

(1)系统组成

系统主要包括数据库、数据采集、中央处理和动态显示等4个部分:

数据库部分,即风险矩阵数据库,输出不同吨位的重点关注船舶在不同冰情条件下隶属于不同海上交通风险等级的风险矩阵。这些风险矩阵是通过采集数量足够大的样本,运用不完备信息条件下模糊信息分配理论计算法,修正专家调查法而得到的。

数据采集部分,选择重点关注船舶吨位,输入风险评估开始时间、航线相关信息数据等。自动调入由气象和海洋预报部门提供并经系统技术处理的卫星实时遥感图像和海冰冰情实况信息数据以及风险矩阵数据库中的信息数据。

中央处理部分,反演美国国家航空航天局(National Aeronautics and Space Administration,NASA)卫星实时遥感图像,获取海冰冰情实况信息数据;然后对海冰密集度和厚度冰情预报信息进行技术处理,并将原有图像信息调整修改为符合系统需要的形式,从而获得未来72 h冰情预报信息数据。调整修改后的海冰厚度和密集度预报信息网格为10 n mile×10 n mile。利用风险矩阵数据库,计算得到各海区或航线上未来72 h、每12 h一次的冰区航行船舶海上交通风险状况。

动态显示部分,显示各海区未来72 h、时间步长为12 h的冰区航行船舶海上交通风险状况和各海区实时以及未来的海冰密集度或厚度信息数据;显示重点关注船舶在其计划航线上从预计开航时间起至预计到港时间这一时段内的未来72 h,每12 h一次的冰区航行船舶海上交通风险状况。

(2)工作流程

系统的具体工作流程图见图8-18。

在实际应用中,首先选择进入"海区风险"或"航线风险"功能,根据需要分别实现对整个海区风险和航线风险的动态预评估。

根据需要查看整个海区海上交通风险分布状况时,选择重点关注船舶的吨级,输入风险评估开始时间,通过风险矩阵数据库提供相对应的风险矩阵数据以及中央处理部分实现冰情预报信息数据技术处理和计算,系统即可显示出未来72 h、时间步长为12 h的海上交通风险动态预评估结果,评估结果以不同颜色的色斑图表示。同时,根据需要选择显示参数,系统显示实时以及未来72 h、每12 h一次的海冰密集度或厚度信息。

根据需要查看冰区航行船舶航线上的海上交通风险分布状况时,输入船舶航线相关信息和风险评估开始时间,通过风险矩阵数据库提供相对应的风险矩阵数据以及中央处

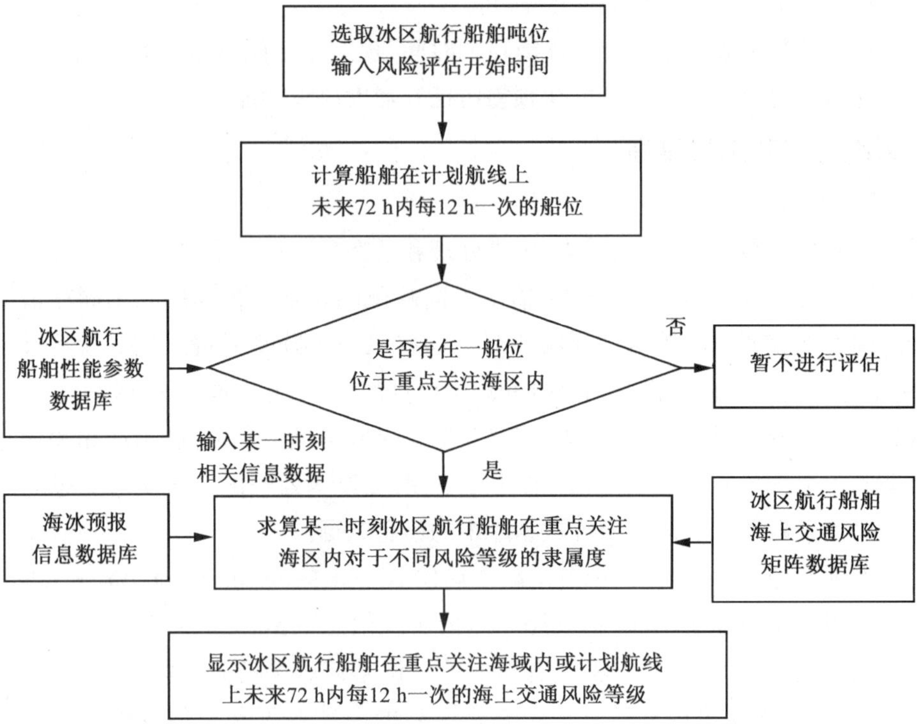

图 8-18　冰区航行船舶海上交通风险动态预评估系统工作流程图

理部分实现冰情预报信息数据技术处理和计算，系统显示重点关注船舶在其计划航线上从风险评估时间开始 72 h 内每 12 h 一时段的最大风险动态预评估结果，评估结果以不同颜色的小圆点表示。

3. 系统仿真应用实例分析

以冬季航行在渤海海域的 5 000 t 级船舶为仿真应用实例。

选取一艘 5 000 t 级的船舶预计 2015 年 1 月 22 日 1000 从京唐港开往鲅鱼圈港为仿真实例进行验证。该船计划航速为 10 kn，预计 23 日 0400 到达鲅鱼圈港。

访问国家海洋局环境预报中心的官方网站，可以查询到当日海冰厚度和密集度的实况和预报状况，如图 8-19 所示。

从查询结果可知，国家海洋局环境预报中心发布的海冰预报信息数据仅是海冰厚度和密集度，无法直观地了解到船舶未来在冰区中航行时将面临的海上交通风险分布状况，更无助于制订或及时修改在冰区航行时段内的计划航线。利用本小节提出的系统则可较好地解决这些问题。

首先，打开系统操作界面，在系统界面右侧的相应位置上输入相关信息。在“日期”位置上输入“2015/1/22”；在“起报时间”位置上输入“0800”；在“船型”位置上输入

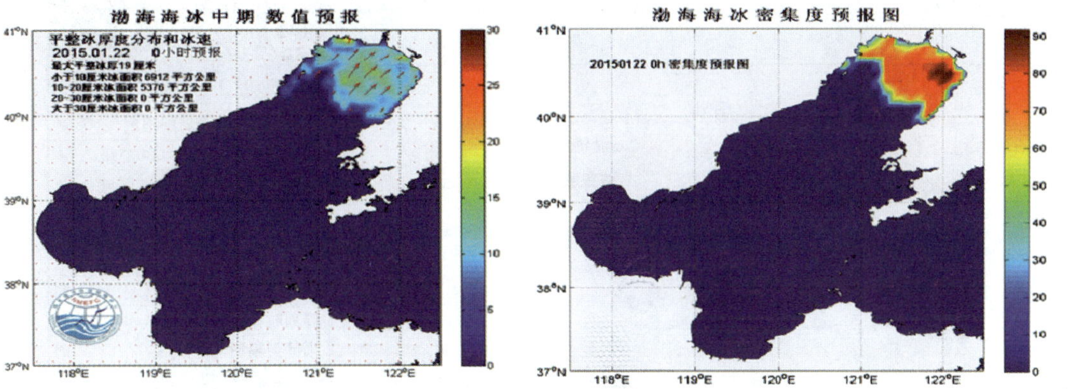

图 8-19　2015 年 1 月 22 日的海冰厚度和密集度预报

“5 000 t 级”；在“显示区域”位置上选择“航线评估区域”。这时，系统自动显示出 22 日 0800 的整个中国北方海域对于 5 000 t 级船舶在未来冰区航行中的海上交通风险等级分布情况。同时，从风险分布图下面的时段窗口中可直观地看到从 22 日 0800 开始的未来 72 h、每 12 h 一次的各时刻 5 000 t 级船舶在整个海区内的冰区航行的最大风险等级分布情况。系统打开界面示意图如图 8-20 所示，2015 年 1 月 22 日 0800 风险分布图如图 8-21 所示。

图 8-20　系统打开界面示意图

通过系统显示，可直观地了解到，2015 年 1 月下旬整个中国北方海域海冰冰情较轻，但对于 5 000 t 级船舶来说，在盘锦港外存在橙色风险，这意味着没有具有破冰能力的拖船协助，船舶进入盘锦港有较大风险。但进入渤海其他港口基本没有风险，沿途最大的

图 8-21　2015 年 1 月 22 日 0800 风险分布图

风险等级仅为黄色，需要注意做好必要的冰区航行准备，严格执行相关冰区航行安全管理规定。

除此之外，还可通过点击风险分布图下端的时段菜单栏，选择查看 22 日 2000 和 23 日 0800 相应的风险分布图，这样可更加准确地了解到船舶 22 日 2000 至 23 日 0800 航行时段内的风险分布状况。2015 年 1 月 22 日 2000 风险分布图如图 8-22 所示，2015 年 1 月 23 日 0800 风险分布图如图 8-23 所示。

从图 8-21～图 8-23 中可以看出：系统实现了可视化、智能化动态显示的重点关注海域未来 72 h、时间步长为 12 h 的冰区航行船舶海上交通风险动态预评估和重大海上交通风险预警监控等辅助决策功能，评估结果以不同颜色的色斑图表示。

系统还可提供从 NASA 获取的遥感卫星资料反演后得到的海冰实况信息。通过查询可知，2015 年 1 月 22 日北京时间 1030 将有一次 NASA 提供的中国北方海域的卫星图像。系统可通过对 NASA 提供的卫星图像进行技术处理，分别显示出该时刻的冰区航行船舶风险分布情况和具体的海冰厚度及密集度情况，如图 8-24～图 8-26 所示。

从图 8-24～图 8-26 中可以看出：系统实现了对 NASA 提供的卫星图像的反演和技术处理，可提供实时或未来 72 h 内的空间网格海域为 10 n mile×10 n mile 的冰区航行船舶风险分布情况和具体的海冰厚度及密集度情况。

在系统界面右侧相应区域的菜单中，选择“航线设计”功能选项，开始航线风险评估。在系统页面上绘制由京唐港到鲅鱼圈港的计划航线，选取船舶吨位为 5 000 t 级，并输入开航时间 22 日 1000 和计划航速 10 kn，系统可显示出从预计开航时间 22 日 1000 起，至

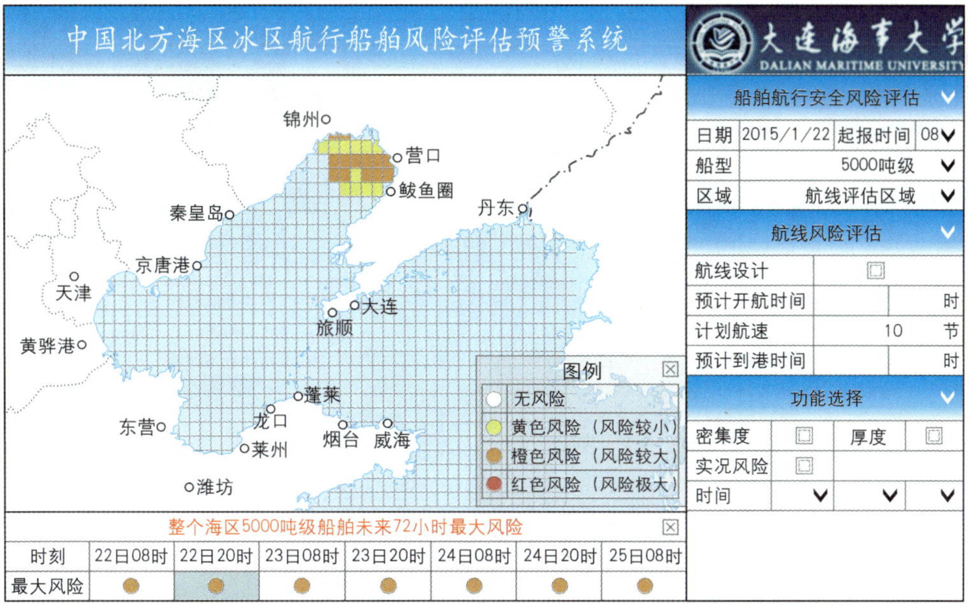

图 8-22　2015 年 1 月 22 日 2000 风险分布图

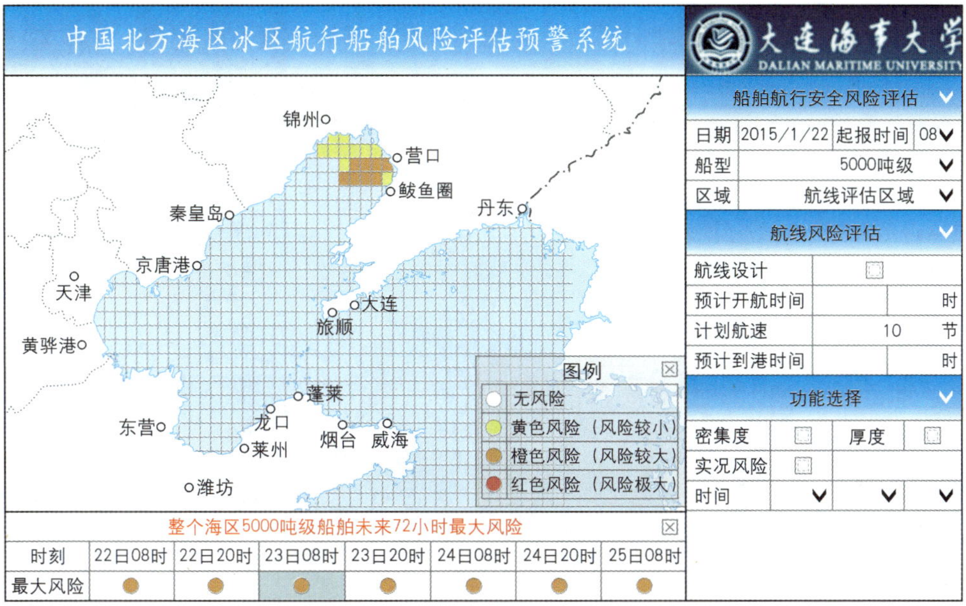

图 8-23　2015 年 1 月 23 日 0800 风险分布图

预计到港时间 23 日 0400 的若干时段的风险等级状况。在本实例中，系统可显示出 22 日 1000—22 日 2000 和 22 日 2000—23 日 0400 的 2 个时段内 5 000 t 级的冰区航行船舶海上交通风险等级状况。22 日 1000—22 日 2000 航线区域风险分布图如图 8-27 所示，22 日 2000—23 日 0400 航线区域风险分布图如图 8-28 所示。

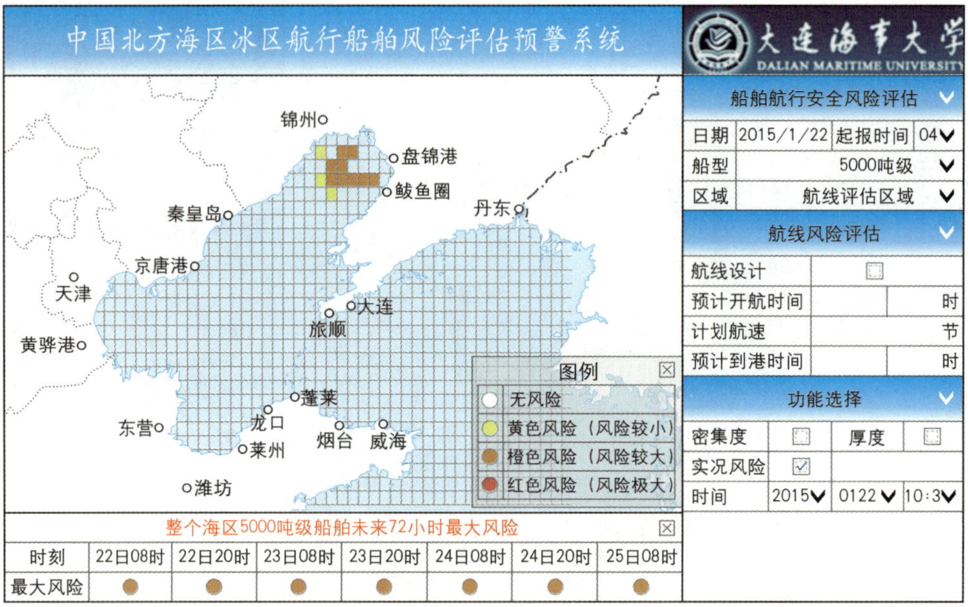

图 8-24　2015 年 1 月 22 日 1030 海区风险状况评估结果

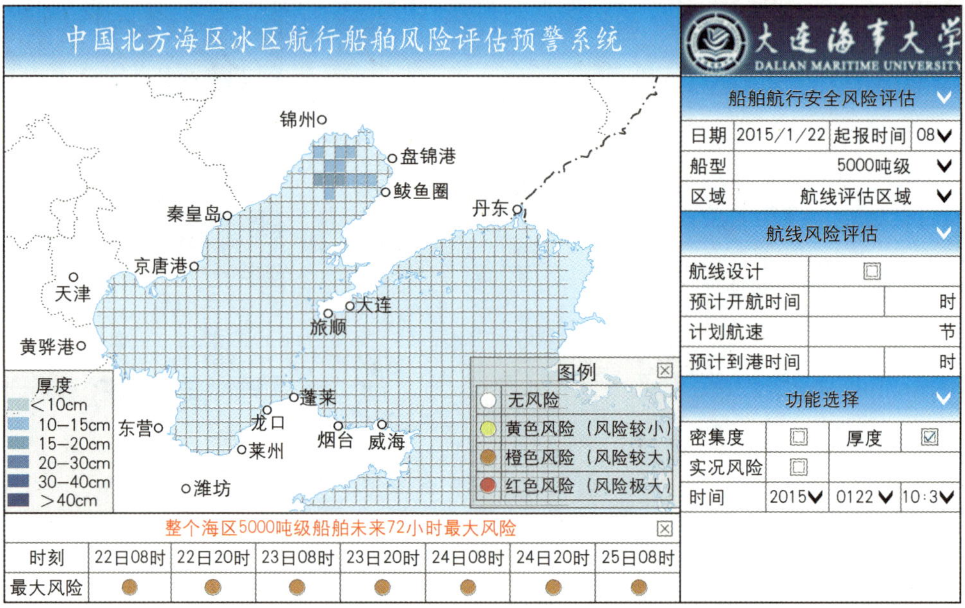

图 8-25　2015 年 1 月 22 日 1030 海冰厚度实况信息

从图 8-27～图 8-28 中可以看出：在上述两个时段内从京唐港到鲅鱼圈港航线上的 5 000 t 级船舶最大的风险等级均达不到黄色风险，这意味着海冰对 5 000 t 级船舶的正常航行基本无影响，仅需要根据航行海域的冰量多少，将冷却水外循环改为内循环，即可保证冰区航行船舶的安全。该系统实现了可视化、智能化动态显示的冰区航行船舶在其

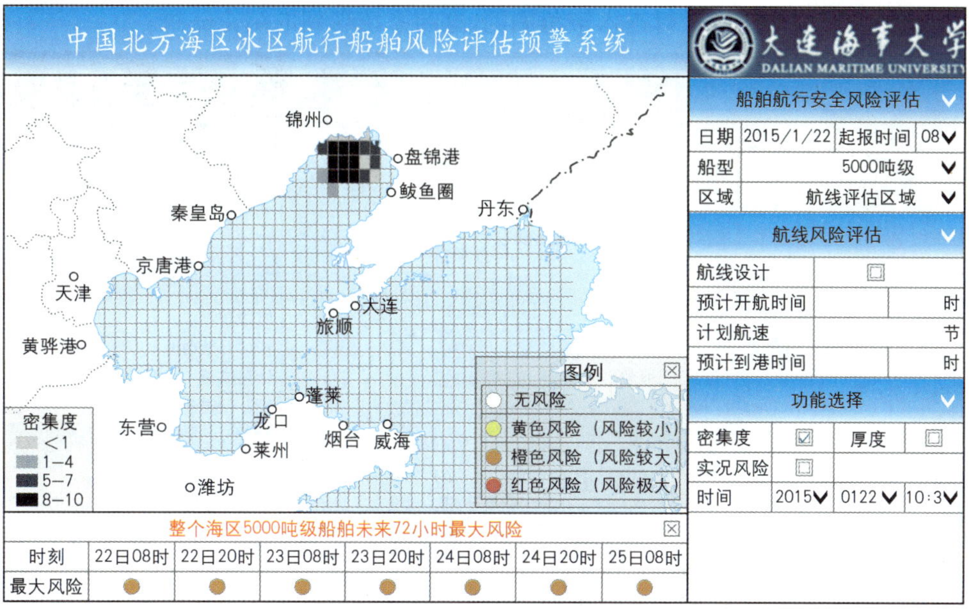

图 8-26　2015 年 1 月 22 日 1030 海冰密集度实况信息

计划航线上的海上交通风险动态预评估和重大海上交通风险预警监控等辅助决策功能，评估结果以不同颜色的小圆点显示。

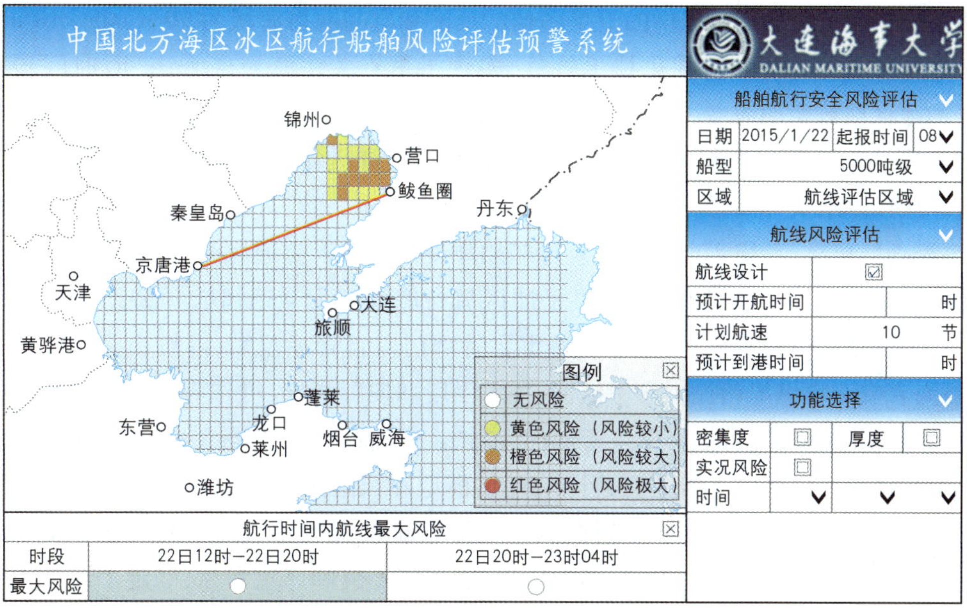

图 8-27　22 日 1000—22 日 2000 航线区域风险分布图

经与营口海事局 VTS 中心、鲅鱼圈港区生产调度室以及引航站等部门调查确认，2015 年 1 月 22 日—23 日，鲅鱼圈港及附近海面冰情较轻，5 000 t 级船舶无须借助具有破冰功能的拖船协助即可自行进入鲅鱼圈港,这与系统得到的结论一致。

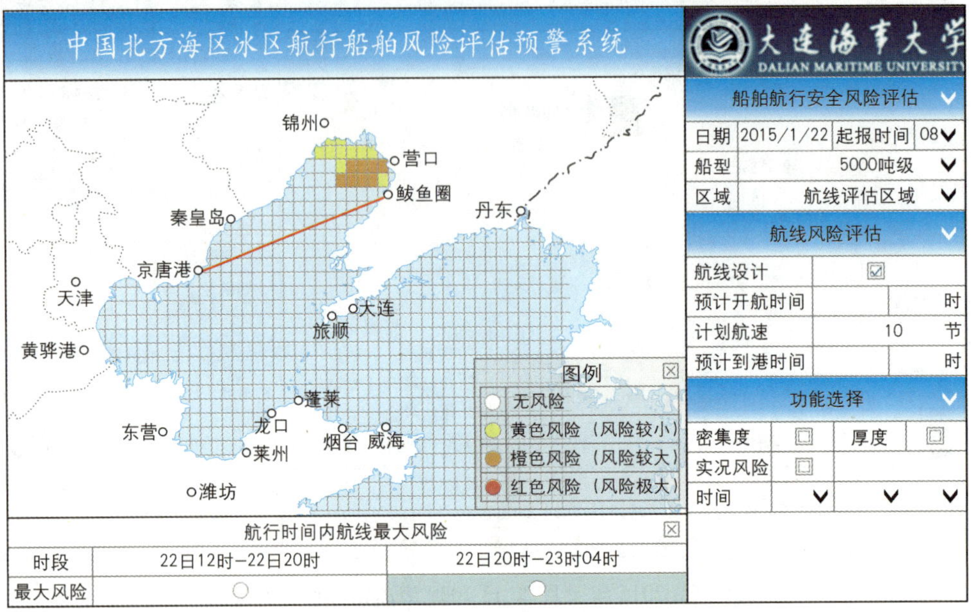

图 8-28　22 日 2000—23 日 0400 航线区域风险分布图

综合上述仿真应用实例,从显示效果可以看出:冰区航行船舶海上交通风险动态预评估系统实现了对 NASA 提供的卫星图像的反演和空间网格海域为 10 n mile×10 n mile 的海冰厚度及密集度的精细化技术处理,实现了重点关注海域未来 72 h、时间步长为 12 h 的冰区航行船舶海域风险和船舶航线风险的动态预评估,较为准确地提供了实时或未来 72 h 内的冰区航行船舶海上交通风险分布情况和具体的海冰厚度及密集度的分布情况。从预测结果可以看出:预测结果与实际状况基本一致,评估模型有效、预测数据准确、系统功能可靠,系统实现了冰区航行船舶规避重大海上交通风险的可视化、智能化预警监控等辅助决策功能,较好地解决了冰区航行船舶海上交通风险预警系统的缺乏问题。从评估结果可以看出:系统可为海事主管部门监督管理船舶、港航企业调度管理船舶、航海者安全操纵船舶提供参考依据、技术手段和实际指导,可作为保障船舶冰区航行安全的辅助决策产品,可供海事主管部门、港航企业、航海者在实际工作决策中应用。

本章针对恶劣天气下海上交通风险评估模型和风险矩阵未充分体现海上交通风险的特征和实际状况,以及影响风险评估针对性、准确性的问题,首先,明确海上交通风险研究应重点关注的 3 种恶劣天气,即大风浪、能见度不良和严重海冰,确定了恶劣天气下海上交通风险评估重点关注对象;其次,通过系统分析恶劣天气下海上交通风险评估体系要素,构建统一的由人为因素、船舶条件和环境条件三者共同作用的恶劣天气下海上交通风险动态预评估体系结构;再次,运用模糊综合评价法,建立 3 种恶劣天气下海上交通风险动态预评估数学模型,采用不完备信息条件下模糊信息分配理论修正专家调查法，确立恶劣天气下海上交通风险矩阵；最后，运用风险动态预评估模型、气象预报信息数据处理技术、交通流密度预测理论和船舶自动识别系统信息平台，构建可视化、智能化预警监控等辅助决策功能的3种恶劣天气下海上交通风险动态预评估系统，可以连续滚动预测重点关注海域未来72 h内时间步长1 h的大风风场和海浪场，也可以连续滚动预测未来4 h重点关注海域空间网格2 n mile×2 n mile、时间步长10 min的能见距离和船舶交通流密度，还可以连续滚动预测未来72 h内时间步长12 h的海冰厚度和密集度实况信息。预测数据信息与实际状况基本一致，预测结果可靠；3个子系统都能较为准确地动态预评估3种恶劣天气下海上交通风险等级，实现针对重点关注船舶的3种恶劣天气下海区风险和船舶航线风险的动态预评估以及船舶规避重大海上交通风险的可视化、智能化预警监控等辅助决策功能，系统合理有效，预测结果可靠。系统基本解决了恶劣天气下船舶在未来某一时段内在某一重点关注海域“能不能安全航行”和“如何安全航行”的关键性问题，以及现有海事专业气象保障尚不能满足海上交通风险预警监控多样化和高精度的问题，可为海事主管部门制定海上通航安全动态监管规则、规范和指南以及实施海上交通管制行为和船舶交通服务提供参考，可为航运企业建立健全船舶航行安全管理制度以及跟踪和监督管理船舶动态提供技术手段，可为船长、驾驶员、引航员等航海者安全驾驶和操纵船舶提供实际指导。

参考文献

[1] 郑永光，田付友，孟智勇，等．“东方之星”客轮翻沉事件周边区域风灾现场调查与多尺度特征分析[J]．气象，2016，42(1)：1-13.

[2] VENTIKOS N P，PAPANIKOLAOU A D，LOUZIS K，et al. Statistical Analysis and Critical Review of Navigational Accidents in Adverse Weather Conditions[J]. Ocean Engineering，2018，163(17)：502-517.

[3] PERERA L P，SOARES C G. Weather Routing and Safe Ship Handling in the Future of Shipping[J]. Ocean Engineering，2017，130(2)：684-695.

[4] 中华人民共和国海事局．关于加强四类重点船舶和六区一线重点水域水上交通安全监管工作的通知[Z]．2014.

[5] 黄少军，薛龑波，石磊，等．渤海海峡客滚船海难事故与大风事件关系分析[J]．气象与环境学报，2006，22(3)：30-32.

[6] MOU J M，CHEN P F，HE Y X，et al. Vessel Traffic Safety in Busy Waterways：A Case Study of Accidents in Western Shenzhen Port[J]. Accident Analysis & Prevention，2019，123(2)：461-468.

[7] 刘大刚，郑中义，吴兆麟．大风浪中航行船舶风险体系分析[J]．交通运输工程学报，2004，4(2)：100-102.

[8] IMO. Clarification of the Term Bulk Carrier and Guidance for Application of Regulations in SOLAS to Ships Which Occasionally Carry Dry Cargoes in Bulk and Are Not Determined as Bulk Carrier[R]. London，2008.

[9] 中华人民共和国海事局．精选矿粉和含水矿产品运输水上交通事故典型案例集[M]．北京：人民交通出版社，2011.

[10] 戴厚兴，吴兆麟．恶劣天气下海上交通安全风险动态预评估体系[J]．中国航海，2016，39(3)：73-76.

[11] BALMAT J，LAFONT F，MAIFRET R，et al. A Decision-making System to Maritime Risk Assessment[J]. Ocean Engineering，2011，38(1)：171-176.

[12] KUJALA P, HÄNNINEN M, AROLA T, et al. Analysis of the Marine Traffic Safety in the Gulf of Finland[J]. Reliability Engineering & System Safety, 2009, 94(8): 1349-1357.

[13] BARAK S, DAHOOEI J H. A Novel Hybrid Fuzzy DEA-Fuzzy MADM Method for Airlines Safety Evaluation[J]. Journal of Air Transport Management, 2018, 73: 134-149.

[14] 戴厚兴, 吴兆麟. 能见度不良条件下海上交通风险动态预评估[J]. 中国航海, 2017, 40(2): 65-68.

[15] 黄崇福. 自然灾害动态风险分析的一个虚拟案例[J]. 灾害学, 2015, 30(4): 1-11.

[16] JUN K S, CHUNG E S, KIM Y G, et al. A Fuzzy Multi-criteria Approach to Flood Risk Vulnerability in South Korea by Considering Climate Change Impacts[J]. Expert Systems with Applications, 2013, 40(4): 1003-1013.

[17] WANG X, LIU Z, CAI Y. A Rating Based Fuzzy Analytic Network Process (F-ANP) Model for Evaluation of Ship Maneuverability [J]. Ocean Engineering, 2015,106(14):39-46.

[18] 范中洲, 刘大刚, 李康, 等. 海面遇险目标快速接近辅助决策系统[J]. 交通运输工程学报, 2012, 12(4): 83-92.

[19] COX L A T. Confronting Deep Uncertainties in Risk Analysis[J]. Risk Analysis, 2012, 32(10): 1607-1629.

[20] ZADEH L A. The Crisis of Under Coordination[J]. Journal of Risk Analysis & Crisis Response, 2014, 4(2): 59.

[21] 戴厚兴, 吴兆麟. 能见度不良天气下海上交通安全风险预警系统[J]. 交通运输工程学报, 2018, 18(5): 195-206.

[22] 黄崇福. 自然灾害动态风险分析的一个形式化模型[J]. 灾害学, 2015, 30(3): 1-9.

[23] 戴厚兴, 吴兆麟, 刘大刚. 中国北方海域冰区航行船舶风险评估预警系统设计与开发[J]. 中国航海, 2018, 41(1): 92-97.

第9章 结论

作为经济发展的支柱产业，航运业承担着超过90%的全球贸易货物运输。与此同时，由于船舶交通量的增加、运输吨位的增大、危险货物的增多，水上交通环境变得更加拥挤、更加危险，高风险也成为航运业的显著特征。开展海上交通安全风险评价研究，在预防海上交通事故发生、降低海上交通安全风险、保护海洋环境的同时，适应了我国"交通强国""海洋强国"战略和"一带一路"倡议实施的重大需求，具有巨大的社会、经济和环境效益。

笔者在分析、归纳和总结近10年与海上交通安全风险评价相关的700余篇相关文献的基础上，到海事主管部门调研并获取海上交通安全风险相关的船舶通航数据和风险管理经验，吸纳海事主管部门已有的相关研究成果，最终确定了海上交通安全风险的定义、内涵和外延，并选取基于历史数据的海上交通综合安全指数法、基于FAHP的海上交通安全风险评价方法和恶劣天气下海上交通风险动态预评估等三种方法作为海上交通安全风险的评价方法。三种评价方法各自独立，各有侧重，相互补充，评价结果能够从不同的角度有效地反映海上交通安全风险的实际情况。

基于历史数据的海上交通综合安全指数法将"水上交通事故件数""死亡失踪人数""沉船艘数""直接经济损失"四项指标进行"相对化""标准化""归一化"处理，可以得到针对全国水域和港口水域以及通道水域的"综合安全指数"。针对全国水域而言，"相对化—标准化—归一化"后得到的安全指数考虑了水上运输船舶拥有量的变化，在进行历年的对比分析时更加科学合理；针对港口而言，在"相对化"的过程中，相对化的分母可以采用船舶进出港艘次或船舶交通量（对于过境船舶较多的港口采用船舶交通量更加合理),还可以进行不同港口之间的横向比较。基于历史数据的海上交通综合安全指数评价法较单纯基于“四项指标”绝对值的风险评价方法更为科学合理,可为海事主管机关掌握和评价安全状况时提供重要参考。

基于 FAHP 的海上交通安全风险评价方法按照科学合理性与可行性相结合的原则,建立了港口水域和通道水域两套较为完善的风险评价指标体系以及较为合理的指标评价标准,在进行专家调查的基础上利用 FAHP 和模糊综合评价法建立了数学模型,对大连港、青岛港等港口水域和老铁山水道、成山角水域等通道水域进行验证,认为评价结果与预期的结论相符合,而且根据权重分布和单因素评价结果能够反映出影响海上交通安全风险的主要指标,为下一步的风险管控奠定基础。通过实例验证认为海上交通安全风险指标体系与风险评价数学模型是科学的、合理的、可行的和有效的。

为了解决恶劣天气下船舶在未来某一时段内在某一重点关注海域“能不能安全航行”和“如何安全航行”的关键性问题,提出了恶劣天气下海上交通风险动态预评估的方法。首先,针对海上交通风险研究重点关注的大风浪、能见度不良和严重海冰等三种恶劣天气构建了由人为因素、船舶条件和环境条件三者共同作用的恶劣天气下海上交通风险动态预评估体系结构;其次,运用模糊综合评价法,建立三种恶劣天气下海上交通风险动态预评估数学模型;再次,基于船舶自动识别系统信息平台,运用相关技术和理论,构建了具有辅助决策功能的三种恶劣天气下海上交通风险动态预评估系统;最后,利用仿真实例验证了预评估模型的有效性、数据的准确性和风险动态预评估系统的可靠性。

海上交通是一个复杂的系统,对于海上交通安全的研究也处在不断的发展中。在对现有成果进行研究、分析的基础上,本书力求提出更加科学、合理、适用的海上交通安全风险评价方法,但由于笔者业务能力、知识面以及可获取数据的限制,无论是对于海上交通安全风险的内涵和外延的界定,还是提出的评价方法,仍存在一定的局限性,有待进一步完善。

附录

附录一 海上交通安全风险评价指标体系（港口水域）

海上交通安全风险评价指标体系				风险评价集					备注 （对指标的解释仅供参考，专家可根据个人的理解进行评判）	您对指标体系的建议和意见
	第一层	第二层	第三层	风险很低	风险较低	风险一般	风险较大	风险很大		
海上交通安全风险	人（A）	适任性（A1）		好	较好	一般	较差	差	适任性可以从船员的学历、航海经验、毕业院校、公司培训等方面进行评价	
		责任心（A2）		好	较好	一般	较差	差	责任心可以船员在值班（航行、锚泊、港口货物作业）、进出港报告、安全检查过程中的态度和表现进行评价	
		疲劳程度（A3）		好	较好	一般	较差	差	疲劳程度主要考虑由于工作或生活环境差、连续在船工作时间长、连续值班、休息时间不足等引起的身体不适或精神疲倦	
	船舶（B）	通航船型（B1）	砂石船影响（B11）	影响很小	影响较小	影响一般	影响较大	影响很大	主要考虑由于砂石船等小型船舶发生的海上交通事故占海上（港口）交通事故、险情的比重	
			高风险船规模（B12）	<5%	5%～10%	10%～20%	20%～40%	>40%	主要考虑高风险船占进出港船舶总量的规模。高风险船的定义参照PSC以及海事局提出的“四类重点船舶”，在此主要包括客船、危险品船舶（含油船、散装化学品船、LNG、LPG）等运输船舶	
		船龄（B2）		<5	5～10	10～15	15～20	>20	单位：年。船龄主要考虑船舶结构强度、船舶设备等由于船龄的增加而磨损、疲劳和耗损，从而对船舶的安全造成影响	
		船舶吨位（B3）		<1 000	1 000～3 000	3 000～1 0000	10 000～50 000	>50 000	船舶吨位（GT）的划分主要考虑船舶载重吨与船舶碰撞率之间存在一定的关系，即：碰撞率 = 0. 001 4GT + 0.000 9，而碰撞事故是沿海及港口附近水域发生最多的事故，因此，参照碰撞事故与船舶吨位的关系对船舶吨位进行划分	

续表

海上交通安全风险评价指标体系				风险评价集					备注（对指标的解释仅供参考，专家可根据个人的理解进行评判）	您对指标体系的建议和意见
	第一层	第二层	第三层	风险很低	风险较低	风险一般	风险较大	风险很大		
		适航状态（B4）		<1%	1%~3%	3%~5%	5%~7%	>7%	适航状态主要考虑由于船舶存在缺陷而不适航的情况。在此用港口 PSC 检查及 FSC 检查中的船舶滞留率代替整个港口船舶的适航状态。注：2012—2014 年中国 PSC 检查中滞留船舶的比率均值为 4.35%（滞留数/检查总数），因此取 3%~5%作为"风险一般"的取值	
	环境（C）	自然环境（C1）	风（C11）	<30	30~60	60~100	100~150	>150	单位：天/年。大风以及由于大风引起的大风浪对船舶的安全会产生影响，在此主要考虑区域内每年 6 级及以上风力出现的天数	
			能见度（C12）	<15	15~25	25~40	40~50	>50	单位：天/年。能见度不良主要考虑由雾、霾、暴雨、雪等导致的视线受阻，在此用出现能见度不良的天数进行划分	
			海冰（C13）	轻年	偏轻年	常年	偏重年	重年	①仅渤海、黄海北部等水域考虑海冰的影响； ②海冰等级参照国家海洋局对海冰（渤海）的划分标准	
			海流（C14）	<0.5	0.5~1.5	1.5~2.5	2.5~4.0	>4.0	单位：kn。港口水域的海流主要考虑港口、航道内潮流的最大流速	
		交通环境（C2）	航道条件（C21）	好	较好	一般	较差	差	航道条件综合考虑航道长度、宽度、转弯角度、航道与港池衔接段操纵难易程度、防波堤口门宽度等方面，从船舶进出港的难易程度和风险高低进行评价	
			助航条件（C22）	100~95	95~90	90~80	80~70	<70	助航条件包括港口、航道及港区范围内所有助航标志，综合考虑助航标志与港口规模的匹配程度来确定	
			船舶交通量（C23）	<50	50~100	100~200	200~500	>500	单位：艘/日。以日均船舶进出港艘次作为评价标准	
			碍航物（C24）	>200	200~100	100~50	50~20	<20	单位：m。考虑碍航物与航道边线的安全距离	

续表

海上交通安全风险评价指标体系				风险评价集					备注 （对指标的解释仅供参考，专家可根据个人的理解进行评判）	您对指标体系的建议和意见
	第一层	第二层	第三层	风险很低	风险较低	风险一般	风险较大	风险很大		
			渔船影响（C25）	影响很小	影响较小	影响一般	影响较大	影响很大	综合考虑港口水域内渔船活动对海上交通安全的影响，包括商船码头、航道、锚地和渔港、渔船习惯航路的距离，船舶海上航路和渔区的距离等	
	管理 D	海事管理（D1）		100~95	95~90	90~80	80~70	<70	海事管理水平综合考虑 VTS、巡航、安全检查等整体业务水平以及港口水域海上交通安全管理等规章制度的完善程度	
		港口管理（D2）		100~95	95~90	90~80	80~70	<70	港口管理水平主要考虑港口调度、引航员的业务能力水平等与港口规模的匹配程度，拖船等靠离泊辅助设施、设备与港口规模的匹配程度	
		船公司管理（D3）		100~95	95~90	90~80	80~70	<70	船公司管理水平考虑船公司对船员的业务培训是否完备、安全管理体系的完善程度、是否形成安全文化等	

附录二　海上交通安全风险评价指标体系（通道水域）

海上交通安全风险评价指标体系				风险评价集					备注 （对指标的解释仅供参考，专家可根据个人的理解进行评判）	您对指标体系的建议和意见
	第一层	第二层	第三层	风险很低	风险较低	风险一般	风险较大	风险很大		
海上交通安全风险	人（A）	适任性（A1）		好	较好	一般	较差	差	适任性可以从船员的学历、航海经验、毕业院校、公司培训等方面进行评价	
		责任心（A2）		好	较好	一般	较差	差	责任心可以船员在值班（航行、锚泊、港口货物作业）、进出港报告、安全检查过程中的态度和表现进行评价	
		疲劳程度（A3）		好	较好	一般	较差	差	疲劳程度主要考虑由于工作或生活环境差、连续在船工作时间长、连续值班、休息时间不足等引起的身体不适或精神疲倦	
	船舶（B）	适航状态（B1）		<1%	1%~3%	3%~5%	5%~7%	>7%	适航状态主要考虑由于船舶存在缺陷而不适航的情况。在此用港口 PSC 检查及 FSC 检查中的船舶滞留率代替整个港口船舶的适航状态。注：2012—2014 年中国 PSC 检查中滞留船舶的比率均值为 4. 35%（滞留数/检查总数），因此取 3%~5%作为“风险一般”的取值	
		通航船型（B2）		<5%	5%~10%	10%~20%	20%~40%	>40%	主要考虑高风险船占进出港船舶总量的规模。高风险船的定义参照 PSC 以及海事局提出的“四类重点船舶”，在此主要包括客船、危险品船舶（含油船、散装化学品船、LNG、LPG）等运输船舶	
		船舶尺度（B3）		—	—	<200	200~300	>300	单位：m。根据海事局 VTS 对船舶统计时的划分标准，按船长将船舶尺度划分为三等级	

续表

海上交通安全风险评价指标体系				风险评价集					备注（对指标的解释仅供参考，专家可根据个人的理解进行评判）	您对指标体系的建议和意见
	第一层	第二层	第三层	风险很低	风险较低	风险一般	风险较大	风险很大		
	环境（C）	自然环境（C1）	风（C11）	<30	30~60	60~100	100~150	>150	单位：天/年。大风以及由于大风引起的大风浪对船舶的安全会产生影响，在此主要考虑区域内每年6级及以上风力出现的天数	
			能见度（C12）	<10	10~20	20~30	30~40	>40	单位：天/年。能见度不良主要考虑由雾、霾、暴雨、雪等导致的视线受阻，在此用出现能见度不良的天数进行划分	
			海流（C13）	<0.5	0.5~1.5	1.5~2.5	2.5~4.0	>4.0	单位：kn。海流主要考虑通道水域内的最大流速	
			水深及碍航物（C14）	完全不受限	稍有影响	影响较小	影响较大	影响很大	水深≥1.5d（d吃水）即考虑为不受限。如果船舶需要降速或乘潮经过该水域则影响较大	
		交通环境（C2）	船舶交通量（C21）	<50	50~100	100~200	200~300	>300	在通道水域设置观测门线，统计日均经过门线的船舶艘数	
			定线制及助航条件（C22）	100~95	95~90	90~80	80~70	<70	定线制与助航条件情况包括通道水域范围内是否有定线制及定线制是否完善，综合考虑助航标志与港口规模的匹配程度来确定	
			船舶会遇状况（C23）	<0.1	0.1~0.2	0.3~0.4	0.5~0.6	>0.6	在通道水域航行过程中，船舶之间交叉相遇、对遇可能发生的次数，用主要航迹交叉点的数量衡量	
			渔船影响（C24）	影响很小	影响较小	影响一般	影响较大	影响很大	综合考虑通道水域内渔船活动对海上交通安全的影响，包括涉及渔船事故所占比重、渔船数量、作业方式等	
	管理D	海事管理（D1）		100~95	95~90	90~80	80~70	<70	海事管理水平综合考虑VTS、巡航、安全检查等整体业务水平以及港口水域海上交通安全管理等规章制度的完善程度	
		船公司管理（D2）		100~95	95~90	90~80	80~70	<70	船公司管理水平考虑船公司对船员的业务培训是否完备、安全管理体系的完善程度、是否形成安全文化等	

附录三　海上交通安全风险指标单因素评价及权重调查表

调查目的:随着国内外航运业的发展和国际贸易进出口量的不断增加,港口水域船舶交通量日趋繁重,航道内船舶密度也越来越大,在港口水域内操船难度剧增,事故隐患、风险不断增大。为探索海上交通安全关键技术,提出海上交通安全管理措施,我们承担了由辽宁海事局管理的、交通运输部海事局立项的"海上交通安全风险研究"课题。

海上交通安全与众多因素有关,如人为因素、船舶因素、环境因素等。为对海上交通风险进行合理、有效的评价,课题组向多位行业内知名专家进行了请教,参考了国内外近10年的700多篇相关文献,经过10多次讨论、研究,我们拟采用两种方法对海上交通安全进行评价,这两种方法各有侧重、相互补充。

一种方法是根据人-机工程学理论从人、船舶、环境、管理四个方面建立了海上交通风险指标评价体系,准备采取模糊层次分析法对海上交通安全进行评价。海上交通安全评价指标体系的建立综合考虑了影响海上交通安全的各项因素,按照科学合理性、可行性的原则,即选择的指标体系既可以准确地反映海上交通的风险,又可以较为容易地获取其数据进行赋值,选取指标。

另一种方法是采用历史数据分析法,以交通运输部发布的《交通运输行业发展统计公报》公布的每年运输船舶水上交通事故件数、死亡失踪人数、沉船艘数和直接经济损失历史数据(以下简称"四项指标")为依据评价海上交通安全状况。"四项指标"反映了过去一年全国水上运输船舶的安全状况,但由于每年全国的水上运输船舶拥有量不同,采用"四项指标"对比分析不同年份之间的生产安全状况,科学合理性较差。同理,由于各个港口每年进出港船舶艘数不同,也无法单纯采用"四项指标"对比分析不同港口的生产安全状况。我们拟将"四项指标"进行"三化",即"相对化、标准化、归一化"处理,综合反映海上交通安全水平。以港口水域的历史数据为例,先将"四项指标"除以进出港船舶艘次进行相对化,然后采用极大化方法将相对化处理之后的指标变换在[0,1]范围内,最后通过归一化方法将"四项指标"合并为一项指标——综合安全指数。因此,需要您根据您的专业知识和工作经验判断"四项指标"间的相互重要性,具体内容如调查表2"二、四项指标权重调查表"所示。

不同海区、不同港口的自然地理环境、水文气象条件差别较大,而且海上交通状况也存在明显差异。海事局作为当地海上交通的主管部门,港航企业、引航站作为海上交通的直接参与单位,其宝贵经验会对海上交通安全研究具有重要作用。因此,我们希望听取相关单位的业内人士对当地港口水域(或辖区)海上交通安全的意见和建议。

调查对象:海事局相关主管人员、港口引航员、港航企业主管人员、航海院校的专家、船长和高级船员。

填写说明:1. 填写调查表时,您不必提供您的姓名。

2. 请填写调查表 1 中的指定部分内容(虚线框内的内容)和调查表 2。

3. 对于调查表 1,请根据大连港的实际情况在对应的表格内打“√”。

4. 对于调查表 2,请根据说明和虚线框内的样表在表格中填写相应的数字。灰色部分不用填写。

5. 如果您未经历过问卷中某个问题所描述的情形,请略过。

一、被调查者情况

1. 您所在的单位名称为____________;您所在的部门为____________。

2. 您从事目前工作的年限为____________年。

二、联系方式

如果您对“海上交通安全风险研究”项目及调查表有任何的疑问或意见,可随时与项目组联系。

调查表 1：指标体系评价（请根据您的工作经验，对大连港口水域的相关指标进行评价，在对应的评价选项下画“ √ ”）

海上交通安全风险评价指标体系				风险评价集					备注（对指标的解释仅供参考，专家可根据个人的理解进行评判）	您对指标体系的建议和意见
	第一层	第二层	第三层	风险很低	风险较低	风险一般	风险较大	风险很大		
海上交通安全风险（大连港口水域）	人（A）	适任性（A1）		好	较好	一般	较差	差	适任性可以从船员的学历、航海经验、毕业院校、公司培训等方面进行评价	
		责任心（A2）		好	较好	一般	较差	差	责任心可以船员在值班（航行、锚泊、港口货物作业）、进出港报告、安全检查过程中的态度和表现进行评价	
		疲劳程度（A3）		好	较好	一般	较差	差	疲劳程度主要考虑由于工作或生活环境差、连续在船工作时间长、连续值班、休息时间不足等引起的身体不适或精神疲倦	
	船舶（B）	通航船型（B1）	砂石船影响（B11）	影响很小	影响较小	影响一般	影响较大	影响很大	主要考虑砂石船相关事故、险情占海上（港口）交通事故、险情的比重	
			高风险船规模（B12）	<5%	5%～10%	10%～20%	20%～40%	>40%	主要考虑高风险船占进出港船舶总量的规模。高风险船的定义参照 PSC 以及海事局提出的“四类重点船舶”，主要包括客船、危险品船舶等运输船舶	
		船龄（B2）		<5	5～10	10～15	15～20	>20	单位：年。船龄主要考虑船舶结构强度、船舶设备等由于船龄的增加而磨损、疲劳和耗损，从而对船舶的安全造成影响	
		船舶吨位（B3）		<1000	1000～3000	3000～10000	10000～50000	>50000	船舶吨位（GT）的划分主要考虑船舶载重吨与船舶碰撞率之间存在一定的关系，即：碰撞率=0.001 4GT+0.000 9，而碰撞事故是沿海及港口附近水域发生最多的事故，因此，参照碰撞事故与船舶吨位的关系对船舶吨位进行划分	
		适航状态（B4）		<1%	1%～3%	3%～5%	5%～7%	>7%	适航状态主要考虑由于船舶存在缺陷而不适航的情况。在此用港口 PSC 检查及 FSC 检查中的船舶滞留率代替整个港口船舶的适航状态。注：2012—2014年中国 PSC 检查中滞留船舶的比率均值为 4.35%（滞留数/检查总数），因此取 3%～5%作为“风险一般”的取值	

续表

	环境（C）	自然环境（C1）	风（C11）	<30	30～60	60～100	100～150	>150	单位：天/年。大风以及由于大风引起的大风浪对船舶的安全会产生影响，在此主要考虑区域内每年 6 级及以上风力出现的天数
			能见度（C12）	<15	15～25	25～40	40～50	>50	单位：天/年。能见度不良主要考虑由雾、霾、暴雨、雪等导致的视线受阻，在此用出现能见度不良的天数进行划分
			海冰（C13）	轻年	偏轻年	常年	偏重年	重年	①仅渤海、黄海北部等水域考虑海冰的影响；②海冰等级参照国家海洋局对海冰（渤海）的划分标准
			海流（C14）	<0.5	0.5～1.5	1.5～2.5	2.5～4.0	>4.0	单位：kn。主要考虑港口、航道水域内潮流的最大流速
		交通环境（C2）	船舶交通量（C23）	<50	50～100	100～200	200～500	>500	单位：艘／日。以日均船舶进出港艘次作为评价标准
			碍航物（C24）	>200	200～100	100～50	50～20	<20	单位：m。考虑碍航物与航道边线的安全距离
			渔船影响（C25）	影响很小	影响较小	影响一般	影响较大	影响很大	主要考虑涉及渔船的事故、险情所占比重
			航道条件（C21）	好	较好	一般	较差	差	航道条件综合考虑航道长度、宽度、转弯角度等方面，从船舶进出港的难易程度和风险高低进行评价
			助航条件（C22）	100～95	95～90	90～80	80～70	<70	助航条件包括港口、航道及港区范围内所有助航标志与港口船舶通航的适应性，综合考虑助航标志与港口规模的匹配程度来确定
	管理（D）	海事管理（D1）	VTS（D11）	100～95	95～90	90～80	80～70	<70	VTS 主要考虑设备软硬件、管理人员的水平以及服务的水平高低
			巡航（D12）	100～95	95～90	90～80	80～70	<70	巡航主要考虑巡航里程数与港口规模的匹配程度
		港口管理（D2）	引航（D21）	100～95	95～90	90～80	80～70	<70	引航主要考虑港口引航员人数、设备、水平等与港口规模的匹配程度
			拖船（D22）	100～95	95～90	90～80	80～70	<70	拖船主要考虑港口拖船的功率、艘数等与港口规模的匹配程度
		船公司管理（D3）		100～95	95～90	90～80	80～70	<70	船公司管理主要考虑船公司对船员的业务培训是否完备、安全管理体系的完善程度、是否形成安全文化等

调查表 2:权重调查表

为获得不同因素对海上交通安全的影响的权重,请专家填写权重调查表。

填表说明:对下列各表中纵、横栏所列的各个因素逐一进行两两比较,将其相对的重要程度按下列要求填入表中对应栏内:

当两个因素“同等重要”时,填“0.5”。当纵栏的因素比横栏的因素“较重要”时,填“0.6”;“明显重要”时,填“0.7”;“很重要”时,填“0.8”;“极端重要”时,填“0.9”。当纵栏与横栏的因素比较的结果是后者比前者重要时,则填写 1 与上述数值之差,例如:纵栏的因素比横栏的因素“较不重要”,则填“0.4”(1-0.6)。填写时只在空白的格内填写。

例:在人、船舶、环境、管理四因素中如果您认为人[纵栏(红色)]比船[横栏(蓝色)]明显重要(0.7),人[横栏(红色)]比环境[纵栏(蓝色)]很重要时(0.8),船舶(横栏)比环境(纵栏)较重要(0.6),则填写如下:

样表

	人	船舶	环境	管理
人	0.5	0.7	0.8	
船舶		0.5	0.6	
环境			0.5	
管理				0.5

一、人、船舶、环境、管理权重调查表

	人	船舶	环境	管理
人	0.5			
船舶		0.5		
环境			0.5	
管理				0.5

(一)人的因素权重调查表

	适任性	责任心	疲劳程度
适任性	0.5		
责任心		0.5	
疲劳程度			0.5

(二)船舶因素权重调查表

	通航船型	船龄	船舶吨位	适航状态
通航船型	0.5			
船龄		0.5		
船舶吨位			0.5	
适航状态				0.5

(二)—1 通航船型权重调查表

	砂石船影响	高风险船规模
砂石船影响	0.5	
高风险船规模		0.5

(三)环境因素权重调查表

	自然环境	交通环境
自然环境	0.5	
交通环境		0.5

(三)—1 自然环境权重调查表

	风	能见度	海冰	海流
风	0.5			
能见度		0.5		
海冰			0.5	
海流				0.5

(三)—2 交通环境权重调查表

	航道条件	助航条件	船舶交通量	碍航物
航道条件	0.5			
助航条件		0.5		
船舶交通量			0.5	
碍航物				0.5

（四）管理权重调查表

	海事管理	港口管理	船公司管理
海事管理	0.5		
港口管理		0.5	
船公司管理			0.5

（四）—1 海事管理权重调查表

	VTS	巡航
VTS	0.5	
巡航		0.5

（四）—2 港口管理权重调查表

	引航	拖船
引航	0.5	
拖船		0.5

二、四项指标权重调查表

	交通事故件数	死亡失踪人数	沉船艘数	直接经济损失
交通事故件数	0.5			
死亡失踪人数		0.5		
沉船艘数			0.5	
直接经济损失				0.5